철학이 있다면
무너지지 않는다

철학이 있다면
무너지지 않는다

하임 샤피라 | 정지현 옮김

Notes on the Art of Life

2500년 철학자의 말들로 빚어낸 인생의 기술

디플롯

이매뉴얼과 미카엘라, 탈, 인발, 다니엘라에게

신이시여.
저에게 변화시킬 수 없는 것을 받아들일 수 있는 평온함을,
변화시킬 수 있는 것을 변화시키려는 용기를,
그리고 그 둘의 차이를 알 수 있는 지혜를 주소서.

— 라인홀트 니부어, 〈평온을 비는 기도〉

삶을 다잡아줄 지혜의 말들

한국에서 나의 책이 출간된다는 소식에 무척 반가웠다. 새로운 독자를 만나는 것은 늘 설렌다.

이 책은 동서고금 철학자들의 생각과 그에 대한 나의 통찰을 담아냈다. 그들의 말을 때로는 자유롭게 해석하고 때로는 반대되는(또는 유사한) 다른 예시들과 빗대어 들여다본다. 철학은 자유로운 해석이 허락되는 학문이다. 하나의 진리 안에서도 관점에 따라 다른 해석이 나올 수 있고, 내 해석이 주류의 해석과 다를 때도 있다. 그러나 모든 진리는 통한다. 나는 철학의 진리를 믿는다.

사람들은 철학이라 하면 고루하고 따분하다는 생각을 먼저 하는 것 같다. 그러나 철학은 사랑, 우정, 용기, 아름다움, 경이의 예술, 친절, 지혜 등 인생에서 중요한 모든 것들에 대해 과거 사람들이 내놓은 생각의 역사다. 알다시피 누구에게나 인생은 한 번뿐이다. 부자든 가난한 사람이든, 명예가 높은 사람이든 상대적으로 낮은 사람이든, 고학력자든 배움이 적은 사람이든 모두가 처음이기에 삶이 서툴다. 인생을 두 번 살아낼 수는 없지만 시행착오를 줄일 방법은 있다. 선조들이 남긴 철학의 말은 그런 우리에게 인생에서 중요한 것들을 놓치지 않고, 삶에서 길을 잃었을 때 따라갈 북극성과 같다. 전 세계에서 전쟁이 벌어지고, 사람들은 휴대전화를 손에서 놓지 못하며, 정신을 고양시킬 만한 것들을 찾기 어려운 요즘 시대에 철학은 하나의 방안이 되어준다.

본문에서 나는 이 책이 '베갯머리 서책'과 같다고 썼다. 베갯머리 위에 두고 틈이 날 때마다 손 가는 대로 읽는 책을 뜻한다. 이 책이 진짜 친구를 소개하는 일종의 제안이 되었으면 한다. 좋은 책은 폭풍우가 몰아치는 인생의 바다에 있는 등대 같은 것이다. 인생에 몰아치는 파도를 잠재울 힘은 없지만 길을 밝혀줄 수 있다고 믿는다. 이 책이 독자 여러분들에게 기쁨이자 한 줄기 빛이 되어줄 수 있었으면 한다.

이 독서 여행이 즐겁기 바라며!

2024년 봄, 텔아비브에서
하임 샤피라

차례

3부 당신의 삶에는 철학이 있어야만 한다

4부 지식만 갖출 것인가, 지혜로워질 것인가

모든 앎과 생각을 낱낱이 성찰하고 분석하는 방법과,
그 어떤 자극도 완전히 무시하는 방법 사이의
미묘한 균형을 찾기 위해 노력해야 한다.
결국 앎과 생각은 인간이 위대한 가장 큰 이유니까.

1장

태초에

과학의 시적 경이에 관하여

미국의 천문학자 닐 디그래스 타이슨Neil de Grasse Tyson은 그의 책《날마다 천체 물리》첫머리에서 이렇게 말한다. "지금으로부터 거의 140억 년 전인 태초에는 현재 우리가 알고 있는 우주의 전체 시공간과 물질과 에너지가 이 문장 끝에 찍힌 마침표의 1조분의 1보다도 작은 부피 안에 다 뭉쳐져 있었다."

태초의 우주가 매우 작았다는 사실은 나도 이미 알고 있었다. 하지만 이 문장의 끝에 달린 마침표와 비교하니 충격이 배가되었다. 읽기를 멈춘 채 페이지에 찍힌 점보다 100만 배는 작은 점을 상상해보았다. 그다음에는 감도 잘 잡히지 않는 그 점을 100만으로 다시 나누었다. 전혀 상상조차 불가능한 크기가 되었다. 이어서 우주에 존재했거나 존재하거나 존재할 모든 것이 한때 너무도 작아서 사실상 존재하지 않는 것이나 마찬가지인 이 점에 들어가 있었다는 사실을 이해해보려고 애썼다. 그러니까 (과학자들의 말대로) 수십억 년 전에는 거의 무한한 밀도의 점 속에 모든 것이 들어 있었다. 쿼크quark와 렙톤lepton, 보손boson 같은 물질을 구성하는 기본 입자들, 전자와 원자, 분자, 모든 힘이 다 말이다. 그뿐인가. 나와 당신, 어제 태어난 모든 아기들, 이미 세상을 떠난 사람들, 기린과 코끼리, 돌고래, 대왕고래, 모든 고층 빌딩과 그 안에 있는 모든 사람, 기차와 비행기, 기자 피라미드, 사하라 사막, 바빌론의 공중정원, 쓰나미의 파도, 마리아나 해구, 모든 수학 공식, 함무라비 법전, 경이로운 체스 법칙들, 이 책과 세상의 빛을 보지 못한 모든 책과 앞으로 출판될 모든 책, 벚꽃과 언어, 미소와 포옹, 기쁨과 슬픔의 눈물, 행복의 강과 고통의 바다, 자연스러운 선의와 잔혹함, 인간을 만든 별의 먼지, 안드로메다의 먼지, 모든 생각과 희망, 실망, 코모 호수와 그 호숫가의 모든 마을, 배와 연필, 맹금류, 공항, 지구와 화성, 해왕성, 천왕성, 태양, 은하수, 안타레스 별, 이름이 붙여지기를 기다리며 멋진 우주의 춤 속에서 제 역할을 성실하게 해내는 320섹스틸리언sextillion(1000의 7제곱 – 옮긴이) 개의 이름 없는 거대한 별들….

존재한다고 말하기도 애매한 작은 점 속에 이 모든 것이 에너지의 형태로 안락하게 들어가 있었다. 누가 또는 무엇이, 어떻게, 왜 그것을 창조했는지는 아무도 모른다.

무無를 위한 사고 실험 thought experiment

■

버튼 하나만 누르면 우주 전체가 사라진다고 상상해보자. 딸깍. 쾅! 인간이나 동식물, 광물 할 것 없이 세상에 존재하는 모든 것이 사라진다. 그 누구도, 그 무엇도 무슨 일인지 알아차리거나 고통을 느낄 새도 없다. 버튼 한 번으로 세상에 아무것도, 티끌조차 남지 않게 된다. 물론 더는 고통도 없을 것이다. 그 무엇도 존재하지 않으니까.

솔깃할 수도 있겠다. 하지만 나비도 사라질 텐데….

행복으로 가는 1000가지 길

■

중국 만리장성의 한 관문인 톈진의 황야관 장성 벽에는 1000개의 한자가 새겨져 있다. 이른바 '행복의 벽'으로, 신비로운 빨간색으로 적은 한문이 빼곡하다. 이 한문들은 행복과 기쁨, 만족, 평화에 이르는 다양한 방법을 보여준다. 이를 통해 사람들에게 삶의 의미와 가치가 우주만큼 각양각색이라는 사실을 일깨워준다.

한자로 적힌 그 글들의 뜻은 전혀 알지 못하지만 평소에 리스트 만들기를 너무도 사랑하기에(벌써 눈치챘겠지만) 행복을 느끼는 순간을 적당한 분량의 목록으로 만들어보았다. 당연히 내 목록은 지극히 개인적이고 감성적이며 과거의 향수를 자극하고 낭만적이다.

어머니의 품, 처음 '아빠'라고 불린 순간, 처음 '할아버지'라고 불린 순간, 아기들의 까르르거리는 웃음, 눈물이 찔끔 날 정도로 박장대소하기, 따뜻하고 세찬 물줄기를 맞으며 즐기는 아침 샤워, 오븐에서 꺼내기 직전에 풍기는 사과파이 냄새, 내 집 거실 소파에 누운 딸 위에 손녀가 누워 둘이 함께 꾸벅꾸벅 조는 모습, 가로등 불빛에 비치는 춤추듯 떨어지는 눈송이, 누군가를 도와주는 것, 친구의 존재에 감사할 때, 친구가 내 존재에 감사할 때, 토스카나의 시골길을 여행할 때, 영리하고 사랑스러운 돌고래들과 나란히 다이빙을 즐길 때, 밤에 하는 알몸 수영, 내가 응원하는 축구팀이 결승전 종료 직전 중거리 슛을 날려 극적인 승리를 거둘 때, 공상, 새로운 등산로를 오를 때, 버기카를 타고 미얀마 바간의 사찰들을 지나거나 열기구로 공중에서 내려다볼 때, 사랑하는 여성과 맞이하는 아침, 정원에서 그와 함께 마시는 커피, 선구자 또는 혁신가가 되는 것, 중요한 대의에 동참하는 것, 이제 막 인쇄소에서 나온 따끈따끈한 내 책을 품에 안을 때, 곡예라도 하듯 모여 있는 두루미 떼를 볼 때, 친구와의 수다, 아이와 눈높이를 맞추는 대화, 수술까지는 필요 없다는 의사의 진단, 애리조나주 세도나의 일몰, 불볕더위를 물리쳐주는 차디찬 음료수, 애타게 기다린 단비에 퍼지는 흙냄새, 내가 '사랑해'라고 말할 때, 누군가 '사랑해'라고 말해줄 때, 나의 조부모와 똑같은 이디시어 사투리로 말하는 노부부를 볼 때, 온 가족이 둘러앉은 금요일의 저녁 식탁, 의자에 앉아서 파도가 밀려와 부딪히는 해변을 바라보기, 향과 오일 냄새가 풍기는 방에서 받는 마사지, 지친 하루를 끝마치고 쓰러질 듯 빠져드는 단잠, 집에 돌아온 나를 껑충껑충 뛰면서 반겨주는 반려견, 모든 종류의 사랑 표현…

독일의 사회 심리학자이자 정신 분석가인 에리히 프롬Erich Fromm은 물었다. "단 한 순간의 사랑과 행복을 위하여, 햇살 가득한 아침에 신선한 공기를 마시며 산책하는 기쁨을 위하여 과연 삶이 주는 모든 고통을 감내할 가치가 있는가?"

나는 손을 번쩍 들고 자신 있게 **"있다"**라고 대답할 것이다. 남은 생애 내내 그럴 수 있기를 희망한다.

이 지극히 개인적인 동양식 사고 실험을 읽고 나면 여러분도 자신의 인생 경험을 바탕으로 한 행복 리스트를 작성하고 싶어질지 모른다. 그 목록을 항상 가까이 두고(원한다면 이미지나 텍스트를 이어 붙여서 콜라주 형식으로 만들어도 된다) 인생의 힘든 시간이 가치 있다는 사실을 되새기자.

| 2장 |

일상을 경이롭게 만드는 기술
세이 쇼나곤

약 1000년 전 일본 헤이안 시대(일본 학자들은 '헤이안'을 '평안 平安'으로 번역한다)에 살았던 한 특별한 여성이 정리한 행복과 슬픔의 목록을 소개하려고 한다. 작가이자 시인인 세이 쇼나곤 淸少納言은 후지와라노 데이시藤原定子(본명 후지와라노 사다코藤原 貞子) 황후의 시녀였다.

사실 세이 쇼나곤에 대해서는 알려진 것이 별로 없다. 그가 일본과 중국 문학 전문가였고, 귀족이자 작가인 무라사키 시키 부紫式部와 라이벌이었다는 점만 알려져 있을 뿐이다. 무라사키 시키부가 집필한 《겐지 이야기》는 많은 전문가가 일본 최초의 소설로 꼽는 작품이다. 아니, 일본뿐 아니라 세계적으로도 최초라고 한다. 무라사키 시키부는 세이 쇼나곤에 대해 "지혜를 발휘할 기회를 절대로 놓치지 않는 재치 있는 여성"이라고 평가했다(알다시피 경쟁자의 견해는 친구들의 평가보다 더 정확하다). 세이 쇼나곤은 자신의 개인적인 일기를 엮은 아주 특별한 책으로 문학계에 흔적을 남겼다. 바로 성찰과 일화, 의견, 목록을 모은《베갯머리 서책》이다. 나는 오랫동안 그 책의 마법에서 헤어나지 못했다. 일본의 뛰어난 문장가이자 행불행 수집가가 쓴 그 책을 살짝 소개한다. 여기에서 소개하는 문장은 출처가 여러 곳이다. 마치 즉흥 재즈 연주처럼 적당한 범위 안에서 자유롭게 옮겼다.

그의 목록은 압축적이라 나는 그가 미처 다 적지 못한 내용을 상상해 덧붙이곤 한다. 여러분도 해보시길. 꽤 즐겁다.

아름다워서 바라보면 기분 좋아지는 것들

- 중국 자수 작품.
- 멋진 조각으로 장식된 칼집에 보관되어 있는 검.
- 아직 아무도 읽지 않은 이야기 보물창고.
- 재미있게 읽었던 책의 훌륭하게 제본된 속편.
- 황후께서 신하에게 모두 물러나라 손짓하시고는 나를 부르셨을 때.
- 모두의 부러움 가득한 눈빛을 받으며 황후께 걸어갈 때.
- 불상에 떨어진 낙엽.
- 소나무 주위에 날리는 노란색과 연보라색의 환상적인 등

나무꽃.

- 여기저기 다 묻혀가며 행복한 표정으로 딸기를 먹는 어린아이.

- 비 내리는 울적한 날 사랑하는 사람에게서 온 애정 그득한 편지.

- 황후께서 선물해주신 좋은 종이에 좋은 붓으로 글을 쓰는 것.

나를 슬프고 속상하게 하는 것들

- 돛이 찢어진 배를 타고 항해하는 것.

- 재미있게 읽은 책의 속편에 실망하는 것.

- 산과 나무들의 아름다운 경치를 가로막는 울타리.

- 갓난아이가 우는데 아무도 달래주러 가지 않을 때.

- 아기가 없는 빈 유모차.

- 뒤집힌 소달구지(이건 언제나 똑바로 세워져 있어야 한다).

- 선물로 받은 예쁜 빗을 닦다가 이가 나간 것을 발견했을 때.

- 새벽에 들리는 까마귀 울음소리에 그이가 온다는 전갈인가 싶어 온종일 기다렸지만 결국 오지 않았을 때….

- 궁수의 손이 심하게 떨려서 화살이 과녁을 빗나갔을 때.

- 전혀 똑똑하지 않은 사람들이 스스로 총명하다고 착각하고 높은 사람들의 이름을 대며 잘난 척할 때(그 실없는 소리는 도저히 못 들어줄 정도로 지루하다).

- 폭풍에 쓰러져 뿌리가 드러난 나무.

- 몰래 방문한 연인을 보고 개가 짖을 때.

- 개를 때리는 두 남자(정말 끔찍하다).

- 기도 중에 재채기하는 사람들.
- 술에 취해 한 말을 하고 또 하는 연인.
- 사랑하는 이가 옛 애인을 칭찬할 때.
- 사랑하는 사람이 아무도 없다는 생각.

보다시피 이 두 가지 목록 가운데 슬프거나 짜증나거나 화나게 하는 일이 감탄하거나 기쁘거나 우아하거나 즐겁거나 흥미진진한 일보다 훨씬 많다.

세이 쇼나곤은 누구나 쉽게 상상할 수 있을 만한 목록도 여럿 만들었다(물론 쉽게 떠올리기 어려운 특이한 목록도 포함되어 있다). 몇 가지 함께 살펴보자.

그림으로 꼭 담아야 하는 것들

소나무, 가을 들판, 산속 마을, 숲속 오솔길, 황새와 사슴, 특히 추운 겨울날의 풍경.

그림으로 그리기에 적합하지 않은 것들

장미, 벚꽃, 내가 읽은 책 속에서 외모로 칭찬받는 남녀들.

가까웠다가 멀어지는 것

무너진 집안의 형제나 자매, 기타 친척들의 관계.

멀었다가 가까워지는 것

남자와 여자의 사랑.

그가 바라본 세상은 오늘날과 별반 다를 바 없는 듯하다. 태양 아래 새로운 것은 없다는 말이 새삼 떠오른다.

그의 글을 읽을 때마다 오랜 친구를 만난 듯한 느낌이 든다. 헤이안 시대에 후지와라노 데이시 황후의 궁에서 그를 만났을 것만 같은 기분이 들 때도 있다.

아름다움은 일상에 있다

■

사실 지금 여러분이 손에 들고 있는 이 책도 잠들기 전에 읽기 좋은 베갯머리 서책이다. 솔직하고 믿음직스러운 친구 같은 느낌의 책 말이다. 세이 쇼나곤을 떠나보내기 전에 그가 쓴 《베갯머리 서책》 시작 부분을 소개한다.

계절

봄에는 새벽이 나를 반긴다. 새로운 하루가 다가오면 산의 가장자리 쪽 하늘이 서서히 맑아지기 시작한다. 빛 뒤로 길게 나 있는 옅은 구름은 유색을 띤다.

여름에는 밤이 마음에 든다. 누구나 그러겠지만 밤하늘의 달을 바라보면 기분이 몽글몽글해진다. 하지만 달 없는 캄캄한 밤에 무수히 많은 반딧불이를 감상하는 것도 그에 못지않게 즐겁다. 고작 반딧불이 한두 마리가 까만 밤에 은은한 빛을 더하며 날아가는 모습만으로도 그 마법을 느낄 수 있다. 비 오는 밤도 즐거움을 준다.

가을에는 저녁이 새삼스럽다. 해가 산 가까이 내려앉고 까마귀가 서너 마리 무리 지어, 또는 둘씩 짝지어 서둘러 둥지로 돌아가는 모습을 보면 얼마나 기꺼운지. 하늘 높이 나는 거위 떼도 기쁨이다. 해가 지고 난 후에는 멀리서 울음 같은 벌레 소리와 바스락거리는 바람 소리가 다가온다. 더할 말이 없을 정도로 그 자체로 마법 같다.

겨울에는 이른 아침이 좋다. 눈 내리는 아침은 당연히 멋지지만 눈 없는 아침에 순백의 서리를 보는 것도 기껍다. 서둘러 불을 지피고 불꽃이 탁탁 튀는 숯을 방마다 가져다놓는다. 이 계절에 아주 잘 어울리는 풍경이다.

하루가 깊어질수록 에는 듯한 추위는 한풀 꺾이고 방 안에 온기와 겨울 음식 냄새가 가득 퍼진다. 생각만 해도 기분이 평온해진다.

사실 여기까지만 하려고 했는데 내가 그다지 참을성이 뛰어나지 않다. 무척 좋아하는 구절을 또 하나 소개하겠다.

아홉 번째 달이 뜬 어느 환한 아침을 기억한다. 밤새 장대 같은 비가 쉬지도 않고 내렸지만, 아침이 되자 비는 그치고 해가 나왔다. 밝은 햇살을 받으며 마당의 국화 잎에서 구슬 같은 빗방울이 떨어졌다. 대나무 울타리에는 끊어진 하얀 진주 목걸이 같은 거미줄에 빗방울이 달라붙어 있었다. 내 영혼이 비상하고 만족감이 마음을 채웠다. 날이 점점 화창해지자 식물들이 가득 머금고 있던 빗물이 전부 증발했다.

나중에 사람들에게 그 장면이 얼마나 예뻤는지 이야기해주었다. 그런데 놀랍게도 다들 전혀 대수롭지 않아 했다.

우리가 세이 쇼나곤의 글에서 얻는 가장 중요한 메시지는 무슨 일이든, 어디에 있든, 그저 주의만 기울인다면 지금 여기에서 얼마든지 아름다움과 즐거움을 발견할 수 있다는 것이리라.

내 눈이 항상 세상의 아름다움을 보았으면.
흠잡을 데 없는 그 아름다움을 칭찬했으면.
그토록 멋지고 완벽한 아름다움을 기렸으면.[1]

나단 자크 Nathan Zach

영화 〈아메리칸 뷰티〉에서 비닐봉지가 날아다니는 장면을 기억하는가? 주인공 리키 피츠는 좋은 쪽으로 이상한 소년이다. 영화감독이 꿈인 그가 열정을 쏟는 일이 세 가지 있다. 그가 발견한 아름답다고 생각하는 것(거의 모든 것)을 촬영하기, 마리화나 피우기, 그리고 사랑하는 제인. 어느 날 리키는 제인에게 자신이 찍은 가장 아름다운 것을 보겠느냐고 묻는다. 그것은 이구아수폭포도 아니고 앤털로프캐니언도 아니었다. 멋진 동물도 기상 현상도 설치 예술작품도 아니었다. 꽤 오랫동안 바람에 요리조리 휘날리는 평범하기 짝이 없는 비닐봉지였다. 배경에는 단 몇 개 음만으로 웅장한 감정을 불러일으키는 훌륭한 작곡가 토머스 뉴먼Thomas Newman의 음악이 흘러나온다. 리키는 세상에 아름다운 것이 너무 많아서 참을 수 없을 정도라고 말한다.

세이 쇼나곤의 팬인 영국 감독 피터 그리너웨이Peter Greenaway의 영화 〈필로우 북〉에서도 유사한 아름다움을 발견할 수 있다. 멋진 미학이 돋보이는 그 영화는 에로티카와 책에 관한(그리너웨이 감독의 말로는 "섹스와 텍스트"에 관한) 우아한 드라마다. 이슬, 상록수의 솔잎은 물론이고 신화 속 여성과 남성 영웅의 멋진 그림, 꽃 그림에서도 아름다움을 볼 줄 알았던 특별한 일본 여성의 일기와 유사한 지점이 많다.

지금까지 두 편의 영화에 대해 짤막하게 살펴보았고 그중 하나 덕분에 세이 쇼나곤으로 돌아왔다. 이제 중국으로 다시 돌아가보자.

인간은 다섯 가지 감각, 즉 시각·청각·후각·미각·촉각의 벽으로 둘러싸인 우물 안에 갇혀 있다. 우리로서는 그 우물 밖 세상을 전혀 상상할 수 없다. 우리가 상상의 존재라 일컫는 유니콘이나 켄타우로스, 하늘을 나는 마녀 등도 사실은 말이나 뿔, 사람, 빗자루 같은 이 세계에 이미 존재하는 요소들을 기초로 창조된 것이다. 독일의 철학자 아르투르 쇼펜하우어Arthur Schopenhauer는 자기가 살아가는 세상이 그가 가진 상상력의 경계라고 적었다. 모든 사람이 자기만의 우물 안에서 살아간다는 것은 명백하다. 어떤 사람의 우물은 좁으면서도 얕고, 또 다른 사람의 우물은 넓고도 깊다. 하지만 양쪽 모두 우물의 존재도, 이를 둘러싼 벽이 무지를 뜻한다는 사실도 인지하지 못한다.

붓다는 말씀하셨다. "세상에 대한 개인의 견해는 아직 알을 깨고 나오지 않은 병아리와 다를 바 없다." 세상은 우리가 상상하는 것보다 훨씬 더 이상하고 복잡한 곳이라는 점에서 그렇다. 아무리 상상력이 뛰어나고 독창적인 예술가라 해도 그 세계를 다 그려낼 수 없다.

야옹 소리를 내는 개

■

불은 만지면 뜨겁고 얼음은 차갑다. 아침의 산들바람이 머리카락을 움직이고 얼굴에 닿은 눈송이는 녹는다. 사과는 나무에서 떨어진다. 새는 하늘로 날아간다. 세상은 왜 이럴까? 왜 다른 모습이 아니라 이런 모습인 것일까? 어째서 천국의 바람은 네 방향으로 흩어지는가?

누구나 알다시피 개는 멍멍 짖고 고양이는 야옹 소리를 낸다. 하지만 왜 개와 고양이가 그와 같이 우는지, 아니, 왜 개는 야옹거리지 않고 고양이는 멍멍 짖지 않는지 아무도 알지 못한다.

나는 왜 개가 멍멍 짖고 고양이가 야옹거리고 당나귀가 히힝 우는지 알지 못한다. 모르지만 알고 싶은 것들의 목록을 만들어보고 싶다. 이 목록을 만드는 동안 스페인계 미국인 철학자 조지 산타야나George Santayana가 한 말을 되새기려 노력했다. "자연은 우리가 답을 모르는 질문은 질문하는 법도 모르게끔 하는 큰 친절을 베풀었다." 다음은 자연이 나에게 친절을 베풀지 않은 질문들이다. 질문할 수는 있지만 도저히 답을 찾을 수 없는 것들이다.

- 신은 존재하는가?
- 축복받은 평화와 영원한 안식은 왜 깨진 것일까? 신(또는 빅뱅)은 왜 지구와 하늘, 인류를 포함한 온갖 다양한 생물체를 창조했을까?
- 왜 존재하는가? (**어떻게** 존재하느냐가 아니라 **왜**, 무엇 때문에 존재하는가? 물론 '어떻게'와 '왜'는 굉장히 복잡하게 서로 연결되

어 있을 것이다.)

- 정말로 세상을 만든 창조주(인간의 상식을 초월하는 숭고한 지혜 등)가 존재하는가? 아니면 모든 것은 우연히 생성되었고, 우리는 고독하고 황량하게 우주의 끝없는 어둠 속에서 의아해하며 헤맬 뿐인가?

- 인식이란 무엇이며 어떻게 진화했는가?

- 러시아 시인 알렉산드르 푸시킨Aleksandr Pushkin의 말처럼 인생은 "우연하고 불필요한 선물"인가, 아니면 매일 아침 감사해야 할 무한한 은총인가?

- 나는 누구이며 무슨 목적으로 태어났는가? 어떻게 살고 어떻게 행동해야 하는가? 내 삶에 의미가 있는가? 나는 왜 의미에 대해 갈망하는가?

- 왜 '좋은 사람'이 되어야 하는가? '좋은 사람'이란 정확히 무엇인가?

- 우리는 왜 죽음의 고객인가?

- 죽은 후에는 어떻게 될까? 사후 세계가 있기를 바라야 할까, 아니면 아무것도 없다고 생각하는 편이 더 나을까?

- 세상에는 어째서 이토록 아름다운 게 많을까?

- 세상에는 왜 이토록 악이 많을까?

- 사랑은 어디에서 오는가?

- 의미에 관한 질문이 과연 의미가 있을까?

- 믿음이란 무엇인가? 믿음 없는 사랑이 과연 가능한가? 사랑

없는 믿음은 가능한가? 사랑에서 믿음이 없어지는 순간, 믿음에 대한 믿음도 사라질까? 의심 없는 믿음이 가능한가?

- 원하는 것을 선택할 수 있는가?
- 좋은 생각보다 나쁜 생각이 더 쉬운 이유는 무엇인가? 진화의 측면에서 비관론이 더 유리하기 때문일까?
- 만족과 쾌감을 추구하고 고통을 피하고자 하는 '쾌락 원리'가 삶의 지침이 될 수 있을까?
- 과연 온전히 나만의 것이라고 여길 만한 생각이 있는가?
- 선악에 대한 우리의 지식은 어디에서 왔는가?
- 행복이란 무엇인가? 인생의 목적은 행복인가?
- 후회 없는 삶이 있을 수 있을까?
- 다시 태어난다면 지금 이 순간까지의 삶을 정확히 똑같이 계속 반복하겠는가?

목록의 끝에 이르니(물론 얼마든지 더 나열할 수 있다) 두 가지 지혜로운 인용문이 생각난다.

철학의 어려움은 아는 것 이상으로 말하지 않는 것이다.

비트겐슈타인, 《청색 책》

혀에 '모른다'라고 말하는 버릇을 들여라.

《탈무드》〈씨앗의 질서〉 첫 번째 소책자 '베라코트berakhot' D장 A절

덫에 걸린 의미

■

물고기를 낚을 때는 그물이 있어야 하지만 일단 낚은 후에는 더는 필요하지 않다. 쥐를 잡으려면 덫이 있어야 하지만 일단 잡은 후에는 더는 필요하지 않다. 의미를 만들려면 말이 필요하지만 일단 의미를 전하고 나면 더는 필요하지 않다. 이 의미를 이해하고 나와 한두 마디를 나눌 수 있는 사람이 있을까?

비트겐슈타인은 《논리-철학 논고》에서 "우리는 말할 수 없는 것에 관해서 침묵해야 한다"는 문장으로 끝맺는다. 하지만 나는 말할 수 없는 것들에 대해 말하고 싶다. 사랑과 신, 믿음, 무한함 등. 장자는 그런 나의 불경스러운 생각에 목소리를 내게끔 도와준다.

나비의 꿈

■

어느 날 밤 꿈에 나는 나비가 되었다. 훨훨 날아다니는 꿈이었는데 진실로 기쁘더라. 얼마 뒤에 갑작스레 깨고 보니 내가 꿈을 꾸고 나비가 된 것인지, 나비가 꿈에 지금의 내가 된 것인지 알지 못하겠구나.

《장자》〈제물론〉 6장

장자의 호접지몽은 세계적으로 잘 알려진 이야기다. 이 일화는 재미있고 흥미롭기도 하지만 가만히 들여다보면 그다지 이상하지는 않다. 결국 우리는 이 이야기를 쓴 사람이 장자라는 사실을 명확히 알고 있다. 그 어떤 중국 철학 문집도, 철학이나 또 다른 학문 출처를 살펴봐도 이를 나비가 썼다고 하지 않는다.

비트겐슈타인은 이후에 《확실성에 관하여》에서 그의 철학의 많은 부분을 차지하는 '꿈'을 다시 주제로 다루었다. 그의 요점은 조금은 파격적이면서도 흥미롭다. "'나는 꿈꾸고 있을 수도 있다'라는 말은 의미가 없다. 만약 꿈속이라면 '나는 꿈을 꾸고 있다'라는 말은 물론이고 의미가 있다고 주장하는 모든 말들이 전부 다 꿈속에서 이루어진 것이기 때문이다."

상자 속 딱정벌레

장자가 혜자惠子와 함께 호숫가를 거닐고 있었다. 다리로 올라간 그들은 맑은 물에서 헤엄치는 물고기들을 보았다.

"물고기가 아주 행복해 보이는군!" 장자가 말했다.

"자네는 물고기가 아니면서 저들이 행복한지 어떻게 아는가?" 혜자가 물었다.

"자네는 내가 아닌데 어떻게 내가 물고기의 행복을 모른다는 걸 아는가?" 장자가 말했다.

《장자》〈추수〉 8장

파니아 파스칼Fania Pascal은 편도선 절제술을 받은 끔찍한 경험을 친구인 비트겐슈타인에게 공유한다. 비트겐슈타인이 전화를 걸어 안부를 묻자 파스칼은 트럭에 치인 개가 된 기분이라고 대답했다. 이에 비트겐슈타인은 "트럭에 치인 개의 기분을 어떻게 아느냐"라고 벌컥 화를 내며 소리쳤다. 비트겐슈타인이 정말 분노했는지 아니면 우스갯소리였는지에 대해서는 세간의 견해가 갈린다.

진실을 알 길은 없다. 하지만 비트겐슈타인이 고통이라는 주제를(사람마다 고통의 의미가 다르다는 사실도) 매우 진지하게 받아들였다는 것만은 확실하다. 그의 사후인 1953년에 출간된 저서 《철학적 탐구》의 293절에는 '상자 속 딱정벌레'라는 흥미로운 사고 실험이 등장한다. 원리는 다음과 같다.

일곱 명이 저마다 작은 상자를 들고 서 있다. 그 상자 속에 우리가 '딱정벌레'라고 부르는 것이 들어 있다고 가정해보자. 이 말이 맞을 가능성이 있지만, 자신의 상자는 자신만 볼 수 있고 다른 사람의 것은 절대로 들여다볼 수 없다. 어떤 상자에는 우리가 생각하는 평범한 딱정벌레가 들어 있을 수도 있다. 하지만 세계은행의 금고 열쇠나 희귀한 우표, 딸기잼 등 다른 것이 든 상자가 존재할 가능성도 있다. 어쩌면 하나는 빈 상자

일지도 모른다. 심지어 **모든** 상자가 비어 있을 수도 있다.

자, 이제 이 상자들이 인간의 뇌라고 생각해보자. 상자(뇌) 안에는 우리가 '고통'이라고 부르는 것이 들어 있다. 고통의 정의와 인식, 경험은 사람마다 다를 것이다. 그리고 고통은 다른 사람과 나눌 수 없다. 우리는 상대에게 직접 듣고 또는 휘청거리거나 신음하는 모습을 보고 상대가 '고통스러워한다'는 것을 이해할 수 있지만 이를 직접 느낄 수는 없다. 그나마 가장 가까운 감정은 상대의 고통에 공감하는 정도일 것이다.

지금까지 설명한 것은 새 발의 피에 불과하다. 온라인에서만 해도 딱정벌레 실험에 관한 무수히 많은 기사와 토론을 접할 수 있다. '상자 속 딱정벌레'(또는 '사적 언어 논증')라고만 검색해도 된다. 분명 만족스러운 정보를 얻을 것이다.

자, 그러면 상자 안에 든 것을 모두가 '행복'이라고 부른다고 가정해보자. 이것은 모두에게 같은 의미일까? 분명 그렇지 않다. 상자 속 내용물이 저마다 비슷하기는 할까? 빈 상자가 있을까? 직접 이 비유를 발전시켜보기 바란다. 앞으로 내내 이어질 이 책의 중요한 주제니까.《철학적 탐구》(223절)에 나오는 다른 수수께끼(진술)는 장자의 이야기와 직접적인 관련이 있다.

만약 사자가 말할 수 있더라도 우리는 사자의 언어를 전혀 이해할 수 없을 것이다.

생각할 거리를 주는 이야기다. 어쨌든 비트겐슈타인은 장자의 일화를 해석하는 데 적극적이었던 것 같다(〈장자와 비트겐슈타인이 만나 제정신이 아닌 인식에 대한 이성적인 대화를 나누다〉라는 장황한 제목의 짧은 에세이를 쓰고 싶은 강한 욕구가 내 안에서 꿈틀거린다).

나는 철학자와 함께 정원에 앉아 있다. 그는 근처에 있는 나무를 가리키며 "나는 저게 나무인 것을 안다"라고 거듭 말한다. 그때 지나가던 한 남자가 우리의 이야기를 듣는다. 나는 그에게 "이 사람은 미친 게 아닙니다. 우리는 철학 이야기를 하고 있어요"라고 말한다.

비트겐슈타인, 《확실성에 관하여》

모르는 지식과 의식적인 지식

■

만약 지네가 자신의 다리가 많다는 사실을 인지한다면 다리들이 서로 뒤엉켜서 한 발짝도 내디딜 수 없을 것이다. 물고기가 자기가 물고기인 줄 안다면 그 사실을 알자마자 바다 밑으로 가라앉을 것이다. 지네와 물고기, 나비, 산, 강은 무의식적인 지식, 즉 알지 못하는 지식을 통해 자기의 존재를 인식한다. 오직 인간만이 의식적인 지식을 통해 자신을 알기 위해 노력한다. 그러므로 인간은 지네가 지네이고 물고기가 물고기이고 나비가 나비인 것처럼 단순하게 인간이 될 수 없다.

내 해석은 다음과 같다. 미리 경고하자면 말이 엄청나게 길어질 것이다!

나는 지네가 되고 싶은 마음도 없고, 나비가 되고 싶은 마음 역시 눈곱만큼도 없다. 하지만 너무 많아서 불필요한 내 모든 생각에 장자의 이야기는 갖가지 성찰을 불러일으킨다. 우리는 의식적인 지식에 대해 매우 큰 대가를 치러야만 한다. 엄청난 대가다. 더 불행한 지점은 불필요하고 성가실 정도의 **과도한 생각**으로 그 대가를 치를 때가 많다는 사실이다.

나는 종종 '의식적인 지식'의 관점에서 나를 이해하려고 노력한다. 고백하자면 내 머릿속에는 내 모든 말과 행동을 분석하고 비판하는 말 많은 작은 인간이 사는 것만 같다. 대부분의 사람들도 마찬가지이지 않을까. 그 작은 인간은 쉬는 법이 없다. 짜증 날 정도로 성실하고 근면한 일꾼이다. 그나마 다행스러운 점은 이 작은 인간의 말을 나밖에 들을 수 없다는 것이다. 안타깝게도 혼자 중얼거리는 바람에 남들에게도 너무 잘 들리게 하는 사람들도 있지만 말이다.

돌아가신 나의 할머니가 장자를 알았다면 좋아했을 것 같다. 할머니는 유머 감각이 뛰어나기도 했지만 이디시어로 "인간의 가장 큰 적은 바로 자신의 생각이다der grester sauna fun a mentsh is di eygene mkhshebus"라는 말을 틈나는 대로 강조하곤 했기 때문이다.

정말로 가끔 생각으로부터 절대적인 휴식과 완전한 자유를 느낄 수 있다면 얼마나 좋을까 싶다. 그 유명한 《곰돌이 푸》의 작가 A.A. 밀른A.A. Milne은 훨씬 더 멋지게 표현했다. "생각하다가 멈추었다가 다시 시작하는 것을 잊어버린 적이 있니?"

《성경》〈전도서〉에 이런 내용이 나온다. "모든 만물이 피곤하다는 것을 사람이 말로 다 말할 수는 없나니 눈은 보아도 족함이 없고 귀는 들어도 가득 차지 아니하도다."(1장 8절) 이스라엘 랍비인 코츠커Kotzker는 앎이 고통을 정당화한다고 했다. 인간은 알기를 원하며 알아야만 한다.

자각은 질병에 속할까? 러시아 소설가 표도르 도스토옙스키Fyodor Dostoevsky는 종종 이 주제에 대해 사색했다. 말이나 원숭이가 인간보다 행복할까? 애초에 인간은 어떻게 의식이 있는 존재가 된 것일까? 만약 우리를 구성하는 기본적인 요소인 원자와 분자에 의식이 없다고 믿는다면, 과연 우리의 의식은 어디에서 오는 것일까? 철학에는 범심론汎心論이라는 학설이 있다. 가장 작은 기본 입자로부터 지구 자체에 이르기까지 우주 만물에 정신이 있다고 보는 학설이다. 어떻게 만들어졌을까? 범심론의 개념은 밀레토스학파의 탈레스thales 시대부터 일찍이 초기 철학자들에 의해 알려져 있었다. 17세기 독일 수학자이자 철학자였던 고트프리트 빌헬름 라이프니츠Gottfried Wilhelm Leibniz가 언급했고 영국의 수학자이자 철학자인 알프레드 노스 화이트헤드 Alfred North Whitehead도 주목했다. 2020년 2월에 타계한 위대한 수학자이자 물리학자이자 통계학자인 프리먼 존 다이슨Freeman John Dyson 역시 원자가 어떤 형태의 의식을 가지며(비록 이것이 인간의 의식과는 아예 다르지만), 우주 전체에도 의식이 있다고(역시 인간의 의식과는 아예 다르지만) 믿었다. 그는 우리가 기본 입자의 의식을 탐구하기 위해 노력하고 어느 정도 성공을 거두기도 하지만 가까운 미래에 우주의 의식을 헤아리는 것은 불가능하다고 보았다. 만약 우리가 원한다면 이 우주의 의식을 '신'이라고 부를 수 있다는 것이 이 저명한 과학자의 견해였다.

나비는 초끈(슈퍼스트링superstring. 초대칭성을 갖는 소립자—옮긴이) 이론만큼 미스터리하다.
다이슨, 《사방이 무한대 Infinite in All Directions》2

전설에 의하면 델포이의 아폴론 신전 앞뜰에는 고대 그리스 명언인 "너 자신을 알라"가 새겨져 있었다. 이 명언에는 여러 해석이 있다. 하나는 세상에서 자신의 위치를 인지하고 과대평가하지 말라는 것이다. 신전 벽에 "그 무엇도 지나치지 않게"라고 또 다른 문구가 새겨져 있는 것을 감안하면 이 해석은 꽤 논리적이다. 하지만 나는 다른 해석이 더 마음에 든다. 바로 소크라테스의 해석이다. 영어권에서 가장 인기 있다는 바로 그

명언 말이다.

"성찰하지 않는 삶은 살 가치가 없다."

소크라테스는 지식('의식적인 지식')에 대한 욕망과 무지에 대한 욕망이라는 서로 어긋나는 두 가지 욕망을 알아차렸다. 그는 지식에 대한 탐구를 궁극적인 선으로, 무지한 상태로 남고 싶어 하는 것은 절대적인 악으로 구분했다. 소크라테스에게는 성찰하지 않는 삶은 옳지 않고 '자신을 아는 것'이 중요했다. 그는 아테네의 젊은이들에게 '독사doxa(통념)'에 의문을 제기하라고 촉구했다. "자세히 살펴보지 않고는 그 무엇도 믿지 말라!"

물론 모두가 소크라테스의 의견에 동의하는 것은 아니다. 다른 견해들도 많다. 예를 들어, 16세기 프랑스 철학자 미셸 드 몽테뉴Michel de Montaigne는 인류의 고통은 여러 가지 일을 다양한 방식으로, 심지어는 이상한 방법까지 포함해서 지나치게 생각하는 경향에서 나온다고 했다. 그는 지능이 높고 반복적으로 자기 성찰을 한다고 해서 행복해지지 않는다고 믿었다. 행복에는 지식이 아니라 지혜(다시 한 번 강조한다. 지식이 아니라 지혜!)와 인생 경험이 필요하다고 본 것이다. 그는 삶을 조사하고 분석하는 데 쓰는 시간을 줄이고, 대신 대부분의 시간을 가능한 최고의 삶을 사는 데 써야 한다고 제안했다. 타인의 시선에 대해 걱정하지 말고 자신을 **있는 그대로** 받아들이고 자신 또한 타인을 있는 그대로 받아들이려고(심지어 문화가 다르고 우리 자신과 다르게 생각하고 행동하는 사람들까지) 노력해야 한다. 그리고 가장 중요한 것은 지혜로워지려는 노력이다. 몽테뉴는 현자의 특징이 두 가지라고 믿었다. 그것은 바로 좋은 마음과 좋은 기분이다.

마음의 즐거움은 얼굴을 빛나게 하여도 마음의 근심은 심령을 상하게 하느니라.
《성경》〈잠언〉 15장 13절

프랑스 철학자 몽테뉴처럼 (그리고 유명한 그리스 철학자 소크라테스와는 반대로) 독일 시인 요한 볼프강 폰 괴테Johann Wolfgang von Goethe는 심오한 자기 분석 개념을 대단한 개념이라고 보지 않았다. 그는 《파우스트》에서 이렇게 말했다. "나는 나 자신을 알지 못한다. 신이 내가 나를 알지 못하도록 했다. 안다면 나 자신에게서 도망치고 싶어질 것이기에. 하지만 어디로 도망친단 말인가? 나는 어디든 나 자신을 데리고 다니는데."

역사상 가장 위대한 SF 소설가 중 한 명으로 평가받는 스타니스와프 렘Stanisław Lem의 소설 《솔라리스》는 자신을 마주하는 사람의 위험성을 완벽하게 묘사한다. 이 책의 주인공들은 마음 속 깊은 곳에 가둬둔 과거를 마주할 수밖에 없다. 그들로서는 밖으로 드러낼 생각이 전혀 없었던 과거들이다. 그런 경험과의 대면은 충격적인 결과를 초래하게 된다. 일부는 미쳐버리고 또 일부는 스스로 목숨을 끊는다.

그리스 신화에도 비슷한 이야기가 있다. 엄청난 미남이지만 매우 거만한 청년이 있었다. 바로 물의 님프 리리오페가 강의 신과의 사이에서 낳은 아들 나르키소스였다. 리리오페는 유명한 예언자 테이레시아스에게 아들이 오래 살 수 있을지 물어보았다. 이에 테이레시아스는 "그대의 아들은 '자신을 알지만 않으면' 오래 살 것이오"라고 예언했다. 알다시피 그리스에서 오랫동안 이상으로 여겨진 것이 거꾸로 뒤집혔다.

고대 힌두교 경전 《바가바드기타Bhagavadgītā》에도 자신에 대한 깊은 앎에 진정으로 이르는 사람은 결코 고통을 알지 못한다고 되어 있다.

그렇다면 **나는** 어느 쪽일까? 내 생각에 가장 좋은 삶의 방식은 중도에 속하는 아리스토텔레스의 방식이다. 아리스토텔레스의 이 가르침에 대해서는 나중에 10장 전체를 할애해서 자세히 다루겠다. 지금은 이렇게만 알아두자. 모든 앎과 생각을 낱낱이 성찰하고 분석하는 방법과, 그 어떤 자극도 완전히 무시하는 방법 사이의 미묘한 균형을 찾기 위해 노력해야 한다. 결국 앎과 생각은 인간이 위대한 가장 큰 이유니까.

이쯤 해서 프리드리히 니체Friedrich Nietzsche의 견해를 살펴볼 때가 됐다. 그는 저서 《아침놀》 48번에서 "너 자신을 알라"가 과학적 탐구를 뜻한다고 적었다. "우리는 모든 것에 대한 지식을 얻었을 때만 자신을 알 수 있게 될 것이다." 니체에 따르면 세상을 아는 것과 자신을 아는 것은 똑같다. "너 자신을 알라"

라는 소크라테스의 오랜 계명을 충족하고자 니체는 광적이고 강경하고 거리낌이 없었다.

다시 장자로 돌아가본다. 어떤 사람이 '의식적인 앎'이라는 의미에서 자신을 알고 싶어 한다고 해보자. 그는 무엇에 마음을 집중해야 할까? 감정? 생각? 행동?

눈부신 통찰이 빛나는 작가 제인 오스틴Jane Austen은 소설《이성과 감성》에서 이렇게 적었다. "말이나 생각이 아니라 행동이 우리를 정의한다." 많은 똑똑한 사람들의 견해도 같다. 우리가 자신에 대해 알거나 이해하는 것은 쉽지 않은 일이 분명하다. 인간은 복잡한 존재이기 때문이다. 따라서 자신에 대해 알고 싶다면 자신의 생각이나 감정보다 행동에 집중해야 할 것이다. 생각과 감정은 한없이 혼란스러워서 절대로 완전히 이해할 수 없기 때문이다.

언젠가 강의가 끝나고 정통파 유대교도인 친구가 나에게 다가왔다(보통 그런 유형의 친구들은 내 강의를 잘 듣지 않지만 당시 강의의 주제가 '전도서'였다). 그는 랍비 예후다 헤하시드Yehuda HeHasid, 즉 레겐스부르크의 유다 벤 사무엘Judah ben Samuel of Regensburg은 자신이 정말로 누구인지 알고 싶으면 친구들에게 물어야 한다고 가르쳤다고 말했다. 자신의 의견은 그다지 정확하지 않다. 사람은 자신의 생각을 기준으로 스스로를 판단하기 때문이다. 하지만 친구들은 오로지 우리의 행동으로만 우리를 판단한다. 행동이 진짜 현실이다.

그래서 내가 뭐라고 대답했을까? 랍비 헤하시드의 생각이 잘못된 것 같다고 말했다. 친구들은 내 행동을 일부밖에(때로는 극소수밖에) 알지 못하지만 나는 내가 한 모든 행동을 알고 있고 그 행동들이 많은 생각으로 이어지기 때문이다.

우리는 이야기를 이어갔고, 그는 선한 행동이 선한 생각보다 쉽다는 것이 마음에 든다고 말했다. 유대교 하시디즘 교파의 창시자 바알 셈 토브Baal Shem Tov가 말한 거짓 메시아의 증거에 대해서도 덧붙였다. 죄스러운 생각을 막아줄 수 있다고 주장하는 사람은 **가짜** 메시아다. 우리는 자비를 통해서만 죄스러운 생각에서 벗어날 수 있기 때문이다. (실제로 토브가 제안한 이 기준에 따르면 해로운 생각을 없애고 축복에 대한 긍정적인 생각과 감사가 샘솟아나는 조언을 해주겠다고 말하는 동기부여 전문가들은 전부 가짜 메시아인 셈이다. 나 역시 이 책에서 유사한 주제를 다루고 있다.)

이 모든 성찰이 자신을 아는 기본적인 접근법만 제공한다는 것은 명백하다. 하지만 이 짧은 토론이 흥미로운 질문들로 이어지는 문을 열어주었기 바란다.

이 시점에서 추천하고 싶은 영화 두 편이 있다. 스웨덴 감독 루벤 외스틀룬드Ruben Östlund의 〈포스 마쥬어: 화이트 베케이션〉과 〈더 스퀘어〉다. 사람의 생각과 생각의 연관성, 그리고 내가 보는 나와 다른 사람들에게 보이는 나의 연관성에 관해 탐구하는 작품들이다.

나는 생각한다. 그러므로 나는 존재한다.

르네 데카르트 Réné Descartes

반드시 고요하고 반드시 깨끗함을 지켜서 당신의 몸을 수고롭게 하지 말고, 당신의 정신을 흔들어대지 않아야만 비로소 장생할 수 있다.

《장자》〈재유〉

(사실 장자는 정확히 이렇게 주장했는지는 알 수 없다. 〈재유〉는 《장자》의 외편으로, 장자가 직접 쓴 게 아니라 후대에 덧붙였다는 추측이 있다. 어쩌면 그가 썼다는 이야기들도 사실은 대부분 그의 작품이 아닐지도 모른다. 그렇다고 해도 나는 기꺼이 그의 가르침과 내밀한 시간을 보내고자 한다.)

자, 이제 고대 중국 철학자의 또 다른 이야기로 넘어가자. 그 다음에 소크라테스로 돌아올 것이다.

우리가 가진 전부

■

혜자가 아내 잃은 장자를 위로하기 위해 찾아갔다가 장자가 깡통을 두드리며 큰 소리로 노래 부르는 모습을 보고 깜짝 놀랐다.

"한 지붕 아래에서 오랜 세월을 같이 살았고 같이 자식들도 키우고 같이 늙어가던 사이가 아닌가. 아내가 죽었다고 꼭 울라는 법은 없지만 노래를 부르다니!" 혜자는 친구를 나무랐다. "이렇게 기뻐해도 되는 건가?"

"자네는 아무것도 모르네." 장자가 말했다. "아내가 죽었을 때 가슴을 칼로 찌르는 것처럼 아파서 울고 소리 지르고 싶었네. 하지만 아내가 태어나기 전의 시간에 대해 생각해봤지. 아내가 태어나기 전뿐 아니라 제 어머니 뱃속에 생기기 전, 영혼이 생기기도 전에 대해 생각해봤다네. 어느 순간, 경이로움과 신비로움의 조합이 기적적인 변화를 일으켜 뱃속에 그의 존재가 만들어졌겠지. 그런데 이제 또 다른 변화가 생긴 것이네. 그 사람이 죽은 거지.

모든 일에는 때가 있네. 모든 것은 지나가지. 봄에서 여름, 가을, 겨울로 계절이 지나가듯이 말일세. 지금 그는 큰 방에 평화롭게 누워 있네. 내가 울고 소리를 지른다면 내가 운명을 전혀 이해하지 못한다는 증거이자 변화의 필요성을 이해하지 못한다는 증거일세."

"같은 강물에 두 번 발을 담글 수 없다"는 말을 들어보았을 것이다. 두 번째 발을 담갔을 때 여러분은 첫 번째와 똑같은 사람이 아니다. 물 역시 이전의 물은 흘러가고 또 다른 물이 흘러오기에 똑같은 물이 아니다. 모든 것이 끊임없이 변한다. 무언가를 붙잡으려고 아무리 발버둥 쳐도 눈앞에서 바뀌거나 멀어진다. 이 강물 명언은 소크라테스 이전의 그리스 철학자, '어둠의 철학자'라고 불리는 수수께끼 같은 인물인 헤라클레이토스Heracleitos가 한 말이다. 이 말의 뜻은 지극히 사소하면서도 대단히 심오하다. 삶이 우리에게 가르치려고 애쓰는 가장 복잡하면서도 중요한 메시지라는 것도 확실하다.

모든 것이 손가락 사이로 미끄러져 사라진다. 기쁨, 창조성, 경이로움, 평화의 순간이 하나같이 새어 나간다. 육체적인 고통은 물론 가슴 아픈 순간들, 사랑하는 사람과의 이별과 사라진 꿈을 애도하는 나날 역시 마찬가지다. 이 모든 것은 우리가 알아차리는 순간부터 사라지기 시작한다.

아이의 미소, 제국과 왕국들, 나비의 날개와 가을의 나뭇잎, 일출과 일몰, 우리가 사랑했던 생각과 미워했던 사람들, 첫 키스, 모든 마지막 포옹, 모든 역사, 우주의 모든 것, 모든 걱정과 희망, 모든 것이 지나가고 어느 날 사라질 것이다. 영원한 것은 없다.

막내딸이 세 살쯤 되었을 때, 새벽 3시마다 내 머리를 톡톡 두드리며 깨우곤 했다. "아빠, 나 심심해!" 하지만 그날들은 사라졌다. 지금 그는 두 딸을 둔 20대 후반의 당찬 여성이 되었다.

손녀딸들도 이른 시간에 심심하다고 보챈다. 하지만 밤이 너무 길고 지루했던 그 세 살짜리 여자아이, 내가 너무도 그리워하는 그 아이는 이제 추억의 앨범 사진에만, 내 기억 창고 속에만 존재한다.

모든 것은 다 지나간다는 사실에서 어떤 결론을 내릴 수 있을까? 그 사실을 삶에 어떻게 적용해야 할까? 장자의 가르침처럼 이 통찰은 기쁨도 절망도 주지 않는다. 그것은 우리가 지금 이 순간에 더 크고 깊은 주의를 기울이고 온전히 알아차려야 할 이유가 된다. 여기에서 중요한 교훈은 지금 이 순간이 우리가 가진 전부라는 것이다.

4장

삶이 먼저인가, 죽음이 먼저인가
양주

지금까지 내가 가장 좋아하는 중국 철학자 장자를 만났다. 개인적으로 무척 존경하는 또 다른 중국 철학자를 소개하겠다. 기원전 4세기 도교 철학자로, 이름은 양주楊朱다. 안타깝게도 그의 저작은 거의 남아 있지 않다.

(존 듀이 문하에서 공부한) 20세기 중국 철학자이자 역사학자인 평유란馮友蘭은 저서 《중국철학사》에서 양주가 외톨이였다고 적었다. 양주는 정확한 관점으로 세상을 관찰하기 위해 남들과 거리를 두었다. 알다시피 한데 어우러져 있는 것보다 멀리 떨어져서 바라보면 더 자세하게 보인다. 평유란은 책에서 양주에 대한 깊은 존경심을 드러낸다. 책에 따르면 고대 도교는 세 단계로 꽤 명확하게 구분된다(물론 일부 기간은 중복된다).

1단계. 양주와 여러 출처를 통해 알려진 정보들.

2단계. 노자와 《도덕경》.

3단계. 장자와 그의 책.

고대 도교 철학에서는 학자와 그의 저서가 항상 뚜렷하게 구분되지 않는다. 나는 양주가 '재미있고 사랑스러운 자기중심주의'의 창시자라고 본다. 사실 내가 방금 만들어낸 학파다. 다른 이들이 그에게 사용한 칭호와 그의 평판을 요약하는 성명을 소개한다. 이것을 보면 내 생각이 정당하다고 느낄 것이다.

> 만일 머리카락 한 올을 뽑아서 세상을 이롭게 할 수 있다고 할지라도, 그(양주)는 절대 그러지 않을 것이다.
>
> 《맹자》〈진심 상〉 26장

얼마나 멋진가? 참 재미있고 사랑스럽지 않은가? 내가 보기에는(물론 내가 틀릴 가능성은 언제나 얼마든지 존재한다) 양주가 매우 진지하게 이와 같이 말하지는 않았을 것이다. 양주는 세상을 구하기 위해 팔다리를 자르거나 신장을 내놓지 않겠다고 말한 것이 아니다. 머리카락 한 올을 뽑지 않겠다고 했을 뿐이다.

머리카락 한 올이라니. 남보다 더 숭고한 도덕성을 자랑하는 열혈 박애주의자들과 지나친 감상주의로 모두 똑같이 사랑하고 도덕적이고 모범적으로 살라고 충고하는 동료 철학자들, 즉 오늘날 도덕의 설교자들을 마치 예언이라도 하듯이 조롱하고 있다. 도덕성 설교는 부도덕하고 불필요하며 지루하다.

몽테뉴는 자신의 본성을 초월한 척하는 가식을 경멸했다. 그는 많은 철학자와 달리 그런 시도가 인간의 찬란한 정신을 보여준다고 보지 않았다. 오히려 짐승으로 전락하는 것이라고 보았다. "인간이 인간성을 부정하려 하면 결국 천사가 아닌 짐승이 된다. 하늘로 비상하는 것이 아니라 땅으로 추락한다." 나는 이 문장을 정말 좋아한다. 너무나도 단호하고 정확한 표현이 아닌가.

나아가 양주는 다른 사람들을 위해 손가락 하나 까딱하지 않을 테지만(역시나 노력하지는 더더욱 않겠지만) 그렇다고 누구를 해치는 일도 하지 않을 것이라고 했다. 왜냐하면 사람은 누구나 머리카락 한 올도 아주 소중하기 때문이다.

우리는 모두 각자의 인생을 사는 것이다! 양주의 전제는 만약 서로가 서로에게 조금도 해를 끼치지 않으면 그 누구도 희생할 필요가 없고 타인에게 도덕성을 설교해야 할 필요도 없으리라는 것이었다. **자기 일에만 열중하라. 다른 사람에게 아무것도 주지 말고 빼앗지도 마라.** 양주가 보기에 이것이야말로 우리가 세상에 가장 크게 이바지하는 방법이다. 또한 모두가 오래 사는 방법이기도 하다.

물론 이 주장에 동의하건 동의하지 않건 개인의 자유다.

삶의 목적은 무엇인가

■

내 생각에 톨스토이는 양주의 관점에 박수를 칠 것 같다(그렇게 열광하지 않을지도 모르지만). 오랫동안 금지되었던 그의 잠언집 《독서의 순환The Circle of Reading》에 포함된 단편 〈구름〉에서는 굵은 빗줄기가 마구 쏟아지면 구름의 움직임을 바꾸려 하지 말고 천장의 구멍을 막으라고 한다. 그 이야기의 끝에서 톨스토이는 도덕성에 대해 설교하는 대신에 그저 좋은 사람이 되어야 한다고 말한다. 세상을 바꾸려 하지 말고 자신을 바꾸라고 말이다. 이는 양주의 믿음과 일치한다. 톨스토이는 세상에 좋은 사람들이 많아지면 도덕성에 대한 설교도 필요 없어지리라는 주장으로 이야기를 마무리 짓는다.

톨스토이에서 도스토옙스키로 넘어가자. 도스토옙스키의 소설 《지하로부터의 수기》의 화자를 떠올려보자. 양주와 마찬가지로 도스토옙스키는 세상이 아무리 미쳐 돌아가도 혼자 조용하게 차를 마시는 편을 택했다. 자신이 고통을 치르는 대가로 세상 전체가 행복해지는 것보다 그편이 더 낫다고 본 것이다. 다만 이 지하 생활자의 관점에는 조금의 유머도 섞여 있지 않은 듯하다.

양주는 인생은 대부분 허무하고 고통으로 가득하다고 믿었다. 신도 없고 죽음 이후의 삶도 없다. 죽는 순간 모든 것은 끝난다. 정직하게 산 사람에게 보상도 없고 악하게 산 사람에게 별도 따르지 않는다. 모든 것은 우연일 뿐이고 즐거움을 추구하는 것이야말로 삶의 가치다. 다른 사람들이라고 그보다 덜 이기적인 것은 아니다. 단순히 그가 유일하게 이기심을 인정할 뿐이었다.

도교 철학서 《열자列子》에는 삶과 죽음의 셈법에 관한 양주의 생각을 설명하는 장이 있다. 양주는 100년이 수명의 한계라고, 100년 이상 사는 사람은 1000명 가운데 한 명도 없다고 보았다.

그런 축복받은 사람이 있다고 해보자. 유아기와 아동기, 노년기가 그 사람의 인생에서 많은 시간을 차지할 것이다. 잠이 인생 전체의 약 4분의 1을 차지한다. 삶 속에 존재하는 죽음이라고 볼 수 있는 지루한 시간도 있다. 고통과 질병, 슬픔과 괴로움, 사랑하는 사람을 잃고 난 후의 애도, 걱정과 두려움은 남은 시간의 거의 절반을 차지할 것이다. 100년 가운데 그것들을 전부 제하고 남은 10년의 시간(더 적을 수도 있다)조차 온전히 행복하고 편안하고 걱정이 없는 순간은 별로 많지 않을 것이다.

이것이 사실이라면 삶의 목적은 무엇인가? 왜 우리에게는 이 우연적이고 불필요한 '삶'이라는 선물이 필요할까? 그 이유를 알려주겠다. 아름다움을 위해서, 음악을 위해서, 그리고 사랑을 위해서. 그게 전부다. 하지만 아름다움에 대한 갈망을 항상 충족할 수는 없으며 음악과 사랑을 늘 즐길 수 있는 것도 아니다. 실질적인 문제들도 우리를 버겁게 하지만, 여기에 사실이 아닌 **상상**의 문제까지 보탠다. 우리는 살아 있는 동안에는 칭찬을, 죽은 후에는 영광을 얻고자 한다. 우리는 찰나도 자유로운 영혼이 될 수 없다. 결국 우리는 진정한 행복을 경험할 수 있는 얼마 되지 않는 가능성마저도 잃는다.

하지만 우리가 스스로를 가둔 감옥에서 나가게 해줄 열쇠가 있다. 바로 아름다움과 음악, 사랑이다. 이런 축복들이 삶에 의미와 정취를 선사한다는 사실을 아는 사람을 어찌 사랑하지 않을 수 있을까.

삶과 죽음에 관한 토론

■

다음은 안톤 체호프Anton Chekhov의 훌륭한 소설《롯실드의 바이올린》에서 '브론즈'라는 별명으로 불리는 주인공 야코프 이바노프가 삶과 죽음을 비유하는 장면에서 발췌한 것이다.

다음 날 아침 야코프는 힘들게 겨우 일어나서 병원에 갔다. 의사가 그에게 머리에 냉찜질 팩을 갖다 대라고 했고 로션 같은 것도 건넸다. 의사의 표정과 어조에서 야코프는 상황이 대단히 나쁘고 로션 따위가 자신을 살려줄 수 없음을 알아차렸다. 집으로 돌아오는 길에 그는 죽음에도 좋은 점이 있을지 모른다는 생각이 들기 시작했다. 우선 경제적으로 이득이었다. 생각을 좀 해보니 죽으면 먹거나 마실 필요도 없고 세금을 낼 필요도 없을 터였다. 다른 사람들을 불쾌하게 할 일도 영영 없을 것이다. 수백 년 혹은 수천 년, 수만 년 동안 무덤에 누워 있을 테니 그 시간 동안 이런 장점들이 전부 쌓이면 어마어마할 터였다. 따라서 오히려 살아 있는 것이 손해이고 죽는 것이 이득일 수 있다. 흠잡을 데 없는 논리였지만 왠지 우울하고 불안하기도 했다. 단 한 번밖에 주어지지 않는 삶인데, 살아가는 동안 아무런 이득도 보지 못한다니, 세상 이치를 누가 이딴 식으로 만들었단 말인가?

야코프는 곧 죽는다는 사실이 그렇게 애석하지는 않았다. 하지만 집에 도착해 바이올린을 보았을 때 갑자기 가슴이 아려오기 시작했고 무척 심란해졌다. 바이올린을 무덤으로 가져갈 수 없다는 사실이 그의 머리를 스쳤다. 그의 바이올린은 주인 잃은 외톨이가 될 것이다. 자작나무 숲이나 소나무 숲과 다르지 않은 운명을 맞이하겠지. 세상의 모든 것은 영원히 사라지고 영원히 잃어버릴 것이다.

야코프는 오두막집 문간에 앉아 바이올린을 가슴에 끌어안았다. 그는 자신의 삶에 대해 생각했다. 잃어버리게 될 모든 것을. 그리고 바이올린을 연주하기 시작했다. 가슴 깊은 곳에서 자연스럽게 흘러나오는 음악이었다. 눈물이 뺨을 타고 흘러내렸다. 생각에 잠길수록 그가 켜는 바이올린 소리도 점점 더 구슬프게 변했다.

야코프가 무례하고 인색하고 심술궂은 사람이었기 때문에 이런 슬픈 최후를 맞이했다고 생각한다면, 인생의 셈법에 대한 또 다른 교훈을 소개하겠다. 이번에는 《파우스트》를 쓴 역사상 가장 위대한 시인 괴테와 관련된 이야기다. 이것은 내가 소장한 가장 오래된 책에 속하는 《괴테와의 대화》에서 발견한 교훈이다. 이 책은 괴테의 친구이자 말년의 동반자였던 시인 요한 페터 에커만Johann Peter Eckermann이 썼다(초판은 월터 던Walter Dunne 이 1901년에 출판했다).

지금까지 살아온 인생에 한 치의 후회도 없지만 나 자신에게 거짓말을 하지 않기 위해서는 내 인생이 온통 고통과 괴로움 뿐이었음을 인정해야 할 것이다. 75년이라는 세월 동안 진정한 기쁨을 누린 시간은 고작 4주도 안 되는 것 같다. 나에게 인생 은 마치 산비탈에서 굴러 떨어지는 거대한 돌과 같아서, 그 돌 이 저 아래 바닥에 닿지 않도록 막으려고 쉼 없이 온갖 노력을 기울여야 하는 것만 같다.

이것은 놀랍게도 지금까지 살았던 가장 위대한 인물 중 한 명이자 무척 낙관적이었다고 알려진 남자가 쓴 글이다.

좀 더 거슬러 올라가 고대로 시간 여행을 떠나보자. 아브드 알흐라만Abd al-Rahman 3세는 코르도바의 우마이야 왕조의 초대 칼리프(정치적·종교적 권력을 가진 이슬람 교단의 지배자 — 옮긴이)였다. 912년부터 죽기 전까지 재위 기간 동안 이슬람 통치하의 스페인은 문화적으로나 경제적으로 번영하며 최고의 전성기를 누렸다. 알흐라만 3세는 전성기에 다음과 같이 적었다.

내가 통치한 지도 거의 50년이다. 나는 전장에서 영광스러운 승리를 맛보았고 기나긴 평화와 번영의 세월을 이끌었다. 백성들은 나를 사랑하고 원수들은 나를 두려워하며 동맹들은 나를 크게 존경한다. 부와 권력, 즐거움은 언제나 나를 따라왔고 삶의 모든 안락함은 언제나 내가 명령하기만 하면 누릴 수 있는 곳에 있었다. 그러나 순수하고 온전한 기쁨을 느낀 날을 부지런히 세어보았건만 고작 14일에 불과했다.
이 시대의 사람들이여! 세상을 믿지 마라!

괴테는 코르도바를 통치한 왕의 이와 같은 선언을 알고 있었을까? 예루살렘과 아테네에서 무슨 일이 있었는지 살펴보겠다. 고대에 유대교에서는 개인이 태어나는 것이 더 나은지, 아예 존재하지 않는 것이 더 나은지에 대해 베이트 힐렐beit hillel과 베이트 샴마이beit shammai[3]라는 두 학파 사이에 치열한 논쟁이 있었다. 이 현자들의 토론은 2년 5개월 동안 이어졌다. 힐렐학파는 태어나는 것이 더 낫다고 주장했고 샴마이학파는 창조되지 않는 쪽이 더 낫다고 했다. 놀랍게도 힐렐학파는 결국 샴마이학파의 의견에 동의한다.

하지만 《탈무드》[4]에서는 덴마크 왕자의 "죽느냐 사느냐"라는 유명한 질문이 부질없다는 가르침을 준다(〈에루빈〉 13장 B절 마지막 줄). 우리는 이미 여기에 존재하므로 자신의 행동을 자세히 살펴야 한다. 고대 그리스의 위대한 비극작가 소포클레스 Sophoklēs가 마지막 희곡 〈콜로노스의 오이디푸스〉에서 오이디푸스의 입을 빌려서 한 말도 마찬가지다. "태어나지 않는 것이 가장 좋고 태어나자마자 죽는 것이 그다음으로 좋다."

슬로베니아의 저명한 철학자 슬라보예 지젝Slavoj Žižek은 소포클레스의 관점에 동의하며 가장 큰 행운은 아예 태어나지 않는 것이지만 이 차이를 구별할 수 있는 사람은 지극히 소수라고 말한다.

〈오이디푸스 왕〉에서는 오이디푸스가 성공과 권력, 부의 절정에서 지옥의 일곱 개 고리로 떨어진다. 〈콜로노스의 오이디푸스〉는 그가 심연의 고통에서 신이 내린 은혜로 다시 비상하는 것을 그린다. 그 작품에서 오이디푸스가 마지막으로 남긴 말은 "태어나지 않는 것이 가장 좋고 그 무엇보다도 좋은 것이다"였다.

삶과 죽음에 관한 토론은 이쯤에서 접어두기로 하자. 영원히 끝나지 않을 이야기일 테니.

양주는 죽음을 두려워하지도 바라지도 않는 것이 지혜의 증거라고 믿었다(톨스토이와 비슷한 생각이었던 것 같다). 이것이 올바른 균형이다. 양주는 죽음이 절대적인 끝이라고 믿었다. 죽으면 아름다운 옷을 입고 호화로운 관에 누운 채 묻히든, 그냥 황하에 던져지든 아무런 상관이 없다. 죽었으니까. 장례식에 수많은 조문객이 참석하든, 장례식은커녕 굶주린 독수리와 하이에나만이 시체 주변을 맴돌든 상관없다. 죽었으니까. 죽은 자는 무덤에 놓인 꽃의 냄새를 맡을 수도 없고 엄숙한 행렬에서 울려 퍼지는 음악 소리도 들을 수 없다. 무덤에 찾아오는 사람이 있는지도 중요하지 않다. 양주는 중요한 것은 딱 한 가지라고 했다. 그것은 바로 '죽음 이전에 삶이 있었는가'다. 다시 말해서 죽음 이전에 '죽으면' 안 된다. 이 중국의 현자는 누군가가 '죽었다'고 해서 그 사람이 반드시 '살았다'는 뜻은 아님을 알았다.

평유란이 적었듯이 양주는 장자에게 매우 큰 영향을 끼쳤다(장자 이야기가 잠깐 안 나와서 허전했을 것이다). 예를 들어 장자의 이야기 '산속의 나무'에서 그 영향력을 발견할 수 있다(《장자》〈소요유〉 5장, 〈인간세〉 4~5장). 이것은 쓸모없음으로 인해 천수를 누리는 나무에 관한 이야기다. 엄청나게 큰 그 나무에는 흉측한 옹이와 흉터가 가득하다. 가지는 헐벗고 꼬불꼬불하다. 그늘을 만들지도 못하고 썩고 곰팡이가 심해서 겨울에 땔감으로도 쓸 수 없으며 상처를 치료하거나 고통을 줄여주는 수액도 나오지 않는다. 간단히 말해서 이 나무는 전혀 쓸모가 없다. 그래서 나무꾼이 가까이 왔다가도 그냥 돌아서 다른 나무를 고른다.

장자는 대부분의 사람이 쓸모 있는 것의 쓸모를 이해하지만 쓸모없는 것의 쓸모를 이해하는 사람은 현명한 소수뿐이라고 말했다. 나는 이 표현이 마음에 든다. 양주 또한 분명 쓸모없는 것의 쓸모에 관한 장자의 생각을 마음에 들어 했을 것이다.

가끔 나는 내가 가장 좋아하는 두 중국 철학자가 시끌벅적한 속세에서 멀리 떨어져 새소리와 나뭇잎 바스락거리는 소리, 시냇물 졸졸 흐르는 소리만 들리는 산속에서 여유로운 한때를 보내는 상상을 한다. 그러다 갑자기 둘이서 시냇물을 헤엄치는 피라미들이 행복한지 행복하지 않을지 논할 것 같지 않은가?

2부

그 무엇에도
휩쓸리지 말라

실수는 나라는 사람의 일부다.
큰 실수는 우리가 깨닫지 못했던 꿈에 대해,
하거나 하지 않았던 선택에 대해
후회하고 슬퍼하는 것이다.

| 5장 |

침묵의 소리
〈길가메시 서사시〉와 《성경》

나는 소음을 싫어한다. 소음을 즐기는 사람은 거의 없겠지만 나는 **특히** 예민한 편이다.

고대 메소포타미아의 서사시 〈길가메시 서사시〉에는 《성경》의 〈창세기〉와 비슷한 대홍수가 등장한다. 두 버전 모두 신이 지구에 대홍수를 일으켜 살아 있는 모든 생명체를 쓸어버리고자 하고, 계시를 받은 특별한 한 사람이 배를 만들어 모든 생명의 대표를 하나씩 싣는다.

《성경》 이야기에서는 노아가 신의 호의를 받는 특별한 사람이었다. 그는 '정의롭고 겸손한 자'로 알려져 있었다. 〈길가메시 서사시〉에서도 노아 같은 존재가 등장한다. 바로 우트나피쉬팀Utnapishtim이다. 둘 중 노아의 홍수가 잘 알려진 것도 쉽게 이해할 수 있다. 우트나피쉬팀은 입에 잘 붙지 않는다. 기억하기에 쉬운 이름은 아니지만 여기에는 굉장한 의미가 담겨 있다. 바로 '삶의 탐구'라는 뜻이다.

두 이야기의 서사는 비슷하지만 홍수가 일어난 원인은 판이하다. 〈길가메시 서사시〉에서 엔릴Enlil과 에아Ea 신이 인류를 멸하기 위해 대홍수를 내려 보낸 이유는 인류가 타락하고 부도덕해서가 아니다. 그보다는 덜 복잡하다. 단순히 인구 과잉으로 너무 시끄러워지는 바람에 신의 휴식에 방해가 되기 때문이었다. 놀랍게도 대홍수는 소음에 대한 벌이었다!

신들은 우트나피쉬팀에게 영생이라는 선물을 주었다. 노아는 받지 못한 선물이다. 이것은 문화적 자산을 지키기 위해 배에 예술가들을 태운 것에 대한 보상일지도 모른다. 홍수의 원인에서 짐작하겠지만, 메소포타미아 이야기는 인간의 생식에 강력한 제약이 가해지고 평온함을 유지하기 위한 비상 정책이 마련되면서 마무리된다. 반면 《성경》의 대홍수 이야기는 신이 노아와 그 가족들에게 "생육하고 번성하여 땅에 충만하라"고 이르면서 끝난다.

개인적으로 소음에 유난히 민감한 사람으로서 엔릴과 에아의 심정이 이해된다. 우리 삶에는 소음이 과한 게 사실이다. 결혼식장에서 가슴을 뚫고 심장을 뽑아버릴 것처럼 요란하게 울려 퍼지는, 과연 '음악'이라고 명명해야 할지 알 수 없는 음악, 데시벨 측정기가 고장 날 정도로 저마다 목소리를 높여 상대에게 가닿으려 애쓰는 대화, 주변 사람들의 귀를 먹게 할 작정이라도 한 것처럼 경적을 울려대는 운전자들, 발정기 고양이들의 시끄러운 울음, 아침 일찍부터 나타나 나뭇잎 송풍기를 돌리는 정원사, 하늘에서 굉음을 내는 비행기들까지…. 말하자면 끝도 없다. 제네바협약이 가장 필요한 건 바로 이런 문제 아닐까?

지나친 침묵의 무거움

나와 아내는 오래전에 프랑스의 루아르 계곡을 여행했다. 우리는 슈농소라는 작은 마을에 머물렀다. 그 여행은 우리의 첫 번째 프랑스 여행이었고, 떠나기 전에 아내를 감동시키기 위해 프랑스어-히브리어 사전의 도움을 받아 프랑스어를 몰래 공부했다. 몇 달간 공부하다 보니 어느새 나는 '프브리어(프랑스어+히브리어)'라는 새로운 언어의 달인이 되어 있었다. 그러나 아쉽게도 현지 사람들은 프브리어를 잘 이해하지 못했다. 그들은 진짜 프랑스어를 선호했다. 내 말을 이해하는 사람은 아무도 없었다.

슈농소에서 가장 유명한 장소는 장엄하고 경외심을 불러일으키는 슈농소 성이다. 우리 가이드는 성이 닫히면 마을 전체가 닫히는 것이나 다름없다고 했다. 그만큼 슈농소 성을 제외하면 볼 만한 것이 없는 곳이라는 뜻이었다. **그렇다면** 우리는 슈농소에 계속 머무르기로 했다.

우리는 성을 둘러본 다음 꽤 괜찮은 작은 여관을 발견하고는 그곳에 묵기로 했다(여행 가격 비교 사이트가 생기기 전이었다). 그곳에는 여관 직원이자 주인이 하나 있었다. 그와 이야기를 나누다가 우리 부부가 그날의 유일한 손님이라는 말을 들었다. 그는 진홍색 털실 방울을 건네었는데, 그곳에는 큼지막한 열쇠와 아주 작은 열쇠가 같이 달려 있었다. 작은 쪽은 커다란 바깥쪽 게이트 열쇠였고, 큰 것은 우리가 묵을 방의 열쇠였다. 친절한 여관 주인은 우리에게 열쇠를 건네준 뒤 아침에 다시 여관으로 오겠다고 약속했다.

그는 관광객이 빠져나간 마을을 탐험하러 나가려는 우리에게 걸어서 15분 거리에 있는 식당을 소개해주었다. 특별 메뉴를 추천한다고, 버터에 튀기듯이 구운 버섯 요리가 일품이라고 했다. 추천을 믿고 그 요리를 주문해 먹었는데, 그 맛과 질감, 향이 감미로워 지금까지도 생생하게 기억날 정도다. 마르셀 프루스트에게 잃어버린 시간에 대한 기억을 불러일으킨 것이 마들렌이라면 나와 아내에게는 슈농소의 버섯 버터 튀김 요리였다.

저녁에 어슬렁어슬렁 돌아다니는 우리들 사이로 주민들이 한 명씩 집으로 사라졌다. 가로등은 텅 빈 거리만 쓸쓸히 비출 뿐이었다. 조용했다. 아니, 조용해도 너무 조용했다! 마치 마을 전체가 고요하게 잠든 것만 같았다. 나중에는 가로등마저 스르르 잠을 청했다. 그제야 우리도 여관으로 돌아갔다.

아내마저 잠든 시간, 나는 창가에 서서 호텔 앞에 저 멀리까지 늘어선 들판을 바라보았다. 사방이 너무 캄캄해서 눈을 잔뜩 찌푸려야만 어렴풋이 들판을 바라볼 수 있었다. 침묵이 얼마나 거대한지 풀이 자라는 소리마저 들릴 것만 같았다.

나도 잠을 청하려고 자리에 누워 이불을 끌어당겨서 덮었는데, 침묵이 워낙 절대적이다 보니 그 소리마저 귀에 거슬렸다. 자려고 했지만 잠이 오지 않았다. 침묵이 참을 수 없을 정도로 마음을 짓누르고 나를 심란하게 했다. 공장 기계가 돌아가듯이 머릿속에서 생각이 윙윙 돌아갔다. 도저히 잠들기는 틀렸다는 것을 깨달았다.

절대적 침묵은 가장 큰 소음이다. 이게 일종의 선문답인지, 아니면 머릿속에서 겨울잠을 자고 있던 무의식의 발현인지 모를 일이었다. 내 심장 소리가 들리기 시작했다. 처음에는 알아차리지 못할 정도였지만 이윽고 빠르게 쿵쿵, 쾅쾅 소리로 변했다.

유대교에서는 아무리 좋은 것이라도 정도가 지나치면 안 된다고 가르친다. 아리스토텔레스와 붓다의 생각도 같다.

과유불급이라는 깨달음

■

슈농소의 고요함은 정도가 지나쳤다. 잠 못 이룬 귀뚜라미 한 마리라도 있기를 간절히 바랄 정도였으니까. 바람에 나뭇잎

이 바스락거리는 소리나 가르랑거리는 고양이 소리, 길에서 굴러가는 깡통 소리라도…. 하지만 아무것도 없었다. 내가 휴가 온 곳은 침묵의 까만 구덩이였다. 새벽녘이 되어서야 새들이 지저귀는 소리가 들리기 시작했고 그 소리를 자장가 삼아 겨우 잠이 들었다.

아내가 아침 식사 때가 되어 나를 깨웠다. 나는 프랑스식 아침 식사를 정말 사랑한다. 큼지막한 잔에 담긴 맛있는 커피, 무염 버터와 홈메이드 딸기잼을 곁들인 크루아상, 갓 짠 신선한 오렌지 주스, 이보다 완벽한 아침 식사가 있을까?

우리는 기분 좋은 마음으로 여관 주인에게 감사 인사를 전하고 슈농소 성에서 약 20킬로미터 떨어진 루아르 강둑에 자리한 앙부아즈 성으로 향했다. 1516년에 프랑스의 왕 프랑수아 1세는 레오나르도 다빈치Leonardo da Vinci를 '왕의 화가'로 임명하고 앙부아즈 성에서 1킬로미터 내외로 떨어진 지하 터널로 연결된 클로리세 영지에 저택을 마련해주었다.

다빈치는 1519년 5월 2일 세상을 떠났다. 전해지는 바에 의하면 그는 마지막 10년 동안 늘 〈모나리자〉와 함께였다. 가는 곳마다, 심지어 그가 소음으로 가득한 분주한 세계를 떠나 영원한 침묵의 세계로 떠날 때도 그의 곁에 있었다.

| 6장 |

후회가 주는 의외의 수확
레오나르도 다빈치와 톨스토이

내 장서 가운데 (문자 그대로) 가장 웅장한 책은 조르조 바사리Giorgio Vasari의 《르네상스 미술가 평전》 영문판이다. 바사리는 16세기 화가이자 미술사학자이며(그가 미술사학의 창시자라고 주장하기도 한다) 미켈란젤로의 친구였다. 《르네상스 미술가 평전》은 다빈치를 따로 장을 할애해 다룬다.

바사리는 토스카나 지방의 산골 마을인 빈치에서 태어난 다빈치를 찬양한다. 서문에서 그는 우주가 한 사람에게 그토록 월등한 재능을 쏟아붓는 경우는 대단히 드물고도 축복받은 일이라고 언급한다. 이 남자에게는 신의 특별한 선물이라고 누구나 믿을 만한 미덕이 너무도 많았다. 바사리는 다빈치가 고귀한 영혼과 강인한 정신, 최고의 용기, 멋진 몸매, 엄청난 힘, 무한한 은총을 받았을 뿐 아니라 그의 관심을 끄는 어떤 문제든 쉽게 풀 수 있었다고, 그의 재능은 평범한 인간들을 한참 앞서 갔다고 적었다. 바사리는 다빈치의 명성이 세대를 거듭할수록 더 높아질 것이라고 정확하게 추측하기도 했다.

알다시피 다빈치에 관해서는 지금까지 헤아릴 수 없을 정도로 많이 다루어졌다. (최종적인 요점에 다다르기 전에) 그가 생전에 몰두했고 탁월한 재능을 보였던 지극히 부분적이지만 가장 잘 알려진 분야만 언급해보겠다. 그림과 조각, 철학, 지질학, 지도 제작, 고생물학, 음악, 기하학(대표적으로 그는 아주 간단한 삽화를 이용해 피타고라스Pythagoras의 정리에 대한 기발한 증거를 내놓았다), 해부학, 항공, 유체역학, 광학, 토목 공학, 군사 공학, 태양 에너지(그는 태양열 집광기를 디자인했다), 계산기 발명까지. 그가 잠수함과 낙하산, 탱크의 원형을 고안했다는 견해도 있다(그는 실제로 일종의 장갑차를 디자인했다). 여기까지만 언급해도 전부 유대교에서 기도하는 120년 수명의 절반밖에 안 되는 세월을 살다 간 인간이 혼자서 해낸 일이라고 믿기 어렵다.

왜 이런 얘기를 하는지 궁금한가? 지금부터 후회에 대한 첫 번째 요점을 밝히기 위해서다.

바사리의 기록대로 레오나르도 디 세르 피에로 다빈치(그의 본명이다)가 마지막 순간에 극진한 사랑으로 어루만지는 프랑수아 1세의 품에 안겨 내뱉었다는 이 말을 메모해두자.

나는 신과 인류에게 죄를 지은 것을 후회한다. 내 작품이 마땅히 도달해야 하는 수준에 이르지 못했기 때문이다.

죽음은 삶의 길잡이

톨스토이의 걸작 소설 《이반 일리치의 죽음》은 개인의 필연적인 죽음과 삶의 의미 사이에 다리를 놓으려고 한다. 그 작품에는 대단히 중요한 철학적 개념들이 가득하다. 한 예로 흔히 알려진 것과 정반대되는 추론을 살펴보자. 나이가 든다고 저절로 지혜로워지는 것은 아니다. 지혜는 죽을 때까지 오지 않기도 하고 죽음을 앞둔 순간에 불현듯 다가오기도 한다. 때로는 죽음의 천사라는 무시무시한 유령과 함께 거대한 불꽃같은 이해 속에서 드러날 수도 있다.

문제는 타이밍이다. 톨스토이에 따르면 세상 모든 사람은 죽기 전에 어떻게 살았어야만 했는지 깨닫는다. 생명력이 손가락 사이로 새어 나가는 순간에 뒤늦게 자기 이해의 중요성을 깨달은들 뭐하겠는가?

한번 시험을 보면 다시 치를 기회가 주어지지 않는다. 인생도 마찬가지다. 얼마나 불공평한 일인가. 새로운 기회는커녕 준비할 시간조차 없다니. 프랑스어나 수영, 회화 수업에는 초보 입문반이 따로 있다. 그리고 대학 시험에도 대부분 예비 과정이 있어서 첫 도전에 실패해도 시험을 다시 치를 수 있다. 컴퓨터 게임은 난이도가 여러 단계이고, 피아노 교재 역시 아주 쉬운 곡부터 시작한다. 사랑도 마찬가지다. 서투른 첫사랑이 그 이후에 경험하게 되는 사랑의 토대가 되어준다.

반면에 인생은 어떤가? 마치 우리가 준비할 틈도 공부할 기회도 전혀 없이 기말고사를 치르고 졸업반 댄스파티 같은 것이 불시에 닥치는 것만 같다. 인생을 두세 번 살 수 있어야 논리적이고 더 공평한 것 아닐까? 하지만 그런 일은 절대 일어나지 않는다. 연습하고 준비하고 더 나아져서 진실하고 제대로 된 삶을 살 수 있도록 도와주지 않는다.

그러니 '지혜는 세월을 따라온다'는 말을 바꾸어야 한다. '후회는 세월을 따라 쌓인다.' 별로 희망적이지 않겠지만 내가 보기엔 이쪽이 훨씬 더 정확한 말이다.

지구에서의 마지막 순간을 마주했을 때 후회하지 않는 사람은 매우 드물 것이다. (베테랑 정신과 의사인 친구 두 명이 말하듯이 살아가는 동안이나 삶의 마지막을 앞두고 후회하지 않는 사람은 사이코패스뿐이다.) 이반 일리치를 비롯해 우리 대다수는 사방에서 우리를 에워싼 극심한 후회들을 발견한다. '왜 그 사람을 도와주지 않았을까?' '왜 몇 년 동안이나 형제와의 대화를 거부했을까? 싸운 이유가 기억조차 나지 않는데 말이다.' '왜 좀 더 너그럽지 못했을까?' '지금 와서 이 돈이 무슨 소용인가?' '왜 가족과 더 많은 시간을 보내지 않았을까?' '무엇 때문에 남을 질투하고 뒷말하는 데 그렇게 많은 시간을 낭비했을까?' '나는 왜 나 자신에게 상처를 줬을까? 그리고 왜 타인에게도 상처를 줬을까?'

톨스토이는 죽음을 피할 수 없다는 사실을 조금이라도 후회가 적은 삶을 사는 길잡이로 삼으라고 제안했다. 정확히 무슨 뜻일까? 이 위대한 작가의 진정한 의도를 내가 완벽하게 이해할 수는 없겠지만 그가 명백하게 표현한 권고사항이 하나 있다. 누구를 만나든 그 사람을 볼 수 있는 마지막 기회라고 상상하라는 것이다. 이것이 가장 중요하다. 이렇게 하면 가혹하거나 냉담한 말도 자제하고 부적절한 행동도 피할 수 있다.

지휘자이자 피아니스트, 첼리스트, 훌륭한 교육자이기도 한 벤저민 잰더Benjamin Zander는 유튜브 동영상에서 어린 남동생과 함께 아우슈비츠 강제수용소가 있는 오시비엥침으로 가는 기차에 밀어 넣어진 소녀에 대해 이야기한다. 기차의 문이 닫히자마자 소녀는 남동생이 신발을 제대로 신지 않은 것을 알아차렸다. 결국 신발 한 짝이 벗겨지는 바람에 작은 맨발이 그대로 드러났다. 소녀는 남동생에게 몇 번이나 큰소리쳤다. 결과적으로 소녀는 아우슈비츠에서 살아남았지만 남동생은 그러지 못했다. 사랑하는 남동생에게 마지막으로 건넨 말이 그렇게 심한 꾸중이었다는 사실은 소녀를 사무치게 괴롭혔다. 잰더에 따르면 소녀는 그 후로 항상 '지금이 마지막 만남'이라고 생각하게 되었고, 누구에게든 늘 따뜻한 말을 건넸다.

이는 분명히 가치 있는 전략이지만 실천에 옮기기도 힘들고 습관으로 만들기는 더더욱 힘들다.

죽을 때 후회하는 다섯 가지

■

호주 작가 브로니 웨어Bronnie Ware는 2011년에 《내가 원하는 삶을 살았더라면》[1]을 출간해 세계적인 명성을 얻었다. 이 책은 저자가 불치병 환자와 그 가족들의 삶의 질을 향상하는 것이 목표인 완화의료 호스피스 병동에서 오랫동안 일한 경험을 바탕으로 쓰였다. 웨어는 절반이 넘는 환자들의 생애 마지막 몇 주를 옆에서 지켜보았다.

그는 그들과 함께한 감정이 북받쳐 오르는 시간에 대해 이야기한다. 또한 사람들이 삶의 마지막을 앞두고 큰 변화를 맞이하는 경향이 있고 일부는 놀라울 정도로 변하기도 한다는 사실을 보여줌으로써 톨스토이의 이론을 뒷받침한다. 모든 환자는 문헌에 설명된 것과 비슷한 다양한 감정을 경험했다. 부정, 두려움, 분노, 회한, 다시 부정, 또다시 두려움…. 결국 그들은 운명을 받아들인다. 웨어의 말에 따르면 모든 환자가 한결같이 죽기 전에 평화를 찾는다.

그는 죽음을 앞둔 사람들에게 가장 후회되는 일이 무엇인지 물었다. (톨스토이에 따르면 죽음을 마주한 사람은 자신이 무엇을 잘했고 잘못했는지를 가장 확실하게 알고 있다.) 그는 환자들이 가장 많이 표현하는 다섯 가지 후회를 알게 되었다. 구체적인 내용은 다음과 같다.

계속 읽기 전에 잠시 멈추고 생각해보자. 만약 오늘이 생의 마지막 날이라면 무엇이 가장 후회될까? 하지 못했지만 꼭 해야 했던 일은 무엇인가? 이 질문에 대답해본 적이 있는가?

다섯 가지 후회를 공개하기 전에 긴장감을 좀 더 끌어올려보겠다. 나는 나의 책《솔로몬 왕의 지혜The Wisdom of Solomon》[2]에서 살아가는 동안 모험을 하는 편이 더 낫다고 적었다. 삶의 마지막 순간에 하지 않은 일을 후회하는 것보다 한 일을 후회하는 편이 낫기 때문이다. 하지 않은 일들에 대한 후회는 그만큼 무한하다. 나는 정말로 그렇다고 믿는다.

내 소중한 친구이자 훌륭한 행복 전문가인 탈 벤 샤하르Tal Ben-Shahar[3]가 내 책을 읽고 그 두 가지 종류의 후회에 대한 흥미로운 논문 기사를 보내주었다.[4] 내용을 요약하자면 다음과 같다. 그 연구를 진행한 토머스 길로비치Thomas Gilovich와 빅토리아 허스테드 메드벡Victoria Husted Medvec에 따르면 후회에는 작위 후회(자신이 한 행위를 후회하는 일)와 부작위 후회(자신이 어떤 행위를 하지 않은 것을 후회하는 일)가 있다. 단기적으로는 우리가 한 일에 대해 후회하지만 시간이 지나면서 그 강도가 크게 감소하고 아예 사라지는 경우도 많다. 하지만 (해야 했는데) 하지 않은 일에 대한 후회는 시간이 지날수록 점점 더 커지고 어떤 형태로든 평생 사라지지 않는다.

그 심리적인 이유의 가장 중요한 부분은 이것이다. 해본 일에 대한 후회가 점점 줄어드는 이유는 우리가 그 일을 잊어버리기 시작하고 문제를 수정하거나 그렇지 않으면 매우 능숙하게 스스로를 위로하거나 자신의 행동을 정당화하기 때문이다('남편이 시칠리아 마피아 두목의 오른팔이지만 이탈리아어로 말할 때 너무 멋진 데다가 칼로 목표물을 명중시키고 총 두 자루를 동시에 사용하는 법도 가르쳐주었으니까 괜찮아'). 하지만 피하거나 하지 않은 일들에 대한 후회는 우리가 자신을 격려하거나 위로할 만한 그 어떤 원재료도 제공하지 않는다. 끊임없이 '만약 ○○○ 했다면 어땠을까?'라는 질문을 던지면서 고통이 커질 뿐이다.[5]

언젠가 행복 콘퍼런스에 참석한 적이 있다. 강사가 30대 여성 가운데 자녀가 있는 사람보다 자녀가 없고 원하지 않는 사람이 더 행복하다고 말했다. 전체적으로 반反출산주의 운동이 유럽 북서부에서 크게 퍼져 있다. 하지만 늘 그렇듯 선택은 신중해야 한다. 50대 여성 가운데 아이를 낳지 않기로 한 결정을 깊이 후회하는 경우가 종종 나타나기 때문이다. 아이를 낳지 않은 것이 그들에게 부작위 후회가 된 것이다.

자, 그럼 드디어 사람들이 죽을 때 가장 후회하는 다섯 가지를 공개하겠다. 가장 인기가 낮은 순으로 소개한다.

- 더 행복하게 살지 못했던 것.
- 친구들과 계속 연락하지 못했던 것.
- 용기를 내어 감정에 솔직해지지 못한 것.
- 일에 너무 큰 의미를 두었던 것.
- 나에게 진솔해지지 못하고 남들의 기대에 따라 살았던 것.

하나씩 자세히 살펴보겠다. 내 생각을 이야기할 테니 여러분의 생각을 덧붙여도 된다(부담 없이 책에 메모하자).

더 행복하게 살지 못했던 것

웨어는 이런 후회를 하는 경우가 놀라울 정도로 흔하다고 말한다. 삶이 끝날 때까지 기쁨을 스스로 선택할 수 있다고 깨닫지 못하는 사람이 많다는 것이다.

나는 잘 모르겠다. 개인적으로는 행복해질 수 있는 능력은 누구나 천성적으로 가지고 태어난다고 본다. 우리가 할 수 있는 일은 주어진 천성을 최대한 잘 이용하는 것뿐이다. 마크 맨슨Mark Manson은 《신경 끄기의 기술》에서 항상 행복하고 들뜬 기분을 느끼고 싶어 하는 것이 오히려 매우 부정적인 경험을 가져올 수 있다고 설명한다. 매일 아침 웃는 얼굴로 일어나는 것은 대부분의 사람들에게 어려우면서 불필요한 일이다. 가끔 슬프지 않은 사람은 없다. 슬픔을 비롯해 억울함, 미움 등 부정적인 감정들은 사실 우리 마음의 무지개를 다채롭게 만들어줄 수 있다. 곰돌이 푸가 사는 헌드레드 에이커 숲의 통찰력 있는 철학자 당나귀 이요르는 상쾌해하며 아침을 맞이하지도 않고 기쁘다고 환호성과 함께 제자리에서 펄쩍 뛰지도 않으며 내일 지진이 일어나지 않으리라고 확신하지도 않는다. 그래도 그는 그가 사랑하는 숲의 가장 칙칙한 구석에서 만족스럽게 아주 잘 살아간다.

나는 삶에 밝은 분위기가 필요하다는 웨어의 의견에는 동의한다. 변화를 두려워하지 않는 법을 배우고 너무 편안하고 익숙한 일상에 갇히지 말고 가끔 바보 같은 짓도 해보는 것이다. 어느 현명한 사람은 말했다.

"어리석음을 피하려는 것이 가장 큰 어리석음이다."

스스로 매우 위엄 있고 중요한 존재라고 보고 가벼움을 무조건 피하려는 것은 **사실** 어리석은 행동이다. 건강한 웃음에 담긴 치유의 힘은 이미 의학계에서도 진지하게 탐구되어온 주제다.

웨어는 우리가 죽음을 앞둔 순간, 다시 말해서 타인의 시선을 신경 쓰지 않아도 되고 자신의 행동이 옳거나 그른지 고민할 필요도 없을 때야말로 기적처럼 세상의 모든 무게를 내려놓고 진심으로 미소 지을 수 있다고 말한다.

친구들과 계속 연락하지 못했던 것

나는 이미 이 후회를 하는 중이다. 연락이 끊긴 친구들이 많다. 정말로 큰 실수였다!

어쩔 도리가 별로 없다. 철학자이자 작가인 알랭 드 보통Alain de Botton의 말이 옳다. 인생의 후반기에 진정한 친구를 찾기란 《뉴욕타임스》의 헤드라인을 장식하는 것만큼 어려운 일이다. 그가 말하는 '친구'는 같이 카드놀이나 하는 사이를 의미하지 않는다. 그런 상대는 지금이라도 만들 수 있다. 여기에서 친구는 진정한 친구를 의미한다.

행복 연구가들은 우리가 살면서 쌓아온 친구들이 더 나은 삶으로 나아가는 데 매우 중요한 역할을 한다고 말한다. 《성경》에도 "두 사람이 한 사람보다 나음은 그들이 수고함으로 좋은 상을 얻을 것임이라"(《전도서》 4장 9절), "사람이 혼자 사는 것이 좋지 아니하니"(《창세기》 2장 18절)라는 언급이 등장한다.

하지만 친구들의 광범위한 네트워크를 만들려고 노력하라는 가장 흔한 이 조언은 좋게 말하면 문제가 있고 나쁘게 말하면 절망적이다. 아무리 현자의 조언이라도 행동으로 옮기기 어렵고 사실상 불가능하기 때문이다. 심지어 포레스트 검프조차도 이것을 알고 있었다. 그 대사를 기억하는가? "버바는 제 소중한 친구였습니다. 친구는 절대 쉽게 생기는 게 아니라는 걸 알아요."

웨어는 우리가 진정한 자신을 표현할 수 있고 우리의 이야기에 귀 기울여주는 오랜 친구들과의 우정이 주는 엄청난 이익을 잘 모르는 경우가 많다고 말한다.

누군가가 나에게 "잘 지내?"라고 묻고 내가 "잘 지내지"라고 대답했다고 해보자. 이 대화에는 적어도 한 가지 거짓말이 들어 있다. 보통 상대방은 내가 정말로 어떻게 지내는지 관심이 없고 나 역시 항상 잘 지내지는 못한다. 어느 날은 약간 짓궂은 기분이 들어서 잘 지내느냐는 질문에 대단히 심각하게 답하기로 했다. 우선 최근의 혈액 검사 결과에 대해 알려주는 것으로 시작했다. 나의 대답이 얼마나 놀랍거나 당황스러울지, 또는 나와 상대방 중에서 누가 더 당황스러울지 알 수 없었다. 내 이야기를 하자면, 평소 나는 내가 진정으로 관심을 기울이는 사람들에게만 안부를 묻는다. 나머지 사람들에게는 보통 "잘 지내고 있기를 바랍니다"라는 말로 인사를 건넨다.

당나귀 이요르와 비슷한 수준의 지식인이 우정에 대해 정의한 적이 있었는가? 근래 이 주제를 다룬 기사들이 많이 쏟아져 나왔다.[6] 그뿐 아니라 플라톤, 아리스토텔레스, 그리고 몽테뉴를 포함한 역사적으로 유명한 철학자들도 이 주제를 다루었다.

아리스토텔레스는 참된 우정이란 "두 친구의 몸에 깃든 하나의 영혼"이라고 했다. 그리고 우정에는 세 가지 유형이 있다고 했다. 즐거움을 추구하는 우정, 효용성을 추구하는 우정, 그리고 진정한 우정. '역경이 닥쳤을 때' 진정한 친구인지 시험할 수 있다. 아리스토텔레스는 모두가 나를 버릴 때조차 곁을 지키는 사람이 진정한 친구라고 말한다. '필요할 때' 도와주는 것도 당연히 값지지만 기쁜 일에 같이 웃어주는 것도 그에 걸맞게 중요하다. 실제로 니체는 기쁨을 나누는 것이, 필요할 때 도와주는 것보다 훨씬 더 고귀한 특징이라고 보았다. 조심스럽지만 진심으로 그 의견에 찬성하는 바다.

미국 작가 고어 비달Gore Vidal도 친구 사이에 기쁨을 공유하기가 결코 쉽지 않다고 말한다. 그가 남긴 이 말은 재미있으면서도 약간 씁쓸하다.

"친구가 성공할 때마다 나는 조금씩 죽어간다."

다시 아리스토텔레스로 돌아가자. 이 전설적인 그리스인은 우정의 모든 측면에 많은 생각을 쏟아부었다. 그의 《니코마코스 윤리학》에 나오는 두 가지 통찰은 다음과 같다.

- 사람은 모든 것을 가졌어도 친구가 없으면 사는 것을 선택하지 않을 것이다.
- 친구가 잘되기를 바라는 사람은 진정한 친구다.

영화 〈굿 윌 헌팅〉에는 아리스토텔레스의 두 번째 통찰이 잘 나타난다.

자, 이제 호주의 호스피스 병동 간호사로 돌아가보자. 그는 우리가 바쁘고 스트레스가 많은 생활에 지쳐서 소중한 우정이 멀어져가고 있다는 사실을 알아차리지 못한다고 지적한다. 그는 죽음에 가까워진 사람들이 친구를 갈망하는 모습을 보았다.

나는 진정한 우정이 우리가 남 앞에서 쓰는 가식의 가면을 벗어던지고 편안함을 선물해준다고 믿는다. 중국 고전 문학 작품을 영어로 번역해(물론 장자의 저작도 번역했다!) 베스트셀러로 만든 중국 철학자 린위탕林語堂은 1933년 중국의 한 강의에서 진정한 표현의 자유란 존재하지 않는다고 했다. 우리가 이웃이나 주변 사람들에게 감히 그들에 대한 진짜 생각을 밝히지 않기 때문이다. 단상에 서서 자신의 생각을 모두 말하는 강사는 없다. 만약 마음속 생각을 모조리 꺼낸다면 관객들은 큰 불안에 사로잡힐 것이다. 린위탕은 선의의 거짓말이 어느 정도 필요하다고, 그렇지 않고서는 현실을 영위하기 불가능하다고 말한다. 니체는 그보다 앞서 거짓말은 인간의 존재 조건이라고 적었다. 그리고 니체 이전에 역사적으로 중요한 철학자 중 한 명인 독일의 임마누엘 칸트Immanuel Kant는 타인이 무슨 생각을 하는지 알 수 없다는 것은 인생의 큰 축복이라고 말했다.

나는 니체와 칸트 모두에게 전적으로 동의한다. 우리는 진정한 친구에게만 진짜 나를 드러내고 정말로 하고 싶은 말을 검열 없이 한다. 에로틱한 사랑의 정점이 벌거벗은 두 사람의 몸인 것처럼 **진정한 우정의 정점은 벌거벗은 두 영혼이다.** 헤비급 세계 챔피언 무하마드 알리알리Muhammad Ali는 말했다.

"비록 친구가 되는 법을 학교에서 가르쳐주지 않지만 우정을 배우지 못한 사람은 인생에서 아무것도 배우지 못한 것과 같다."

마흔일곱에 세상을 떠난 좋은 친구 아사프 아다르Assaf Adar가 이렇게 물은 적이 있었다. 지금까지도 적당한 답을 찾지 못했다.

"만약 자네가 다른 사람이라면 자네와 친구가 되고 싶을 것 같은가?"

용기를 내어 감정에 솔직해지지 못한 것

몇 년 전에 이스라엘 작가이자 정치인 우리 아브너리Uri Avnery를 다루는 이스라엘 텔레비전 프로그램을 보았다. 거기에서 그는 (용감하게도) 인터뷰 진행자에게 가장 후회되는 일을 언급했다. 그가 진실로 사랑했고 몇십 년 동안 결혼생활을 함께한 아내에게 사랑한다고 말하지 않은 것이었다. 하지만 아내는 세상을 떠나버렸고, 이후에는 이미 늦어버렸다. 얼마나 가슴 아픈 일인가?

사랑하는 사람이 있다면 꼭 표현하자. 사랑한다고, 고맙다고 말하자. 아이나 손주를 사랑한다면 안아주자. 사랑은 다른 모든 것을 뛰어넘는 감정이다.

그렇다면 반대로 별로 긍정적이지 않은 감정도 표현해야 할까? 웨어에 따르면 자신의 감정을 자유롭게 표현하지 않고 억누르면 오랫동안 숨겨왔던 분노가 병을 일으키는 경우가 많다고 한다. 지그문트 프로이트가 이 이야기를 듣는다면 조용히 고개를 끄덕일 것이다.

일에 너무 큰 의미를 두었던 것

웨어가 만난, 죽음을 앞둔 남자 환자들은 모두 일을 많이 한 시간들을 후회했다. 놀랍다! 죽음을 앞둔 남자들이 하나같이 똑같은 후회를 하다니.

이게 무슨 뜻인지 알겠는가? 만약 이 책을 읽고 있는 당신이 남자라면 (이 책을 쓰고 있는 나를 포함해) 나중에 너무 열심히 한 것을 후회하리라는 뜻이다. 반면 여성 중에도 이 후회를 한 사람들의 비율은 훨씬 적었다. 아마도 당시의 여성 환자들은 대부분 집안의 가장이 아니었기 때문일 것이다(지금과는 다른 세대다).

이런 남자들은 자녀들이나 손주들의 어린 시절을, 그리고 때로는 배우자와 함께한 시간을 그리워한다. 커리어 경쟁은 엄청난 대가를 요구한다. 장담하건대 죽음을 앞두고 "일을 더 많이 하지 못한 게 후회스럽다"라고 말하는 사람은 없을 것이다.

일본에서 일중독은 심각한 사회문제다. 이 현상이 초래하는 파괴적인 결과를 가리키는 단어까지 생겼을 정도다. 바로 **과로**

사過勞死라는 단어인데, 일을 지나치게 많이 하느라 죽음에 이르는 것을 말한다. 이런 죽음은 후회에 대해 생각해볼 겨를도 없을 것이다. 또 다른 심각한 결과는 **과로 자살**過勞自殺이다. 이런 용어까지 생길 정도면 절대로 드문 현상이 아니라는 뜻일 것이다.

하지만 나는 일의 대변자가 되어야 할 필요성을 강하게 느낀다. 그런 의미에서 일에 관한 긍적적인 생각을 몇 가지 소개한다.

- 어떤 사람들은 적어도 인생의 얼마 동안은 사랑하는 사람들을 보살피기 위해 열심히 일해야 한다. 이런 사람들에게는 일에 대한 후회를 할 틈이 없다.
- 프로이트, 빌헬름 라이히Wilhelm Reich 외 다수의 훌륭한 사상가들은 일과 사랑, 감사가 모든 인간의 정신적 토대를 이루는 세 개의 초석이라고 했다.
- 최초의 효과적인 소아마비 백신을 개발한 미국의 바이러스 학자 조나스 솔크Jonas Salk 박사는 일에 대한 진정한 보상은 일을 지속할 기회라고 말했다.
- 일이 자아의 본질이자 커다란 사랑인 사람들이 있다. 이런 사람들에게도 이런 후회가 들어올 틈은 없을 것이다. 토머스 에디슨Thomas Edison, 빌 게이츠Bill Gates, 심지어 볼프강 아마데우스 모차르트Wolfgang Amadeus Mozart마저도 일을 많이, 열심히 했다. 모차르트는 말년에 쉬지 않고 일하며 〈레퀴엠〉을

작곡했고 〈라크리모사〉 첫 악절을 쓰다가 사망했다. 모차르트의 훌륭한 음악이 없었더라면 세상은 지금보다 훨씬 더 슬픈 곳이 되었을 것이다.

• 톨스토이는 불행으로 가는 간단한 지름길을 찾았다. 바로 일하지 않는 것이다. "노동자는 먹는 것이 많든지 적든지 잠을 달게 자거니와 부자는 그 부요함 때문에 자지 못하느니라."(《전도서》 5장 12절) 일하지 않는 나태함은 실존적 질문을 가져오기도 한다. 나는 누구인가? 내 삶의 목적은 무엇인가? 이게 다 무슨 소용인가?

나에게 진솔해지지 못하고 남들의 기대에 따라 살았던 것

이제 죽을 때 가장 많이 하는 다섯 가지 후회 중에서 가장 큰 후회가 남았다. 웨어는 죽음을 앞둔 사람들이 자신에게 솔직해지지 못하고 남들의 기대에 따라 살아온 것을 가장 크게 후회했다고 말한다. 이는 우리의 꿈·야망과 관련이 있다. 삶의 마지막에 이르렀을 때 우리는 꿈에 도전할 기회를 잡지 않았다는 사실을 깨닫는다. 건강하면 무엇이든 성취할 수 있다. 건강은 꿈을 좇을 수 있게 해준다.

웨어에 따르면 사람들은 삶이 거의 끝에 다다랐음을 깨닫는 순간 자신의 삶을 날카롭게 꿰뚫어보고 꿈을 대부분 이루지 못했음을 깨닫는다. 더 괴로운 깨달음은 꿈을 이루지 못한 것이 스스로가 하거나 하지 않은 선택 때문이었다는 것이다. 고대 히브리인 현자들은 말했다.

열망을 반이라도 이루고 세상을 떠나는 사람은 아무도 없다.
《코헬렛 랍바Kohelet Rabbah》〈파라샤Parasha〉1장 13절

건강과 선택의 자유는 분명 서로 연결되어 있다. 하지만 몸이 건강해도 모든 꿈보다는 위안과 평온을 주는 꿈을 선택하게 된다.

우리는 '만약 ○○○ 했더라면'이라는 환상에 쉽게 빠진다. "내가 만약 좀 더 열심히 공부했다면 노벨물리학상이나 필즈상 수상자가 됐을 거야." "내가 만약 더 용기를 냈다면 시험 비행 조종사나 곡예 챔피언이 될 수 있었을 거야." "내가 만약 고등학교 때 첫사랑에게 고백했다면 그와 결혼해서 행복하게 잘 살았을 텐데." 물론 일부러 과장한 면도 있지만 이런 이야기들은 어리석고 실없는 말일 뿐이다. 완전히 다른 사람이 될 수도 있었다는 생각은 대개 사실이 아닌 데다 무의미하다.

나는 인생을 살아갈수록 우리의 자유가 애처로울 정도로 제한되어 있다고 믿는다. 젊을 때만 해도 내가 자유로운 인간이고 모든 선택은 온전히 **내** 선택이라고 믿었다. 열심히 노력한다면 어떤 길이든 갈 수 있고 어떤 꿈이든 이룰 수 있다고 말이

다. 하지만 지금은 그게 얼마나 치기 어린 생각이었는지 깨닫는다. 인간은 복잡한 세상을 살아가는 복잡한 존재이고 우리 힘으로 통제할 수 없는 것들이 너무도 많다. "인간은 자연의 법칙에만 따라 움직이는 피아노 건반이 아니다"라는 도스토옙스키의 말에 동의하지만, 우리가 감정과 생각, 선택, 그리고 가장 중요한 행동을 완전히 통제할 수 있다는 생각은 오만하다. 사람은 자신이 원하는 것을 스스로 선택하는가? 생각을 선택할 수 있는가? (물론 우리가 원하는 곳으로 항해할 수 있게 해주는 상상력의 무한하고 놀라운 힘에 대해 말하는 것이 아니다.)

이런 생각들은 나를 슬프게 하지 않는다. 오히려 큰 위로를 준다. 왜냐하면 우리의 선택은 실수가 될 수 없기 때문이다. 실수는 나라는 사람의 일부다. 큰 실수는 우리가 깨닫지 못했던 꿈에 대해, 하거나 하지 않았던 선택에 대해 후회하고 슬퍼하는 것이다.

지금까지 후회에 대해 꼼꼼하게 살펴보았다. 이제 다음 장에서는 후회의 가장 큰 측면에 대해 살펴보자. 바로 '불만'이다.

7장

상냥한 호소

피터르 브뤼헐 1세

프랑스 작곡가이자 음악학자인 장필리프 라모Jean-Philippe Rameau 는 매력적인 하프시코드(그랜드 피아노를 축소시킨 것처럼 생긴 대형 쳄발로—옮긴이) 곡(오늘날에는 피아노로 연주되지만)을 써 서 〈상냥한 호소les tendres plaintes〉라는 제목을 붙였다. 겉보기에는 매우 단순하고 평온한 작품처럼 보이는데, 처음 들었을 때 나 는 이미 꽉 찬 내 마음에 이 곡을 위한 자리를 만들어야겠다 고 생각했다.[7] 만약 내가 자서전을 쓴다면 "상냥한 호소"라는 제목이 안성맞춤이라고 봤다. 문득 이 제목이 무수히 많은 전 기나 자서전의 제목으로 적당하다는 생각도 했다. 그와 동시에 내가 자서전을 쓸 일은 절대로 없으리라는 사실도 떠올랐다. 그래서 이 제목을 책의 꼭지 제목으로 활용하기로 결심했다.

(만약 지금 음악을 들으며 잠깐 휴식을 취하고 싶다면 라모의 피아노곡을 추천한다. 주석에 내가 가장 좋아하는 곡들과 가장 좋아하는 연주 목록을 나열해놓겠다.[8] 유튜브에서 찾아볼 수 있을 것이다. 들었는가? 이제 여러분이 반할 차례다!)

끝없는 불만의 피라미드

■

흡족하지 않은 마음, 즉 불만이 피라미드 모양의 계층 구조라면 맨 위 칸에는 삶 그 자체가 자리할 것이다. 이 불만은 메소포타미아 문학으로 거슬러 올라가서 모든 세대와 민족에게 울려 퍼졌다. 〈전도서〉에서는 모든 것이 헛되고 사람이 죽는 날이 태어난 날보다 더 낫다고 했고, 붓다는 고통이 존재의 특징이라고 보았다. 인생이 "우연하고 불필요한 선물"이라고 한 훌륭한 러시아 시인 알렉산드르 푸시킨Alexander Pushkin도 그 계보를 잇는다. 푸시킨은 가슴에 연민이, 머리에 상식이 있는 사람이라면 절대로 이 세상에 아이를 태어나게 하지 않을 것이라고 했다(마치 비관주의의 아버지 쇼펜하우어를 보는 듯하다). 또 인생에 대해 불평한 사람으로는 루마니아 철학자 에밀 시오랑Emil Cioran이 있다. 그는 《절망의 끝에서》《태어났음의 불편함》 같은 책을 썼다. 참고로 시오랑의 비관주의는 너무 극단적이어서 그의 책을 읽다 보면 웃음이 터질 때도 있다.

피라미드의 두 번째 층에는 삶의 구조에 부정적인 실 가닥으로 짜여 들어간 불만들이 위치한다. 고통과 부당함, 필멸성이 이 범주에서 가장 일반적인 불만이다. 물론 처음 두 가지 불만은 상황을 개선하려는 의지를 촉구한다. 죽음 또한 생활방식의 변화나 의학의 발달로 뒤로 밀려날 수 있다.

포르투갈의 시인이자 작가인 페르난두 페소아Fernando Pessoa는 비관주의 관점이 시오랑보다 한참 밀리지만 그의 우울한 글을 읽다 보면 때로 힘이 난다.

> 세상에는 수많은 항구와 배가 있지만 인간의 고통이라는 텅 빈 공간으로는 그 어떤 배도 떠나지 않는다.
>
> 페소아, 《불안의 책》

그다음 피라미드부터는 아래로 내려갈수록 엉망진창이 된다. 사람들은 거의 모든 것에 대해 불평하기 시작한다. 점점 나빠지는 기억력, 지루한 직장, 엘리베이터에서 흘러나오는 음악, 반항적인 가족 구성원, 세금, 오케스트라의 심벌즈, 너무 약하거나 가혹한 정부, 더러운 강물, 게으른 수학 교사, 맛없는 기내식, 느린 인터넷 속도, 불쾌한 이웃들, 변덕스러운 날씨, 적어지는 머리숱, 자극적인 광고, 답답한 축구 경기, 교통체증, 그 외의 주변 멍청이들…. 끝도 없다.

내가 보기엔 아무도 불평하지 않는 것은 딱 하나밖에 없는 듯하다. 바로 자신의 지성이다. 도무지 만족을 모르는 불평꾼이라도 자신의 지적 수준(물론 이는 학력 수준과 다르다)에는 대체로 만족하는 듯하다.

정말로 지성이 모두에게 후하게 주어져서일까? 아니면 각자의 뇌를 이용해 판단을 내리기에 우리의 지성에 만족하는 것일까? 언제부터 우리가 심판이 게임의 일부라고 생각하기 시작했는가? 그나저나 뇌가 우리 몸에서 가장 놀라운 기관이라는 생각 또한 우리의 뇌에서 나온 것이다!

내가 방금 쓴 마지막 문장도 내 뇌에서 나왔다.

문제가 없는 사람의 문제

인터넷에서 배부른 사람들이 제기하는 불만 목록을 쉽게 찾아볼 수 있다.

기억해야 할 중요한 사실은(조금 늦더라도 아예 기억하지 않는 것보다는 낫다) 생존을 위해 전쟁에서 고군분투하는 사람들은 불평할 시간이 없다는 것이다. 그렇다. 불평불만도 특권이다.

장황하고 터무니없는 불만을 일부 소개한다. 애정을(그리고 윙크를) 담아 친구들에게 고마움을 전한다. 친구들이 실제로 나에게 털어놓은 불평불만이 대다수를 차지한다.

"토스카나의 아레초에서 열린 트러플 버섯 축제에 갔어. 저녁에 평판이 그럭저럭 괜찮은 레스토랑에서 파스타를 먹었지. 트러플 버섯이 얼마나 올라가 있던지! 밤새 속이 쓰려 혼났다니까. 악몽이었어."

"새집이 너무 커서 물건을 찾기가 힘들어. 어느새 사라지더라고. 게다가 모든 층에다가 수영장 근처까지 라우터를 설치했어. 안 그러면 인터넷 속도가 너무 느리거든. 그랬는데도 와인 저장고와 차고에서는 여전히 굼벵이 수준이야."

"평소처럼 일등석을 탔는데 수납공간을 따로 안 주는 거야. 비행하는 내내 얼마나 불편하던지."

"아침에 아몬드 우유로 카푸치노를 만들어보기로 했어. 내 인생 최악의 결정이었지."

"이번 여행에서 레스토랑이 중요한데 예약이 안 돼. 너무 절망스러워."

"넷플릭스에서 괜찮은 드라마는 전부 다 봤어. 이제 소름 끼치는 공포물밖에 안 남았는데 어떡하지?"

그 밖에도 엄청나게 다양하다. 여러분이 들어본 하찮은 불평불만의 목록을 직접 써보면 더 재미있을 것이다. 피라미드 구조로 분류할 수도 있다.

이 불만을 털어놓은 내 주변 사람들에게 유대교 축복의 말을 남긴다. "이것이 그대의 인생에서 가장 큰 고민이 되기를ken dos zeyn di ergst frablemen vos ir hot alts." 안타깝게도 이 축복이 현실로 이루어지기는 어려울 것이다.

앞에서 내가 진짜 삶을 '시작'하기 전에 두어 번 시험할 기회가 주어져야 한다고 했던 불만을 기억할 것이다. 물론 내 불만은 그것만이 아니다. 나는 이러한 불만들이 '배부른 소리' 범주에 속한다는 것을 잘 알고 있다. 하지만 균형을 맞추기 위해서 실존적인 문제들도 집어넣었다.

잠의 소중함

나는 알람을 선호하지 않는다. 사람은 자연스럽게 잠에서 깨야 한다. 가끔 알람을 맞춰야 할 때면 아예 잠이 오지 않는다. 어떤 문화권에서는 자는 동안 영혼이 몸을 떠나 있으므로 절대로 자는 사람을 깨우지 말라고 한다. 갑자기 깨우면 영혼이 미처 몸으로 돌아오지 못할 수도 있기 때문이다. 독실한 유대인들도 매일 아침 신에게 '영혼을 되찾게' 해주어서 감사하다고 기도한다. 앞으로 잠자는 누군가를 깨울 때는 이 사실을 꼭 기억할 것. 그럼에도 과연 깨워야 할지 고민해주기 바란다.

기억의 경이로움

최근에 여행한 스피츠베르겐이나 캄차카에서의 일을 사소한 것까지 전부 다 기억하는 사람들이 그 이야기를 이미 내게 한 번, 두 번, 일흔일곱 번이나 했다는 사실은 잊어버릴 수 있을까?

왜 나는 가장 중요한 순간에도 하품이 나올 정도로 지루하기 짝이 없는 이야기에 또다시 엄청난 관심을 보여야 하는가?

믿을 수 없는 말들

"대체 불가능한 사람은 없다"라는 말은 아주 어리석다. 세상에 누군가를 대신해줄 수 있는 사람은 **없다**. 특히 우리에게 소중한 사람이라면 더더욱 그렇다. 그리고 "시간은 모든 상처를 치유한다"는 말도 나는 믿지 않는다. 시간은 표면상의 상처만 치료할 뿐이다. 깊은 상처에는 절대로 가닿지 않는다.

행불행의 상대성 이론

행복은 고통스러울 정도로 짧지만 고뇌는 우리 삶에 일찍부터 찾아와 마지막 순간까지 머무른다. 이 차이가 나를 포함한 많은 이들에게 큰 문제다. 그런데 이를 대체 누구에게, 어디에 불만을 호소해야 한단 말인가?

죽음의 속 좁음

우리는 모두 죽음의 고객이다. 태양 아래에서 몇 번의 여름을 보내도록 허락받았든지 모든 인간은 완전한 어둠의 땅에서 무한한 시간을 보낼 것이다. 이 비율을 생각해보면 왜 죽음이 우리에게 하찮을 정도로 적은 세월을 허락하는지 알 수 없다. 80년, 90년, 100년의 삶은 공허하고 무한한 죽음의 시간과 비교해 새 발의 피도 안 된다. 만약 우리가 200년, 1000년, 100만 년을 살더라도 여전히 죽음이 더 거대할 것이다. 죽음은 왜 그렇게 속이 좁은 것일까?

미리 정해진 인생의 결과

인생은 결과가 이미 정해진 권투 시합과 같다. 죽음과의 싸움은 매우 길게 계속될 수도 있고 1라운드에서 곧바로 케이오를 당할 수도 있다. 우리는 모든 라운드에서 심하게 쥐어 터질 수도 있고 내내 우세하게 경기를 이끌어갈 수도 있다. 관객들이 환호할 수도 있고 야유할 가능성도 존재한다. 심판은 양심적일 수도 있고 공평하지 않을지도 모른다. 우리는 이 경기가 전반적으로 즐겁다고 볼 수도 있고 가끔은 대단히 즐겁기도 하다. 하지만 결국 그 무엇도 중요하지 않다. 새로운 라운드가 진행될수록 우리의 패배는 더욱더 가까워지고 우리가 쓰러지는 순간은 온다. 말했듯이 이 경기의 결과는 처음부터 정해져 있다. 그래서 추문이다.

이카루스의 추락

■

〈추락하는 이카루스가 있는 풍경 Landscape with the Fall of Icarus〉의 화가가 피터르 브뤼헐 1세 Pieter Bruegel the Elder 인지 다른 사람인지

에 대해서는 현대 미술 전문가들마다 의견이 다르다. 나는 미술 전문가가 아니므로 어느 쪽이 진실이든 상관은 없다. 하지만 이 그림을 볼 때마다 내 마음속에서는 분노가 섞인 슬픔이 샘솟는다.

대부분 이카루스의 이야기를 알고 있겠지만 여기에서 요점만 다시 짚어보겠다. 이카루스는 크레타의 미노스의 왕에게 미로를 만들어준 유명한 건축가 다이달로스의 아들이었다(플라톤은 《대화편》〈메논〉에서 다이달로스가 멋진 조각품들을 만들었다고 언급했다). 미노스 왕이 다이달로스와 이카루스를 미궁에 가두었고, 다이달로스가 두 사람을 탈출시키기 위해 커다란 날개를 만들어서 밀랍으로 두 사람의 몸에 붙였다. 다이달로스는 걱정스러운 마음에 아들에게 바닷물에 날개가 젖지 않도록 바다 가까이 너무 내려가지도 말고 태양열에 밀랍이 녹지 않도록 너무 높이 올라가지도 말라고 경고했다. 하지만 제 또래가 그렇듯 고집이 셌던 이카루스는 아버지의 말도 듣지 않고 태양 가까이 날아올랐다. 결국 밀랍이 녹으면서 이카루스는 바다로 추락해 죽음을 맞이했다. 그림을 언뜻 보면 제목이 이해되지 않을 것이다. 이 드넓은 해안가 풍경에 도대체 이카루스는 어디에 있는가? 이제 그림의 오른쪽 아래 가장자리를 보라. 물 밖으로 튀어나온 이카루스의 다리가 보이는가?

이미 하늘에서 떨어져 바다에 빠져 죽음을 맞이한 이카루스를 아무도 신경 쓰지 않는다. 일각에서는 이 그림이 남의 고

오른쪽 커다란 범선 앞 바다에 추락한 이카로스의 두 다리를 볼 수 있다. (브뤼헐 1세, 〈추락하는 이카루스가 있는 풍경〉, 캔버스에 유화, 73.5×112, 1560.)

통에 무관심한 일반 사람들을 나타내는 플랑드르 속담 "그리고 농부는 계속 쟁기질했다"를 표현한 것이라고도 한다.

이카루스가 물에 빠졌지만 배들은 나아가고 물에 빠지는 소리를 들었을 게 분명한 어부는 그물을 끌어 올릴 뿐이다. 농부는 밭에서 '계속 쟁기질하고' 양치기는 바다를 등진 채 지팡이에 기대어 생각에 잠긴 듯한 얼굴이다. 태양은 이카루스의 날개를 녹여버린 것이 부끄러운 듯 살금살금 멀어진다. 파도는 계속 높아졌다가 낮아지고 하늘은 고요하기만 하다. 사람이 죽었는데 세상은 아무런 관심도 없다. 죽음의 가장 무서운 점은 절대적인 외로움이다. 최후의 운명을 마주한 순간 완전히 혼자 있게 되는 것이다.

같은 주제로 브뤼헐 제자가 그린 그림도 남아 있다. 그 작품에서는 아직 하늘에 떠 있는 다이달로스가 아들에게 일어난 일을 바라보고 있다. 하지만 브뤼헐의 그림에서는 이카루스의 죽음에 아무도 신경 쓰지 않는다. 이 그림을 좀 더 자세히 살펴보면 왼쪽 구석 나무 몸통 근처 덤불에 죽은 사람이 한 명 더 있는 듯하다. 죽은 이가 누구인지는 전혀 중요하지 않다. 그(또는 그들)가 없어도 세상은 평소와 다름없이 돌아갈 것이다. 이 죽은 사람은 어쩌면 바다에서 다리만 보이며 빠져 죽은 이카루스가 옮겨진 것일 수도 있다. 어쩌면 말이다. 물론 아니라 해도 바뀌는 것은 없다.

불만에 대한 이야기를 마무리하기 전에 한 가지만 더 짚고 넘어가자. 우리의 몸은 시간이 지날수록 우리를 배신한다. 극진하게 아끼고 보살피건 방치하고 나 몰라라 하건, 언젠가 우리의 육신은 우리를 배신한다. 1980년에 노벨문학상을 수상한 폴란드계 미국인 시인 체스와프 미워시Czesław Miłosz 는 모든 질병은 우리 몸의 고백이라고 말했다. 고해성사를 받는 신부 역할은 나에게 어울리지 않으니 몸이 그냥 고백하지 않았으면 좋겠다.

이제 불평불만은 접어두자. 인생은 불만과 정반대의 관점에서 바라보는 게 훨씬 낫다. 그러니 다음 장에서는 마음의 평화에 관한 최고의 전문가들에게로 관심을 돌려보자. 내가 좋아하는 또 다른 중국의 현자도 만날 수 있다.

8장

하지 않음에 이르면 되지 못할 것이 없다

듀드주의와 도교

17세기 저명한 프랑스 철학자이자 수학자 블레즈 파스칼Blaise Pascal은 많은 것들에 놀라곤 했다. 그중 하나는 인간이 집에서 안락의자(또는 흔들의자)에 앉아 있거나 책장을 넘기거나 창밖을 바라보면서 가만히 앉아 있을 수 없다는 사실이었다. 이 사실은 그를 놀라게 했을 뿐 아니라 그가 생각하기에 인류가 마주한 거의 모든 문제가 거기서 왔다. 인간은 금방 지루해하는 존재이고 지루함은 고통과 문제의 근원이었다.

하지만 아무것도 하지 않는 능력을 갖춘 사람이 있었다. 그는 오랫동안 전적으로 아무것도 하지 않기로 했다. 바로 1998년에 큰 성공을 거둔 코엔Coen 형제의 작품 〈위대한 레보스키〉의 주인공 제프리 레보스키(훌륭한 배우 제프 브리지스Jeff Bridges가 연기했다)다. 이 이상하고 멋진 영화는 코언 형제가 1984년에 데 뷔작 〈블러드 심플〉을 촬영하던 중에 만난 제프 다우드Jeff Dowd 라는 실존 인물을 토대로 만들어졌다. 제프리 레보스키, 일명 듀드The Dude(보통 녀석, 형씨 등으로 번역되는데, 영화 속 주인공은 자신을 '듀드'로 칭한다 – 옮긴이)에게서 영감을 받아 '듀드주의 Dudeism'가 만들어져 종교운동·철학·생활방식이 세계적으로(하 지만 주로 미국에서) 퍼졌다. 이 운동은 고대 중국 철학인 도교 와 에피쿠로스의 여러 사상, 히피의 생활방식, 곰돌이 푸의 인 생철학 등이 한데 섞여 있다.

영화 속 레보스키는 항상 목욕 가운 입기를 선호하는 지저 분한 차림의 중년 히피다. 게으르고 매사에 졸리고 슈퍼마켓에 서 고작 0.69달러를 외상 장부에 적는 그는 늘 부처처럼 평온 하다. 하루하루 대마초를 피우고 화이트 러시안 칵테일을 마시 며 볼링장에 볼링 치러 가는 게 낙인 삶이다. 성공에 대한 야 망도 전무하고 누군가에게 잘 보이고 싶은 마음도 없다. 곰돌 이 푸의 인생철학처럼 그는 아무것도 하지 않는 것이 멋진 모 험이라는 사실을 잘 알고 있다. 그에게는 친구들과 보내는 시 간보다 더 중요한 것은 없다.

다른 종교들과 마찬가지로 듀드주의에는 대사제(라마 올리버 벤저민Oliver Benjamin)도 있고, 신도들이 참여하는 축제도 존재한 다. 미국의 레보스키 축제, 런던의 듀드 어바이즈The dude abides('듀 드가 참고 견디다'라는 뜻이다)가 그것이다.

나는 듀드의 열성 팬이다. 그와 나의 공통점이라고는 화이트 러시안을 좋아한다는 것뿐이지만 말이다.

오래전, 그러니까 〈위대한 레보스키〉가 개봉하기 10년 전쯤에 나는 약간 슬픈 사실을 발견했다. 아무것도 하지 않는 것이 나에게는 너무 쉬웠다. 나에게 정말로 힘든 일은 죄책감을 느끼지 않는 것이었다. 내가 진정으로 즐겼다면 절대로 시간 낭비한 게 아니라고 자신을 설득하려고 애썼다. 시간은 흐르지만 절대로 헛되지는 않다고 말이다. 아무것도 하지 않고 그냥 작은 일에 아주 조금씩 관심을 보이는 것도 괜찮다는 곰돌이 푸의 말은 옳다. 그걸 잘 알면서도 내 성실한 리투아니아 유전자는 진부한 소리라고 무시하는 경향이 있다.

종교 창시자가 으레 그렇듯 레보스키는 절대로 흉내 낼 수 없는 인물이다. 하지만 가끔은 나도 그와 같은 삶을 꿈꾼다. 끝없이 피어나는 생각을 그만두고 현대인의 치열한 삶에서 아주 잠깐이라도 벗어나 온종일 친구들과 볼링을 치고(화이트 러시안을 마시면서 운동해도 전혀 방해되지 않는 유일한 스포츠일 것이다) 스마트폰은 내려놓고 토스카나의 작은 마을이나 태국의 해변에서 안식년을 즐기고 싶다. 참고로 듀드주의의 대사제 벤저민 1세는 1년 중 대부분을 태국 북부의 산악 지대인 치앙마이에서 보낸다.

지루함이라 부르는 욕망

■

레보스키의 철학은 이 주제에 관한 쇼펜하우어의 의견에 중요한 의미를 더해주는 듯하다. 쇼펜하우어는 지루함이 일종의 고통이라고 믿었다. 솔직히 현대인들에게는 약간 놀랍다. 현대 사회는 우리의 관심을 사로잡는 무수히 많은 선택권을 제공하기에 지루해진다는 것을 상상조차 하기 힘들다. 실로 우리에게는 즐길 만한 오락의 선택권이 무궁무진하다. 그렇다면 우리를 고통스럽게 만드는 목록에서 지루함을 빼야 할까?

하지만 상황이 이렇더라도 진실은 영 딴판이다. 주의를 딴 데로 돌리는 것들이 넘쳐나는 세상인데도 우리는 지루함 때문에 스트레스를 받는다. 그뿐 아니라 외롭다는 생각도 스트레스의 원인이다. 겉보기엔 정상적인 것처럼 보이는 한 세대 전체가 스마트폰과 소셜 미디어에 중독된 것도 어쩌면 그런 불안 때문이 아닐까? 가짜 친구들과 가상의 팔로워들로 가득한 소셜 네트워크는 이 세상에 혼자가 아니라고 느끼게 해주지만 이는 환상일 뿐이다. 실제로는 외롭고 혼자다. 심리학자들에 따르면 오늘날 사람들은 그 어느 때보다 외롭다. (톨스토이는 지루함이 '욕망에 대한 욕망'이라고 했다.)

쇼펜하우어는 비록 모든 마음 상태에 순서는 없지만 계절처럼 일시적이라고 생각했다. 그는 일종의 악순환에 대해 묘사했다. 우리는 무언가를 갈망하고, 또 손에 넣는 데 성공하거나 실패한다. 가지지 못하면 욕망과 고통이 계속된다. 하지만 쇼펜하우어에 따르면 바라던 것을 손에 넣어도 기쁨의 순간은 그리 지속적이지 않으며 머지않아 지루함이 찾아오고 더 큰 것을 욕망하게 된다. 그는 우리의 마음 상태가 끝없는 불만과 추구로 좌우된다고 했다. 미국 출생의 영국 작가 로건 피어설 스미스Logan Pearsall Smith는 그의 재미있는 책《뒤늦은 생각Afterthoughts》에서 놀라울 정도로 정확한 통찰을 제공한다.

"인생에서 목표로 삼아야 할 두 가지가 있다. 첫 번째는 원하는 바를 얻는 것이고 두 번째는 그것을 즐기는 것이다. 가장 지혜로운 사람들만이 두 번째를 이루었다."

쇼펜하우어는 지루함의 고뇌가 시간이 지나면 새로운 것에 대한 갈망으로, 다시 말해서 새로운 고뇌로 바뀐다고 말했다. 그다음에는 아주 짧게나마 즐거움이 찾아올 수 있지만 역시나 또다시 지루함이 뒤따른다. 악순환의 연속이다. 욕망, 성취, 잠깐의 즐거움, 새로운 욕망이 끊임없이 반복되니 말이다. 쇼펜하우어에 따르면 억누를 수 없는 욕망의 주기에는 쾌락(그는 고통이 부재한 상태일 뿐이라고 표현했다)보다 고통이 더 많다.

쇼펜하우어도 말했듯이 안타깝게도 마음의 상태는 계절과 달리 얼마나 오래 지속될지 아무도 모른다. 끝없는 겨울이 될 수도 있고 더 짧게는 아침이 찾아올 기미가 보이지 않는 칠흑처럼 어두운 밤이 될 수도 있다.

위대한 철학자의 고통과 슬픔에 관한 견해가 아직 여러분을 우울감에 빠뜨리지 않았다면(이상하게 나는 쇼펜하우어의 글을 읽으면 항상 힘이 난다) 이 사실을 알려줘야겠다. 쇼펜하우어는 인간이 앞으로 다가올 일에 대해 너무 자주 생각하기 때문에 스스로 고통을 훨씬 더 증가시킨다고 말했다. 그는 거의 초창기의 동물권 운동가로서 동물들도 고통을 느낀다는 것을 알고 있었다. 그러나 그는 곰은 미래의 고통에 대해 걱정하지도 않고 고뇌로 죽어가지도 않는다고 말했다. 그 때문에 곰이 겨울잠을 오래 즐길 수 있는지도 모른다.

자, 그러면 이제 드디어 **게으르지만 뛰어난** 철학자 레보스키가 이바지한 바를 살펴보자. 그는 쇼펜하우어가 '마음의 평화'를 놓쳤다는 것을 증명했다. 마음의 평화는 고통과 욕망이 모두 없는 상태다. 이 상태가 순식간에 끝날 필요는 없다. 여기에 정확한 이름을 붙인다면 바로 '평정심'일 것이다.

위대한 레보스키는 게으르지만(로스앤젤레스에서는 물론이고 전 세계적으로도 내로라할 만한 게으른 남자였다고 한다) 지루하지 않으며, 지루하다고 불평하지도 않는다. 레보스키는 이렇다 할 욕망이 없다. 욕망이 마음의 평화를 해친다는 것을 알기 때문이다. 그리고 미래에 대해 생각하는 시간을 보내지 않기 때문에 특별한 걱정도 하지 않는다.

게으름에 대한 찬양

■

1932년, 영국의 수학자이자 철학자이며 제3대 러셀 백작인 버트런드 러셀Bertrand Russell은 〈게으름에 대한 찬양〉이라는 도발적인 제목의 에세이를 썼다. 첫 문장에서 러셀은 대부분의 동시대 사람들과 마찬가지로 그 자신도 '게으른 손은 악마의 작업장'이라고 가르침받으며 자랐다고 말한다. 어릴 때 그는 이 격언에 진심으로 따랐지만 그 글을 쓸 당시에 그 어린아이는 존재하지 않았다. 그는 현대 사회가 일의 개념을 과대평가한 것이 얼마나 큰 폐해를 가져왔는지 지적해야 한다고 했다. 러셀은 "일은 늑대가 아니므로 숲으로 도망치지 않을 것이다"라는 러시아 속담을 마음에 들어 했으리라. ("일만 하고 놀지 않으면 바보가 된다"는 속담도 물론 선호했을 테다.) 그는 체계적으로 일하는 시간을 줄이고 여가는 늘리는 것이야말로 개인의 안녕과 행복의 열쇠라고 믿었다. 하지만 이 지혜로운 영국 귀족은 여가 시간의 질을 높이는 것이 가장 어려운 도전이라고 했다.

기억하는가? '너무 일만 했던 것'이 죽을 때 사람들이 가장 후회하는 다섯 가지 목록 가운데 2위였다. 그 다섯 가지 후회 목록을 마음에 잘 새기기 바란다. 분명 행복한 삶을 위한 토대가 되어줄 것이다.

러셀의 에세이는 한 남자에 관한 이야기로 시작한다. 그 남자는 나폴리로 여행을 갔다가 열두 명의 거지가 햇살을 받으며 편안하게 누워 있는 모습을 보았다. 그는 가장 게으른 사람에게 금화를 주겠다고 했다. 그 말을 듣자마자 열한 명이 벌떡 일어나 저마다 자기가 동전을 받아야 한다고 주장했다. 당연히 남자는 자리에 그대로 누워서 아무런 행동도 취하지 않던 열두 번째 남자에게 금화를 주었다. 레보스키는 이 이야기를 정말 좋아했다. 물론 레보스키는 에세이 제목에 깊이 공감하지만 너무 게을러서 굳이 본문을 읽어보지는 않았다.

노자가 건넨 수수께끼

고백할 게 있다. 도교 철학에서 가장 중요하고 영향력 있는 책 《도덕경》은 나에게 그다지 큰 감동을 주지 않았다. 이 책은 전체가 여든한 개의 장으로 이루어져 있는데 대부분 공감되지 않는 내용이었다. 그럼에도 만약 이 여든한 개 장을 따로 판매했다면 나도 기꺼이 몇 개의 장을 구매했을 것이다.

이 책에 관한 몇 가지 전설적인 이야기가 존재한다. 일각에서는 입법관(또는 황제의 철학자)으로 자신보다 공자를 더 선호하는 황제의 마음을 노자가 알아차리고 공직 생활에서 은퇴한 뒤에 티베트 국경과 히말라야산맥으로 떠났다고 한다. 그런가 하면 노자가 사람들의 어리석음과 사악함에 크게 실망해서 황제와 세상을 떠나 히말라야에서 은둔 생활을 하기로 결심했다는 견해도 이어져 내려온다.

노자가 국경에 이르렀을 때 그를 알아본 국경 수비대는 후세를 위해 가장 소중한 지혜의 말을 적어주면 국경을 통과시켜 주겠다고 했다. 이 또한 그다음에 무슨 일이 일어났는지에 대해서는 다양한 의견이 존재한다. 노자가 《도덕경》을 하루 만에 다 썼다는 말도 있지만 약 5000자의 한자로 이루어졌다는 점을 생각한다면 믿기지 않는다. 몇 달 동안 국경 경비대에게 비밀스러운 지혜를 가르쳐주면서 책을 완성했다고도 한다.

《도덕경》은 수많은 언어로 번역되었다. 하지만 똑같은 언어로 번역된 여러 판본임에도 같은 원문을 바탕으로 했다고는 믿어지지 않을 정도로 판이한 부분이 많이 발견된다. 이를 비교하고 조사해보니 원본 《도덕경》은 사실 시집 형식이고 한자의 아름다움에 매료된 일종의 한자 수수께끼 책임을 알 수 있었다(참고로 파블로 피카소Pablo Picasso 역시 한자의 아름다움에 매료되었던 바 있다). 각각의 한자는 무슨 글자 옆에 놓이는지에 따라 하나 이상의 해석이 존재할 수 있다. 단 하나의 글자만으로 엄청난 원칙이 설명되기도 한다. 예를 들어 무위無爲는 도교 철학의 주요 행동 원칙이다. 때로는 '간섭하지 않음'으로 해석되기도 하고 '행동하지 않음' '힘들이지 않는 행동' '행동 없는 행동'으로 읽기도 한다. 곰돌이 푸가 이런 종류의 철학의 대가다.

노자의 수수께끼에 대한 답이 사람마다 다르다는 것은 별로 놀랍지 않다. 나는 수학자로서 뇌를 깨워주는 어렵지만 재미있는 문제를 좋아한다. 그런 의미에서 내가 《도덕경》에서 좋아하는 부분을 나만의 고유한 해석으로 소개하려고 한다. 물론 한자라는 나에게 어려운 '외국어'와 직접 씨름을 당연히 하는 동시에(최고의 미적인 즐거움을 제공하는 작업이었다) 수십 권의 영어 번역본의 도움도 받았다(그중에는 앞서 언급한 중국의 철학자이자 번역가인 린위탕의 번역본도 있었다). 그리고 러시아어 번역본도 몇 권 참고했다. 그렇게 나는 임무를 향해 뛰어들었다. 내가 읽은 여러 번역본뿐 아니라 도교 사상에 대해 배운 모든 지식을 토대로 내 버전으로 번역하는 것을 목표로 삼았다.

이 번역이 최대한 아름답고 흥미롭도록 노력했다. 특히 예술적 허용을 마음껏 활용했음을 밝힌다. 모든 장에서 풍부하다.

레보스키에게 영감을 받아 내가 《도덕경》에서 가장 좋아하는 장을 소개한다. 좀 더 정확하게 말하자면 장의 일부분이다. 내가 좋아하는 부분과 듀드주의에 영향을 준 가르침들이 많이 겹치는 것은 우연이 아니다.

비밀 안에 있는 비밀 안에 있는 비밀

■

영원한 도는 존재하는 모든 것의 근원이고
말로는 영원한 도를 설명할 수 없다.
그 어떤 이름도 도의 본질에 근접할 수 없다.

설명할 수 있는 도는 도가 아니다.

마음으로는 창조의 순간을 이해할 수 없다.

상상하는 모든 것은 틀리다.

도는 비밀 안에 있는 비밀 안에 있는 비밀이다.

《도덕경》1장

일반적으로 '도道'는 번역하지 않지만 번역할 경우, '길' 또는는
'세상의 이치'로 풀어쓰기도 한다. '하늘과 땅의 법칙' '자연' '진
리' '세상의 지혜', 심지어 '무한함'으로 번역하는 경우도 보았다.

소크라테스 이전의 철학자 아낙시만드로스Anaximandros는 존
재하거나 존재했거나 앞으로 존재할 모든 것은 아페이론apeiron
에서 만들어진다고 했다. 아페이론은 영원하고 무한해서 그 본
질에 대해 말하는 것이 불가능하다. 그리고 모든 것은 이 신비
롭고 추상적인 존재로 되돌아간다. 그는 아페이론이 우주의 근
원이라는 이론을 내놓았다. 이것은 그의 스승이자 고대 그리스
최초의 철학자인 탈레스가 내놓은 이론에 대한 직접적인 반응
이었다. 탈레스는 훨씬 더 실용적으로, 물이 원초적인 물질이고
우주 만물의 근원이라고 주장했다.

아리스토텔레스는 저서 《물리학》에서 아낙시만드로스를 인
용한다. "아페이론은 모든 원소와 다르지만 모든 원소는 아페이
론의 산물이다."

그러니까 아낙시만드로스의 아페이론은 그리스 버전의 도

인 셈이다. 처음부터 있었고 앞으로도 계속 있을 무한하고 분명히 규정되지 않은 무언가, 문자 그대로의 설명을 거부하는 무언가다.

잘 알려진 자료에 따르면, 아낙시만드로스에게는 유명한 두 제자가 있었다. 아낙시메네스Anaximenes와 피타고라스다. 피타고라스는 최초의 철학자는 아니지만 '철학'이라는 용어를 처음 만들었고 최초로 **스스로를** 철학자라고 부른 사람이다. 피타고라스는 숫자들 사이의 관계가 모든 자연현상의 핵심이라고 보았다. "숫자는 형태와 관념의 지배자이며 신과 악마의 원인이다."9 아리스토텔레스는 저서 《형이상학》에서 피타고라스학파는 최초의 수학자들이었으며 그들이 수학적 원리가 존재하는 모든 것의 기초를 형성했다고 주장했음을 언급했다.

한편 알베르트 아인슈타인은 숫자 및 수학에 대해 이렇게 말했다. "수학 법칙은 현실을 설명하기엔 확실치 않고 확실한 수학 법칙은 현실과 관련이 없다." 이것은 확실히 도교적인 발언이다. (참고로 이 인용문은 아인슈타인이 1921년에 프로이센 과학 아카데미 회원들을 대상으로 한 '기하학과 경험geometry and experience'이라는 제목의 강의에서 언급한 것이다. 온라인에 강의 전체 텍스트가 공개되어 있다.)

이 저명한 과학자는 그 강의에서 수학(실제 경험과 무관한 인간 사고의 산물)과 현실의 관련성에 대한 자극적인 질문을 던지기도 했다. 왜 숫자는 현실을 그렇게 절묘하게 묘사할 수 있을까? 대중과학지 《사이언티픽 아메리칸Scientific American》의 전설적인 수학 편집자 마틴 가드너Martin Gardner는 (물론 내 관점에서) 더 좋은 질문을 했다. "과학 법칙이 존재해야 하는 필요성을 증명하는 과학 법칙이 있는가?"

과학 법칙 없이 어떤 상황을 상상하는 것은 그리 어렵지 않다. 한 번 같이 해보자. 나무에 달린 사과가 나무에서 직접 땅으로 떨어질 뿐 아니라 가끔은 멋진 회오리를 그리며 떨어지거나 하늘로 솟아올라 시야에서 완전히 사라지거나 열일곱 개 조각으로 쪼개져서 각각의 조각이 나무 주위에서 요란하게 춤을 춘다고 해보자. 렘의 《솔라리스》(앞서 이 멋진 책을 언급했다)에는 솔라리스 행성 주위를 도는 우주 정거장의 과학자들이 나온다. 과학 법칙들이 유효하지 않은 그곳에서 과학자들의 실험은 매번 다르고 예상치 못한 결과를 낳는다.

여기까지 하겠다. 이제 아인슈타인과 피타고라스에게 작별을 고하고 이스라엘의 성지로 가보자. 위대한 학자였던 랍비 아딘 이븐 이스라엘 스타인살츠 Adin Even-Israel Steinsaltz가 저서 《열세 개의 꽃잎이 달린 장미The Thirteen Petalled Rose》에서 설명하기를, 유대교에서 신의 본질은 '영원한 축복을 받은 자ha'Einsoff Baruch Hu'다. 별명은 이름을 지을 수 없는 것을 부를 때 사용한다. 신성한 본질에 이름표를 붙이려는 시도는 무한한 거리와 멋지고 축복받은 친밀감을 암시한다. 도와 마찬가지로 '영원한 축복을 받은 자'는 우리가 절대로 이해할 수 없는 신성한 본질의 별칭일 뿐이다.

히브리어에서 보통 '신성한'으로 번역되는 단어 kadosh는 사실 '완전히 분리된'이라는 뜻이다. 다시 말해서 신(히브리어로 Elohim 또는 haKadosh Baruch Hu)은 긍정이든 부정이든 인간의 언어로 묘사하는 것이 불가능하다. 앞에서 말했듯이 아낙시만 도로스의 스승이었던 탈레스는 이렇게 말했다.

"신성함이란 무엇인가? 시작도 끝도 없는 것이다."

우리는 신에 대해 아무것도, 티끌만큼도 알 수 없다. 신에게 어떤 호칭도 이미지도 부여하기 어렵다. 유대교가 인간과 완전히, 무한하게 다른 존재인 신의 조각상이나 이미지를 만드는 것은 우연이 아니다. 신은 초월적이다.

의구심을 완전히 떨쳐버리기 위해서 다시 말하자면, 우리가 인간을 묘사할 때 사용하는 언어로 신을 묘사하는 것은 불가능하고, 신이 인간과 다른 점을 묘사하는 것 또한 의미가 없다. 다시 말해, 신은 질투심이 있거나 사랑이 넘치거나 자비롭다고 묘사할 수 없다. 또한 선하다고 할 수 없고, 전지전능하다거나 완벽하다고도 할 수도 없다. 신은 인류의 이해 범위 밖에 존재한다.

감히 이런 생각을 제안한다. 신의 본질은 우리의 이해와 거리가 멀어도 너무 멀어서 우리가 '신은 존재한다' 혹은 '존재하지 않는다'라고 말하는 것조차 할 수 없다. 신은 존재 또는 비존재의 범위를 넘어선다. 여러분이 이 제안을 어떻게 받아들일지 모르지만 노자와 장자는 분명 동의했으리라.

이제 천지창조의 순간으로 넘어가겠다. 이 책의 첫 부분을 다시 읽어보아도 좋다. 한편으로 지구는 존재한다고 말할 수도 없을 만큼 너무도 작았지만 또 한편으로는 무한함을 전부 담고 있었다. 세상은 어디에서, 언제 왔는가?

칸트의 《순수이성비판》에 나오는 유명한 이율배반(모순)은 천지창조의 순간, 즉 시간의 시작을 상상하고자 한다. 칸트는 시간이 시작된 순간이 있었다고 가정하든, 없었다고 가정하든 중요하지 않다고 설명한다. 어느 쪽이든 우리는 막다른 길에 다다르고 불가능에 부딪히기 때문이다.

만약 시간에 시작이 없다면, 특정한 사건이 일어나기 전에 무한한 시간이 지나야 한다는 뜻이다. 하지만 무한한 시간은 지날 수 없다. 어떤 친구를 만나고 싶지 않은데 기분을 상하게 할까 봐 걱정된다면 "무한 분分 후에 만나자"라고 정중하게 말하고 영원히 헤어지면 된다. 다시 말하지만 시간에 시작이 없다고 가정한다면 그 어떤 사건도 일어날 수 없었을 것이다. 이야기가 약간 복잡해진 것 같다.

하지만 시간에 시작점이 있었다고 가정한다고 해도 상황이 더 간단해지지는 않을 것이다. 곧바로 많은 질문이 떠오를 것이다. 누가 시간을 만들었을까? 왜, 어떤 목적으로 만들어졌는가? 시간이 시작되기 전에 시간은 어디에 있었는가? 만약 그 전에는 시간이 없었다면 '전'이라는 단어에 의미가 있는가? 시간은 유한한가 아니면 무한한가? 시간이 사라질 수도 있을까?

모든 것은 왜 존재하는가? '무에서 유를 창조하는 것'이 어떻게 가능한가? 신은 시간을 창조하기 전에 무엇을 했는가? 등등 질문이 끝도 없다.

어쩌면 우리는 세상이 왜, 어떻게 만들어졌는지 절대로 확실히 알지 못할 수도 있다.

창조의 기원이 무엇인지 누가 알겠는가?
그분이 만들었든 그렇지 않든,
가장 높은 하늘에서 모든 것을 살피는 그분
그분은 알고 있다. 어쩌면 그분조차도 알지 못한다.

《리그베다Rig Veda》〈만다라 10〉 129번째 찬송

《도덕경》 1장의 마지막 줄 "도는 비밀 안에 있는 비밀 안에 있는 비밀이다"로 돌아가보자. 꼭 언급하고 싶은 것이 하나 있다. 가끔 우리가 세상과 현실에 대해 생각하는 모든 것이 진실이 아닐 수도 있다. 당연히 지금의 세계관은 고대 중국인이나 고대 그리스인들의 시대보다 훨씬 더 정확하다. 소수의 무한성을 증명한 유클리드의 증명은 수학의 역사에서 훌륭한 증명 중 하나이지만, 나만 해도 유클리드보다 소수에 대해 훨씬 많이 안다. 나는 지구가 평평하지 않고 세 마리의 거대한 거북이 지구를 받치고 있지 않다는 것도 알고 있다. 지식은 시간이 지나면서 커지고 개선된다. 하지만 영국 과학자 J.B.S. 할데인J.B.S.

Haldane의 접근법에 공감이 간다. 그는 이렇게 적었다. "지금 나는 우주가 우리가 생각하는 것보다 더 이상할 뿐 아니라 생각할 수 있는 것보다 더 이상하다고 의심한다. 하늘과 땅에는 어떤 철학에서 꿈꾸는 것보다 혹은 꿈꿀 수 있는 것보다 많은 것들이 있으리라." 이 인용문의 두 번째 줄은 윌리엄 셰익스피어의 〈햄릿〉 1막 5장에 나오는 유명한 대사와도 상통한다.

"호레이쇼, 하늘과 땅 사이에는 우리네 학문으로는 짐작조차 할 수 없는 일들이 많다네."

스타인살츠의 《열세 개의 꽃잎이 달린 장미》 서론에는 깊은 생각에 잠기게 하는 훌륭한 문장이 나온다. "진정한 비밀은 모든 사람에게 보일 때조차 비밀이다." 그가 정확히 무슨 뜻으로 한 말인지는 모르겠다. 아마도 모두가 볼 수 있고 탐구할 수 있는 우주는 진정한 비밀이고 앞으로도 그럴 것이라는 의미가 아닐까.

신비로움은 세상의 이치가 아니라 세상이 존재한다는 것 자체에 있다.

비트겐슈타인, 《논리-철학 논고》 6장 44절

도가 말로 설명할 수 있으면 도가 아니다.
말로 이름 지어질 수 있으면 진짜 이름이 아니다.

《도덕경》 1장

미국 작가 어슐러 르 귄Ursula K. Le Guin도 노자의 작품을 번역했다. 그는 〈도하기Taoing〉라고 제목 붙인 1장이 사실은 번역하기에 적합하지 않다고 적었다. 아르헨티나 작가 호르헤 루이스 보르헤스Jorge Luis Borges의 단편 〈알레프〉가 생각난다고 했다. 보르헤스의 이야기에서 알레프는 다른 모든 점이 포함된 점을 의미한다. 이 점을 보자마자 누구나 한 번에 온 우주를 모든 시간의 모든 순간에서, 가능한 모든 각도에서 볼 수 있다.

르 귄의 작품 세계는 도교 철학에서 어느 정도 영향을 받았다는 점에서 그가 《도덕경》을 영어로 번역하기로 한 것은 결코 우연이 아니다. 그의 철학 단편 소설 〈오멜라스를 떠나는 사람들〉은 오래전부터 내가 제일 좋아하는 책 목록에 들어 있다.

이분법에 대한 경고

■

세상 모든 사람들이 아름다움을 인식하는 순간 추함이 모습을 드러낸다.

아름다움을 아름답다고 알 수 있음은 오직 추함이 있기 때문이다.

세상 모든 사람들이 선함을 알 때 악함에는 형체가 생긴다.

선함을 알 수 있는 것은 오직 악함이 있기 때문이다.

없음이 있음 속으로 스며들면

있음의 없음이 사방에 자리하게 된다.

가벼움과 무거움은 상대적으로 나타나고

높고 낮음도 서로의 관계에서 나온다.

뒤도 앞이 있어야 그다음에 깨어난다.

소리와 침묵은 화합에 생명을 불어넣는다.

도는 아무것도 하지 않으며 모든 것이 그 말에 따라 행해진다.

따라서 지혜로운 자는 무위로써 일을 처리한다.

《도덕경》 2장

첫 네 줄은 뒤따르는 심미적 주장과 윤리적 주장을 구성한다. 모두 철학적인 가치가 있다. 비트겐슈타인은 《논리-철학 논고》를 쓰기 전 일기에 윤리학과 미학이 똑같으며 하나라고 적었다. 여러 온라인 포럼에서 이 말의 의미에 대한 토론이 활발하게 벌어지고 있다. 자유롭게 참여해보도록 하자('윤리학과 미학은 하나'라고만 검색해도 된다). 하지만 칸트와 비트겐슈타인의 철학을 잘 알아야 한다는 점을 명심하자.

선과 악의 이분법에 대한 경고는 《성경》에서도 발견된다. 예를 들어보자. "선악을 알게 하는 나무의 열매는 먹지 말라. 네가 먹는 날에는 반드시 죽으리라 하시니라." (《창세기》 2장 17절)

앞에서 말한 아낙시만드로스는 그의 아페이론이 선과 악, 차가움과 뜨거움, 삶과 죽음 같은 정반대인 것들을 만든다고 주장했다.

소크라테스 이전 시대의 철학을 좀 더 살펴보자. 다음은《도덕경》의 서로 정반대되는 것들에 대한 '어두운 자' 헤라클레이토스의 견해를 내 방식대로 풀이한 것이다.

반대편이 사라지면 아무것도 살아남지 못할 것이다. 우리는 악이 존재하기 때문에 선을 인식한다. 아픈 사람이 있으므로 건강하다고 느낀다. 굶주림을 알기에 배부름을 느끼고 피로함이 존재하기에 휴식의 축복을 느낀다. 젖은 것은 마르고 마른 것은 젖는다. 오르막길은 내리막길이 될 수도 있고 원의 시작점은 그것의 종점일 수도 있음을 기억하라. 전체는 여러 부분으로 이루어지고 여러 부분은 전체에서 나온다. 사는 것은 죽는 것이다. 필멸하는 자는 불멸이고 불멸하는 자는 필멸이다. 깨어 있는 것은 자는 것이고 젊은 것은 늙은 것이다. 하나는 다른 하나로 흘러 들어간다. 위대한 시인, 가장 지혜로운 스승 헤시오도스Hesiodos는 왜 밤과 낮이 하나라는 사실을 알지 못했는가?

(그리스 철학과 중국 철학의 실질적인 차이는 없어 보인다. 어느 쪽이 먼저인지는 알기 힘들다. 노자의 삶에 대해 알려진 바가 거의 없기 때문이다. 그가 언제 태어났는지조차 확실하지 않다. 역사 속에서 그의 존재 자체가 안개에 가려져 있다. 하지만 이 중국 철학자의 마지막 날에 대해 알려진 모든 이야기는 비슷하다. 어느 날 저 멀리에서 물소의 등에 탄 그가 보였고 그렇게 영원히 사라졌다는 것이다.)

중앙 위쪽의 플라톤은 레오나르도를, 중앙 하단에 턱을 괴고 있는 헤라클레이토스는 미켈란 젤로의 얼굴을 본떴다. (라파엘로, 〈아테네 학당〉, 프레스코, 500×770, 1509~1511.)

독일 철학자 게오르크 빌헬름 프리드리히 헤겔Georg Wilhelm Friedrich Hegel은 헤라클레이토스를 매우 존경했다. 헤겔은 헤라클레이토스가 철학의 핵심적인 개념을 도입했다고 주장했으며 변증법의 발명을 그의 공으로 돌렸다. 헤라클레이토스를 존경한 또 다른 사람으로는 니체와 프리드리히 엥겔스Friedrich Engels가 있다. 헤라클레이토스에 대한 가장 큰 칭찬이 엿보이는 것은 화가 라파엘로 산치오Raffaello Sanzio의 대표작 〈아테네 학당The School of Athens〉이 아닐까? 고대 그리스 철학자들과 수학자들이 한자리에 모여 있는 그림이다. 왜 그렇게 생각하느냐 묻는다면 라파엘로가 선택한 헤라클레이토스의 초상화 모델이 다름 아닌 미켈란젤로였기 때문이라고 대답하겠다.

앞에서 서로 반대되는 것들에 관한 이야기를 읽으면서 우주에 작용하는 대립적이고 보완적인 힘인 음양에 대해 생각한 사람이 많을 것이다. **음**과 **양**은 서로의 안에 존재하는 동시에 서로 평행선을 달리기도 한다. 음양의 개념은 고대 중국의 철학, 특히 도교에서 유래되었다.

카를 구스타프 융Carl Gustav Jung은 에난티오드로미아enantiodromia 라는 매우 긴 단어를 발명했다. 이것은 '어떤 힘이 과도해지면 그 반작용 또한 강해져서 서로가 서로에게 흘러드는 것'을 뜻한다. 융은 가장 사소한 것에서 가장 근본적인 것까지 삶의 모든 영역에 이 개념이 존재한다면서 이 단어 또는 개념이 헤라클레이토스에게서 왔다고 했다.

아테네의 정치가이자 입법자, 시인이었던 솔론Solon은 고대 그리스의 일곱 현자 중 한 명이다. 그는 있음과 없음 또는 삶과 죽음 사이에 아무런 차이도 없다고 했다. 왜 자살하지 않느냐는 질문에 대한 그의 대답은 이러했다. 아무 차이가 없을 것이기 때문이다. 솔론은 아들이 죽었을 때 심하게 울었다고 한다.

친구들은 놀라며 아무리 울어도 소용없다는 것을 모르냐고 했다. 그러자 솔론이 대답했다.

"물론, 그 무엇도 소용없다는 것을 잘 알지. 그래서 우는 것이라네."

욕망 비교 증후군

■

미덕을 칭송하지 않으면
사람 사이에 경쟁이 없어진다.
손에 넣기 어려운 귀중한 것을 귀하게 여기지 않으면
사람 사이에 훔치는 일이 없어진다.
탐날 만한 것을 내보이지 않으면
마음이 심란하거나 당혹스러움을 느끼는 일이 없을 것이다.
아는 것이 많지 않고 서로 비교하지 않는 사람은
많은 것을 필요로 하지 않으므로 마음이 평안하다.

《도덕경》 3장

현대 서구 세계에서는 남을 칭찬하는 관례가 그렇게 강하지 않다. 유명한 사람과 그렇지 않은 사람의 등급을 매기고, 그에 따라 존경심이 좌지우지된다. 이 등급은 진정한 가치와는 별 상관이 없다. 도덕적인 특징과 유명세의 상관성은 전무하거나 미약하다. 언젠가 나는 순전히 호기심으로 인터넷에서 '세상에서 가장 유명한 사람'을 검색해보았다.

가장 먼저 "2021년 세계에서 가장 유명한 20인"이라는 제목의 사이트가 떴다. 그 20인 중에서 1위가 과연 누구였을까? 코로나바이러스 백신을 발명해 전 세계를 재앙으로부터 구한 과학자? 다른 끔찍한 질병을 막아주는 백신을 발명한 사람? 노벨평화상 수상자? 세계적으로 유명한 철학자? 비참하게 살아가는 사람들을 돕기 위해 거액을 기부한 억만장자? 극단주의 무장단체인 ISIS에 맞서 용감하게 싸운 야지디족과 쿠르드족 전사들? ISIS로부터 탈출해 인권운동가가 된 나디아 무라드Nadia Murad? 조국과 전 세계를 위해 좋은 일만 한 세계 지도자?

여러분은 누가 1위라로 생각할지 모르지만 내 추측은 완전히 빗나갔다!

자, 그럼 기대하시라. 결과를 발표하겠다.

바로 영화 〈더 록The Rock〉으로도 알려진 드웨인 존슨Dwayne Johnson이다. '분노의 질주' 시리즈를 비롯해 수많은 영화에 출연한 유명 배우다. 그는 자선사업가이기도 한데 불치병에 걸린 아이들을 위한 재단을 설립했다. 현재 순위는 어떨지 모르겠지만 당시에 존슨은 다른 웹사이트들에서도 1위를 차지하고 있었다.

바로 앞 문장을 쓰자마자 떠오른 사실이 있다. 플라톤도 유명 인사 문제를 다루었다. 크레탄Cretan인지 샤리톤Charitone인지 하는 이름의 레슬러인지 권투선수인지의(내 기억력이 가끔 말썽이다) 명성이 너무 과하다는 사실에 분노한 적 있다. 플라톤은 선택의 중요성을 강조했다. 선택된 사람들은 어린 세대들과 어른들 모두에게 본보기가 되어야 하기 때문이다. 그들은 선택된 이들에게 큰 유대감을 느끼고 중요한 가치에 대해 배운다(물론 여기에서 '중요한' 가치는 플라톤의 기준이었다).

아테네 학당을 세운 플라톤은 거의 모든 주제를 다루었던 듯하다. 철학자이자 수학자인 화이트헤드의 저서 《과정과 실재》에는 사상의 역사에서 가장 유명하고 제일 많이 인용되는 문장이 나온다. 바로 "유럽 철학은 플라톤의 저술에 대한 일련의 각주'라는 말이야말로 유럽 철학을 가장 잘 정의한다"는 문장이다. 닉 로미오Nick Romeo는 2017년에 일반인을 위한 철학 온라인 저널 '이온AEON'에 실은 〈플라톤답게 비이성적인Platonically Irrational〉이라는 기사에서 플라톤이 이스라엘계 미국인 심리학자 대니얼 카너먼Daniel Kahneman과 에이머스 트버스키Amos Tversky의 획기적인 연구가 나오기 2500년 전에 이미 행동경제학과 인지 편향에 관한 '거의 모든 것'을 알고 있었다고 주장했다.

음, 약간 딴 길로 샌 것 같다. 어쨌든 몇 년 전에 이스라엘의 매우 똑똑한 고등학생들을 대상으로 초청 강의를 하게 되었을 때 무척 실망스러운 일이 있었다. 야누슈 코르착Janusz Korczak을 모르는 학생들이 있는 게 아닌가. 반면에 〈더 록〉의 주인공이 누구이고 어떤 영화에 출연했는지 아느냐고 물었을 때 답을 줄줄이 쏟아내는 아이들을 보면서 착잡한 마음이 드는 것은 어쩔

분류	해당 숫자
미국 대통령	3
미국 부통령	1
억만장자	2
골프 선수	1
배우·레슬러	1
여가수	3
가수·여배우	2
미식축구 선수	1
래퍼	1
텔레비전 진행자	1
카다시안 가족	2
할리우드 배우	1
10대 아이돌 (가수)	1

수 없었다. 참고로 코르착은 유명한 의사이자 작가로 1911년부터 1942년까지 바르샤바에서 유대인 아이들을 돌보는 고아원을 운영했다. 그는 고아원에 나치가 들이닥쳤을 때 도망치기를 거부하고 끝내 아이들과 함께 트레브린카 수용소 가스실에서 사망했다.

유명 인사 스무 명의 명단을 활동 분야와 각 분야에 해당하는 사람의 숫자로 나뉘어 표를 만들어보았다. 결과물은 위의 표와 같다. 그냥 이름만 올려도 되었겠지만 누가 이런 통계를 만드는지 추측해보는 것이 더 흥미로우리라. 퀴즈라고 생각해도 좋다. 2021년으로 시간 여행을 떠난다고 생각해도 괜찮다. 이 표는 바이럴까지는 아니라도 '복사해 붙여넣기'로 꽤 여러 사이트에 올라갔다. 결과적으로 '표 자체'도 유명해졌다.

이 순위가 어떻게 만들어진 것인지는 모르겠지만 검색했을 때 왜 가장 먼저 떴는지는 짐작이 간다. 많은 사이트에서 활용하는 기법이다. '좋아요' 숫자에 따라 가시성을 최적화하는 것이다.

내가 가장 좋아하는 플라톤의 《대화편》 열 권은 다음과 같다.

- 《국가》
- 《향연》
- 《파이드로스》
- 《메논》
- 《파이돈》
- 《소크라테스의 변명》
- 《크리톤》
- 《테아이테토스》
- 《에우튀프론》
- 《프로타고라스》

이 책들을 자유롭게 '좋아'해보기 바란다. 읽어보고 본인의 취향에 따라 순위를 매겨보자. 나중에 내 버전의 《도덕경》 3장을 읽을 때 드는 다른 생각을 자세히 이야기할 것이다.

일단 먼저 알아야 할 것은 (중요한 핵심이다) 자본주의 경제학의 기본적인 개념은 마음을 끄는 것들을 보여주고, 더 중요하게는, 사람들의 마음에 굳이 필요하지 않은 물건에 대한 욕망을 불러일으키는 것이라는 점이다.

예를 들어, 최신 스마트폰을 꼭 사야만 한다고 생각하는 이유는 카메라 렌즈가 열여덟 개 달려 있을 뿐 아니라 밥 딜런의 노래를 이디시어로 들려주고 양말을 다림질해주는 것 따위가 될 것이다. 다들 이 멋진 기기를 갖고 있다는 사실을 강조함으로써 부러움을 불러일으키는 것이 중요하다. 노자가 예언한 것처럼 욕망 비교 증후군은 우리의 영혼에 어두운 그림자를 드리운다.

다르지 않으면 무관심할 수 없다
■

하늘과 땅은 인간이 아니다.
그들 안에는 분노도 연민도 없다.
자연의 눈에는 모든 생명체가 평등하다,
제물로 바쳐질 준비가 된 호화롭게 장식된 짚으로 만든 개나
마찬가지다.
현명한 통치자들도 인간이 아니다.
그들은 편애하지 않는다.

사람은 모두 평등하기 때문이다.

《도덕경》 5장

공자의 철학은 인간성과 도덕성에 대해 많은 것을 이야기하고 본질적으로 인간 중심적이다. 노자의 철학은 훨씬 더 보편적이다. 도는 모든 인류와 분노와 동정, 특권의식을 대신한다. 도는 무관심할 수도 있지만 잔인하지 않다. 쇼펜하우어는 모든 인간이 고통을 함께 겪는 형제자매이고 사람은 다르지 않다는 사실을 이해한다면 서로와 모든 생명체에 연민을 느끼게 될 것이라고 말했다.

르 귄은 5장의 메시지를 훌륭하게 요약한다.

"다르지 않으면 무관심할 수 없다."

죽음은 모든 사람에게 완벽히 평등하다. 세상 모든 것은 먼지와 망각으로 돌아간다. 지혜로운 자, 어리석은 자, 오만한 자, 겸손한 자, 마음이 평화로운 자, 화가 가득한 자, 의인과 악인, 가난한 사람과 부자 할 것 없이 모두가 똑같이 죽음을 향해 나아간다. 마르쿠스 아우렐리우스(풀네임은 마르쿠스 아우렐리우스 안토니누스 아우구스투스 Marcus Aurelius Antoninus Augustus)가 일기에 썼듯이, 알렉산더 대왕과 그의 마부는 죽음 앞에서만큼은 평등했다. 그 무엇도 우리를 죽음에서 구해주지 못한다. 대지·자연·도·무한대… 모두가 우리를 그 품으로 불러 모은다.

필요와 욕망의 차이

■

다섯 가지 색깔은 사람의 눈을 멀게 한다.

다섯 가지 소리는 사람의 귀를 멀게 한다.

다섯 가지 맛은 사람의 미각을 무디게 한다.

부자가 되려고 노력하는 사람은 탐욕에 사로잡힌다.

현자의 눈은 세상을 관찰하지만

그는 자신의 마음을 신뢰할 뿐이다.

현자는 그 무엇에도 집착하지 않으며

욕망이 아니라 가장 기본적인 필요에만 집중한다.

《도덕경》 12장

전반부에 나오는 '다섯 가지'를 '너무 많은'으로 읽을 수도 있다. 이렇게 바꿔서 다시 한 번 읽어보자.

안토넬로 그리말디Antonello Grimaldi 감독의 따뜻하고 사랑스러운 이탈리아 영화 〈조용한 혼돈〉에는 훌륭한 배우 난니 모레티Nanni Moretti가 맡은 주인공이 식당에서 아티초크 요리를 주문하는 멋진 장면이 등장한다. 음식이 나오고 얼마 후 그가 식당 주인을 부른다.

"아티초크를 왜 페코리노 치즈와 함께 내왔죠? 맛에 자신이 없었나요? 맛있었어요. 페코리노도 좋지만 너무 과해요."

내 생각에 이 장면은 이탈리아 요리 철학의 중요한 핵심을 보여준다. 방금 노자도 말했지만 **오만 가지 맛은 미각을 무디게 한다.** 좋은 포르치니 버섯이 있다면 좋은 버터에 볶기만 하면 된다. 더는 필요 없다. 이렇게만 해도 정말 맛있을 것이다. 가지 나 호박, 고르곤졸라 치즈, 파인애플, 땅콩버터, 껍질 벗긴 토마 토를 추가하지 않아도 괜찮다.

훌륭한 루마니아인 피아니스트 라두 루푸Radu Lupu는 이런 말을 한 적이 있다. "만약 콘서트에서 피아노와 오케스트라를 위한 느린 아다지오 협주곡만 연주할 수 있다면 아주 행복할 것이다." 그런 콘서트가 진짜로 열린다고 생각하고 내가 한 번 프로그램을 만들어보겠다! 볼프강 아마데우스 모차르트의 작 품 위주로 프로그램을 짰다.

- 모차르트. 피아노 협주곡 23번, 아다지오.
- **루트비히 판 베토벤**Ludwig van Beethoven. 피아노 협주곡 3번, 라르고.
- **모리스 라벨**Maurice Ravel. 피아노 협주곡 G장조, 아다지오 아 사이.
- 모차르트. 피아노 협주곡 24번, 라르고.
- **세르게이 라흐마니노프.** 피아노 협주곡 2번, 아다지오.
- 모차르트. 피아노 협주곡 27번, 라르고.
- **드미트리 쇼스타코비치**Dmitril Shostakovich. 피아노 협주곡 2번, 안단테.

• 모차르트. 피아노 협주곡 17번, 안단테.

듣다 보니 벌써 고요하고 멋진 저녁의 끝에 이르렀다. 나는 음악을 무척 사랑하지만 바다의 잔잔한 파도 소리나 숲의 나무들이 바람의 어루만지는 손길에서 내는 멋진 피아노시모도 사랑한다.

이제 마지막 줄에 관한 생각으로《도덕경》12장을 마무리하려고 한다. 기본적인 필요와 욕망의 차이에 관한 이야기다.

필요는 필요를 충족해주는 대상으로 향한다. 예를 들어, 추울 때는 체온을 올리는 코트가 내 필요를 충족해줄 것이다. 그런가 하면 욕망은 욕망을 불러일으키는 대상을 향한다. 아름다운 이성, 비할 데 없이 훌륭한 바흐의 음악, 흥미로운 소설이나 철학 등. 보통 필요는 운이 좋으면 대부분 충족할 수 있지만 욕망은 절대로 채워지지 않는다. 아름다운 이성을 바라보거나 훌륭한 음악을 듣거나 책을 많이 읽거나 멋진 풍경을 감상하는 일은 아무리 많이 해도 충분하지 않다. 지젝은 욕망의 **존재 이유**가 만족이 아니라 자기복제의 지속이라고 지적했다. 이스라엘 작곡가 나오미 셰머Naomi Shemer는 '사랑은 욕망'이라는 설득력 있는 주장을 했다. 정확하게는 "나는 아직 충분히 사랑하지 않았다"라고 했다. 만약 사랑이 '욕망'이 아니라 '필요'였다면 그는 이렇게 적었으리라. "나는 사랑했다. 충분히."

포퓰리즘과 선동의 시대

■

가장 좋은 지도자는 있는지도 모르는 지도자이고
그다음은 백성들이 칭찬하고 소중하게 여기는 지도자이고
그다음은 두려운 지도자이고
그다음은 업신여겨지는 지도자다.

《도덕경》 17장

텔레비전과 소셜 네트워크는 민주주의를 끔찍하게 만들었다. 어쩌면 민주주의가 불가능해졌다고 말할 수도 있을 것이다. 오늘날 위대한 지도자는 없다. 노자에 따르면 위대한 지도자는 겸손하고 말수가 적어야 하고 사람들이 '있는지도 몰라야' 한다. 하지만 지금이라면 그런 사람은 아무리 능력이 뛰어나도 아파트 입주자 대표로도 뽑히지 못할 것이다. 우리는 혐오스러운 포퓰리즘과 값싼 선동 정치의 시대에 살고 있다. 수십 년 전, 오스트리아의 유대인 작가이자 저널리스트였던 카를 크라우스Karl Kraus는 민중 선동의 가장 큰 비밀을 발견했다. "선동가의 비밀은 대중과 똑같은 수준으로 멍청해짐으로써 그들이 스스로 그처럼 똑똑하다고 믿게 만드는 것이다." 한마디 덧붙이자면, 대다수의 선동가들은 추종자들과 똑같은 수준으로 멍청한 척하려 그리 열심히 노력할 필요도 없다.

모든 것은 곧 지나간다

■

자연은 말을 별로 많이 하지 않는다.
사람도 말을 너무 많이 해서는 안 된다.
회오리바람도 아침 내내 불 수 없고
소낙비도 하루 종일 내리지 않는다.
무엇이 바람과 비를 그치는가?
하늘과 땅이다.
하늘과 땅도 이런 일을 영원히 하지 않는데
사람이 과연 그럴 필요가 있을까?

《도덕경》23장

비틀즈가 해체된 후 조지 해리슨George Harrison은 〈All Things Must Pass〉라는 솔로 앨범을 발표했다. 그 앨범의 타이틀곡은 방금 소개한 《도덕경》23장의 메시지와 흡사하다. 해리슨이 의도적으로 그 내용을 참고한 것인지는 모르겠지만 말이다. 그 가사를 인용하고 싶지만 그가 세상을 떠난 지 아직 70년이 지나지 않은 관계로 저작권 문제가 걸린다. 아주 멋진 노래이니 유튜브에서 꼭 들어보기 바란다.

《도덕경》23장의 마지막 두 줄은 여러 가지 다른 형태로도 존재한다. 한 예로 다윗 왕의 버전이 무척 훌륭하다. "사람은 헛것 같고 그의 날은 지나가는 그림자 같으니이다."(〈시편〉144장 4절)

에이븐의 음유시인이라고 불린 셰익스피어는 "인생은 걸어 다니는 그림자"(〈맥베스〉 5막 5장)라고 했다.

나를 사랑해야 남도 사랑한다

발끝으로 서면 오래 설 수도 없고
단단하게 설 수도 없다.
높이 뛰면서 걷는 것은 불가능하고
몸이 피로해져서 멀리 갈 수 없다.
자기 자신을 칭찬하거나 미화하지 말아야 한다.
터무니없고 창피한 일이다.
스스로 자랑하는 사람은 아무에게도 도움이 되지 않고
끊임없이 자기를 팔려고 하는 사람은
실수를 저질러도 절대 깨달음을 얻지 못할 것이다.
이런 일들은 도덕적이지 못하므로
도를 따르는 자들은 피할 것이다.

《도덕경》 24장

나는 자부심이 큰 사람들이 무척 낯설게 느껴진다. 보통은 자신이 아니라 다른 사람들을 존중하고 그들의 가치를 인정하는 것이 훨씬 더 쉽지 않은가? 우리는 타인의 거실을 방문할 뿐이니까. 우리는 그들이 보여주고 싶은 것만 본다. 반면 자신에 대해서는 훨씬 내밀하게 알고 있다. 자신의 거실뿐 아니라 집 안 구석구석을 전부 다 살피고 심지어 지하실까지 내려가니까. 물론 그들에게도 지하실은 존재한다. 우리도 모르지 않는다. 그러나 타인의 지하실은 남들 눈에 가려져 있을 뿐더러 그 안에 뭐가 있는지는 그 자신밖에 모르기에 주로 좋은 것들이 들어 있으리라고 상상할 것이다. 하지만 평생 아주 세세한 부분까지 샅샅이 들여다본 자기 자신에 대해서는 과연 그렇게 실제보다 긍정적으로 바라볼 수 있을까?

자기애는 어떨까? 자기애는 다른 사람을 사랑하기 위한 필수 조건이다. "나를 사랑하듯이 남도 사랑하라"는 계명은 우리가 자신을 사랑하는 것이 선행되어야 한다는 의미다. 아프리카계 미국인 시인이자 작가인 마야 안젤루Maya Angelou는 정작 자기 자신은 사랑하지 않으면서 상대에게 사랑한다고 말하는 사람들의 말을 믿지 않았다. 그는 그 상황을 보면 "벌거벗은 사람이 옷을 건네면 조심하라"는 아프리카 속담이 떠오른다고 했다.

오스틴은 자부심에 대한 다양한 인식을 우리에게 전해준 바 있다. 그는 《오만과 편견》에 다음과 같이 썼다.

종종 오만이 허영심과 동의어로 사용되지만 사실은 아주 다르다. 허영심 없이도 오만할 수 있다. 오만은 자신에 대한 스스로의 평가와 더 관련이 있고 허영심은 타인이 우리에 대해 생각해주기를 바라는 바와 더 관련이 있다.

하지만 노자가 겸손한 사람을 좋아했을 것 같지는 않다. 그도 그럴 것이 겸손의 심리학에 대해 조금만 생각해보면 흥미로운 역학이 나타난다. 사람은 왜 겸손할까? 혹시라도 자신에 대한 생각을 사실대로 밝히면 다른 사람들이 자신에게 푹 빠질까 봐 염려스러운가? 그런 일은 절대 없을 것이다.

참고로 곰돌이 푸는 자신에게 지혜가 없다는 사실을 깨달았을 때 겸손해졌다. 그는 그 사실을 자랑하고 싶지 않았다.

예전에 들은 짧은 이야기로 《도덕경》 24장에 관한 생각을 마무리하겠다. 러시아의 배우이자 연출가였던 콘스탄틴 스타니슬랍스키Konstantin Stanislavsky의 이름을 딴 연기법이 있다. 솔로몬 미호엘스Solomon Michoels는 라트비아 태생의 유대인 연극배우였는데 이오시프 스탈린Joseph Stalin의 명령으로 살해당했다. 이 두 사람은 새가 어떻게 비행을 시작하는지에 대해 논쟁을 벌였다. 미호엘스가 말했다.

"새는 날기 전에 날개를 펼치지."

스타니슬랍스키가 대답했다.

"아니. 새는 날기 전에 자부심을 느낀다네."

죽기 전에 과연 살았는가

■

남을 아는 사람이 영리하다면

자신을 아는 사람은 지혜롭다.

남을 이기는 것은 힘이 필요하지만

자신을 이기는 것은 영웅적인 일이다.

만족을 아는 사람이 진정한 부자이고

주어진 날까지 사는 것만으로도

충분히 긴 삶이다.

《도덕경》33장

이 구절은 그리스의 명언 "너 자신을 알라"와《탈무드》의 〈미쉬나〉'아보트' 4장 A절에 나오는 다음의 구절과도 일맥상통한다.

벤 조마는 말한다. 누가 지혜로운가? 모든 사람으로부터 배우는 사람이다. 말씀하시길 "내가 주의 증거들을 늘 읊조리므로 나의 명철함이 나의 모든 스승보다 나으며"(《시편》119장 99절) 누가 강한가? 자신의 악한 본성을 정복할 수 있는 사람이다. 말씀하시길 "노하기를 더디하는 자는 용사보다 낫고 자기의 마음을 다스리는 자는 성을 빼앗는 자보다 나으니라."(《잠언》16장 32절) 누가 부자인가? 자기의 몫을 기뻐하는 사람이다. 말씀하시길 "네가 네 손이 수고한 대로 먹을 것이라 네가 복되

고 형통하리로다." (《시편》 128장 2절)

"너 자신을 알라"에 대해서는 이미 앞에서 자세히 이야기했으므로 여기에서는 짧은 주석만 덧붙이겠다. 자신보다 타인을 아는 것이 훨씬 더 쉽다는 근거 없고 이상한 자신감은 어디에서 오는가? 나 자신을 알기도 어려운데 어떻게 타인의 비밀까지 낱낱이 알 수 있다고 말하는가?

'사람person'이라는 단어의 어원이 '가면' 또는 '역할'을 뜻하는 라틴어 페르소나persona에서 유래했다는 것은 전혀 놀랍지 않다. 이 단어의 어원은 매우 심오하다. 실제로 모든 사람은 가면을 쓰고 무언가를 흉내 낸다.

우리가 다른 사람들을 대할 때 스스로 가면을 쓰고 있다는 사실을 인지한다면 당연히 상대방도 가면을 썼으리라 생각하지 않을까? 다 같이 가면 무도회장에 있는 것이나 마찬가지다.

참고로 프랑스어 페르소네personne는 문맥에 따라 '아무도 아님nobody'으로도, '아무나anybody'로도 해석될 수 있다. 프랑스인이 우리보다 조금 더 심오한 것 같다.

33장의 죽음에 관한 마지막 두 줄에서 노자가 의미하는 바는 우리가 앞에서 만난 양주의 철학과 비슷해 보인다. 이 두 도교 철학자의 가르침을 합쳐보자.

중요한 것은 단 하나뿐이다.

죽기 전에 과연 살았는가.

누군가 죽었다고 해서

그 사람이 반드시 살아 있었다는 뜻은 아니다.

죽음의 순간이

삶을 침범하게 두지 마라.

죽기 전에 죽어서는 안 된다.

죽는 날까지 하루하루를 산다면

충분히 오랜 삶을 산 것이다.

《열자》〈양주〉일부 정리

《도덕경》 48장에는 창의적이고 게으른 철학자 레보스키가 가장 좋아하는 말이 나온다. 이 장은 딱 한 문장으로 정리하기로 하자.

한 것이 없으면 할 수 없는 것도 없다.

최고다!

침묵의 의미

■

아는 사람은 말하지 않고

말하는 사람은 알지 못한다

사랑이나 거절에 지배당하지 않는다면

이익이나 손해에 지배당하지 않는다면

칭찬이나 굴욕에 지배당하지 않는다면

건강이나 질병에 지배당하지 않는다면

도를 터득한 것이다.

《도덕경》 56장

《성경》에도 이 56장의 첫 부분과 비슷한 가르침이 많다. 세 가지만 살펴보자.

지혜의 울타리는 침묵이다.

〈미쉬나〉 '아보트' 3장 13절

말이 많으면 허물을 면하기 어려우나 그 입술을 제어하는 자는 지혜가 있느니라.

〈잠언〉 10장 19절

그런즉 마땅히 말을 적게 할 것이라.

〈전도서〉 5장 2절

"말은 은이고 침묵은 금이다"라는 영어 속담은 보통 스코틀

랜드의 역사가이자 철학자인 토머스 칼라일Thomas Carlyle이 한 말이라고 알려져 있지만 사실은 9세기에 아랍 문화에서 유래되었다. "침묵은 금"이라는 부분은 1964년에 미국 밴드 더 포 시즌스The Four Seasons의 노래 제목으로 차용되기도 했다. 영국 그룹 트레멜로스Tremeloes가 1967년에 리메이크한 노래도 유명하다.

56장은 자족성에 초점을 맞추는 아리스토텔레스의 '자급자족의 행복'보다 먼저 나왔으며 나중에 살펴볼 스토아 철학자 에픽테토스Epiktētos의 핵심 사상과도 유사하다.

> 나에게는 세 가지 보물이 있어서
> 그것을 잘 지킨다.
> 첫째는 자애로움이고
> 둘째는 검소함이고
> 셋째는 겸손함이다.
> 《도덕경》67장

이 장은 도교의 윤리를 요약해 보여주고 있다.

> 진실한 말은 아름답지 않고
> 아름다운 말은 진실하지 않다.
> 선한 사람은 변론하지 않고
> 변론하는 사람은 선하지 않다.

아는 자는 해박하지 않고

해박한 자는 알지 못한다.

《도덕경》 81장

이 장에 대한 가장 좋은 해석은 해석하지 않는 것이다.

아무것도 하지 않는 것의 달콤함

도교와 듀드주의에 관한 토론을 마무리하기에 앞서 이탈리아의 이야기 두 가지를 소개한다. 이탈리아인들처럼 게으름의 묘미를 제대로 이해하는 사람들은 없을 것이다.

25년 전에 과학과 예술의 노골적이고도 은밀한 관계를 다루는 콘퍼런스에 참석했다. 장소는 토스카나 지방에 있는 그림처럼 아름다운 도시 시에나였다. 그 콘퍼런스는 주제도 참가자도 다양했는데 도시의 여러 장소에서 수십 개의 강의가 동시에 진행되었다. 당시만 해도 시에나에는 관광객이 많지 않아서 그 유명한 캄포 광장에 가판대가 줄지어 늘어서 있지도 않았고 알록달록한 깃발이나 우산을 들고 질서정연하면서도 정신없게 관광객들을 안내하는 가이드들도 없었다. 그때 나는 시에나를 처음 방문했는데, 유명 강의들에 참석하겠다는 굳건한 의지를 보였음에도 그러지 못했다. 그곳의 거리가 나에게 마법을 부렸다. 강의를 빼먹은 죄책감을 덜기 위해 자신에게 이런 핑계를 댔다.

'이 콘퍼런스의 규모는 정말 거대해! 오늘 오후에만 같은 시간대에 열일곱 개의 강의와 토론이 열린다고. 그렇다면 어차피 나머지 열여섯 개는 참석할 수 없다는 뜻이야. 열여섯 개를 빼먹나 열일곱 개를 빼먹나 매한가지 아닐까? 게다가 열일곱 개 강의를 다 놓치면 광장에 앉아서 맛있는 빈산토 와인을 마시고 칸투치니 쿠키를 먹으며 아내와 함께 예술과 과학의 은밀한 연관성을 토론하고 토스카나 하늘 아래에서 이 멋진 하루를 즐길 수 있어.'

생각이 여기에 미치자마자 이탈리아와 이스라엘, 러시아, 중국 등 세계 곳곳에서 내가 절대로 참석할 수 없을 강의가 셀 수도 없이 많다는 생각이 스쳤다. 원래 참석하려던 강의에 불참하고 게으름을 부리며 멋진 하루를 보내는 그 순간이 더욱 더 즐겁고 만족스럽게 느껴졌다. 그래서 나는 기꺼이 '아무것도 하지 않는 것Il dolce far niente'의 달콤함을 즐기기로 했다.

수년 전, 이탈리아 라치오주 프로체노 마을에 있는 프로체노 성에 묵게 되었다. 프로체노는 작고 조용했고, 나와 아내, 두 딸은 그곳의 유일한 관광객이었다. 어느 날 아침, 저녁 식사에 필요한 재료를 사러 슈퍼마켓을 찾았다. 우리 가족은 저녁에 다 같이 몇 시간 동안 식사도 하고 촛불을 켜놓고 이야기도 나눌 계획이었다(당연히 양초도 장보기 목록에 포함되었다). 나는 슈퍼마켓에서 목록에 있는 물건을 하나도 빠뜨리지 않고 챙겨 줄을 섰다. 계산대 직원은 그곳의 주인이자 유일한 직원이었다.

손님은 고작 몇 명뿐이었지만 주인이 모든 손님과 일일이 긴 대화를 이어가는 바람에 줄이 줄어드는 속도가 거북이걸음보다도 느렸다. 오랜 기다림 끝에 내 앞의 나이 지긋한 노부인 차례가 되었다. 그 또한 주인과 이야기꽃을 피웠다. 이탈리아의 이 촌구석 마을 사람들이 아니면 관심도 없을 법한 시시콜콜한 이야기였다. 나는 인내심을 가지고 기다렸다. 로마에 가면 로마법을 따라야 하는 것처럼 프로체노에 왔으니 프로체노의 법을 따라야지 어쩌겠는가.

몇 분간의 대화가 이어지더니 주인은 나를 비롯해 줄 서서 기다리고 있는 사람들에게 노부인의 짐을 집까지 들어다 주고 와야 하니 기다리라고 했다. 처음에는 내가 이탈리아어를 잘못 알아들었기를 기대했지만 헛된 바람이었다. 주인은 노부인의 집이 걸어서 5~6분밖에 걸리지 않으니 걱정하지 말라는 말도 덧붙였다. 나는 그가 특히 나를 향해 이 말을 하고 있다는 것을 깨달았다. 그도 그럴 것이 동네 사람들은 다 그 노부인이 어디 사는지 알 테니까. 그는 오른손에는 바구니 세 개를, 왼손에는 두 개를 들고 가게를 나섰다.

나를 제외한 가게 안 손님들은 조금도 동요하지 않는 듯 보였다. 프로체노 마을 사람들은 서두를 필요가 없다는 것을 잘 알고 있었다. 위대한 레보스키처럼.

3부

당신의 삶에는
철학이 있어야만 한다

철학은 이 두 가지에 대답하는 의무를
외면해서는 안 된다.
우리는 삶을 어떻게 바라보는가?
어떻게 살아야 하는가?

9장

행복을 정의할 수 있는가

아리스토텔레스와 에우다이모니아

러셀은 1950년에 쓴 〈현대적 사고에 관하여On Being Modern-Minded〉라는 제목의 에세이에서 우리의 세계사 관점과 지적 진보에 관한 거부할 수 없는 착각을 이야기한다. 특정 시대를 살아가는 사람들은 그 시대의 특별함을 과장하고 진보의 정점에 놓여 있다고 생각하며 이전 역사의 연속성을 무시하는 경향이 있다. 새롭게 발명된 단어들이 사실 우리와 크게 다르지 않은 위대한 고대 지식인들의 생각과 감정을 보지 못하게 한다.

역사상 가장 위대한 철학자는 누구인가? 사람마다 생각이 다르겠지만 공통적으로 맨 윗자리를 차지하는 세 사람은 있다. 바로 플라톤과 아리스토텔레스, 칸트다.

아리스토텔레스는 서양 철학의 창시자 중 한 명이다. 기원전

384년에 태어난 그는 생물학의 논리적인 체계와 귀납법-연역법의 선구자로 여겨진다. 그의 업적은 그 밖에도 매우 많다. 아리스토텔레스는 시대를 초월해 모두에게 인간 정신의 가장 위대한 본보기가 되어준다.

그는 과학을 다루었고, 철학과 과학의 경계 또한 살펴보았다. 그의 관심사에는 물리학부터 형이상학, 경제학, 정치학, 생물학, 동물학, 지리학, 기상학, 윤리학, 미학, 연극과 시, 음악, 수사학, 수학, 심리학 등이 포함되었다. 플라톤이 소크라테스의 가장 유명한 제자인 것처럼 아리스토텔레스는 플라톤의 가장 유명한 제자였다. 그는 아테네학당에서 제자들을 가르쳤고 알렉산더 대왕의 개인 가정교사로 활동했다. 쉰 살에는 자신의 학교인 리세움을 설립했다. 아리스토텔레스와 그의 가르침은 세 개의 일신교에 지대한 영향을 끼쳤다.

아리스토텔레스는 중세 시대에 이슬람 학자(그를 "첫 번째 스승"이라고 불렀다)와 기독교인 모두에게 존경받았다. 13세기에 기독교의 가장 중요한 철학자였던 이탈리아 도미니카 공화국의 사제 토마스 아퀴나스Thomas Aquinas는 그를 "유일무이한 철학자the philosopher"라고 불렀다. 마이모니데스Maimonides는 《방황하는 자들을 위한 안내서The Guide to the Perplexed》에서 대화를 통해 아리스토텔레스의 사상을 다룬다. 알리기에리 단테Alighieri Dante는 《신곡》에서 그를 "아는 사람들의 스승"이라고 칭했다.

내가 보기에 아리스토텔레스는 '행복학'의 창시자라고도 할 수 있다. 행복학은 그의 저작《니코마코스 윤리학》에서 매우 상세하게 논의되는 주제다. (그 이전의 철학자들도 이를 언급하지만 아리스토텔레스만큼 체계적이고 광범위하게 다룬 사람은 없었다.)

러셀도 말했듯이 이후에 발달한 현대적인 단어와 개념이 아리스토텔레스 시대의 전문적인 언어에 의미의 안개를 드리웠다. 이 그리스 철학자의 행복에 대한 견해가 사실은 우리와 크게 다르지 않다는 사실이 가려져버렸다.

하지만 '행복해져야만 한다'는 목표 아래 이를 참고하겠답시고 아리스토텔레스의 책을 사고 그의 얼굴을 컴퓨터 화면보호기 이미지로 저장하기 전에 이 사실을 참고하자.《니코마코스 윤리학》은 매우 복잡하며 플라톤의 글과 달리 문학적인 아름다움이 아예 제거되어 있다. 그뿐 아니라 아리스토텔레스가 말하는 '행복'은 인도에서 명상 수행을 하고 그리스 섬에서 유람선을 즐기면서 느끼는 감정이 아니다. 그보다 훨씬 추상적이며 도달하기가 쉽지 않다.

《니코마코스 윤리학》은 총 10권으로 이루어진다. 1권 2장에서 아리스토텔레스는 그가 **에우다이모니아**eudaimonia라고 부르는 매우 구체적인 유형의 행복에 초점을 맞춘다. 이 단어는 '최상의 좋음'이라는 뜻이다(그리스어로 에우eu는 '좋음'을, 다이몬daimon은 '영혼'을 의미한다). 아리스토텔레스는 '최상의 좋음'이 과연 무엇인지, 즉 삶에 의미를 부여하기 위해 어떻게 최선을 다해 살아야 하는지를 파헤친다.

삶을 올바르게 사는 방법

■

몇 년 전까지만 해도 에우다이모니아는 서양에서 '행복'이라고 번역되었다. 하지만 최근 들어서는 '번영'이나 '웰빙' '잘사는 것' 등 자아실현이나 성장과 관련된 용어로 번역되는 경우가 늘어나고 있다. 아리스토텔레스에게 에우다이모니아는 무엇보다도 삶을 올바르게 사는 방법을 의미했다. 그 방법은 현대적인 의미에서 '행복'을 보장하지는 않는다. 그는 에우다이모니아가 인생에서 가치 있는 모든 것을 찾고자 하는 이성적인 행동이라고 주장했다.

아리스토텔레스에 따르면 에우다이모니아는 '잘살고 선을 행하는 것'을 의미한다(《니코마코스 윤리학》 1권 4장. 나중에 이용어를 전혀 다르게 해석한 다른 학파들도 만날 것이다). 에우다이모니아 상태에 이르기 위해서는 (좀 기니 숨 한 번 크게 쉬기 바란다) 자신의 특징을 이해하고, 철학적 사색과 자기 관찰에 몰두하며, 살면서 일어나는 모든 일에 가치 있는 사람이 되고자 하고, 좋은 사람이 **되는** 것이 좋은 **기분을 느끼는** 것보다 더 중요하다는 사실을 알며, 시민으로서 도시와 국가에 기여하고, 지적인 존재로서 얻은 재능을 키워서 잠재력을 최대한 발휘하고, 최고의 자아가 되기 위해 노력해야 한다. 하지만 이 모든 것은 에우다이모니아에 **필요한** 조건일 뿐 그것만으로는 **충분하지 않다.** 에우다이모니아는 이 조건을 모두 충족할 뿐 아니라 평생 건강과 가족, 부, 행운을 얻어야만 가능하다.

아리스토텔레스의 말에 따르면 에우다이모니아, 즉 행복은 그 자체로 고유한 목적이며 인간 존재의 목적이다. (지금부터 '에우다이모니아'와 '행복'을 번갈아가며 쓰겠다. 기분 전환도 되니까.) 행복에는 외부적인 목적도 없고, 무언가를 이루기 위한 수단도 아니며, 그보다 더 고귀한 목적에 종속되지도 않는다. 다른 것을 성취하기 위해 행복을 추구하는 것이 아니다. 아리스토텔레스는 '행복의 목적은 행복 그 자체'라고 말한다.

좀 더 자세히 설명해보겠다. 살면서 세우는 목표는 다른 목표에 좌우되고 그 목표는 또 다른 목표에 좌우되는 경우가 많다. 이것은 전혀 예상 밖의 일이 아니다. 몇 가지 예를 살펴보자.

우리는 왜 공부하는가? 사회와 쉽게 어우러지기 위해서인가? 재미있고 보람 있는 직업을 얻기 위해서인가? 아니면 단순히 지식을 쌓는 것이 만족과 즐거움을 주기 때문인가? 그러니까 공부는 그 자체로 목적이 아니라 다른 목표를 이루기 위한 수단이다. 일의 목적은 무엇인가? 일은 자존감과 만족, 즐거움을 줄 수 있다. 하지만 대다수에게 일은 수입의 원천이라는 점에 가장 큰 의미가 있을 것이다. 다시 말해서 일 또한 만족이나 돈 같은 다른 목표에 종속된다.

그러면 돈은 어떨까? 그 자체가 목표인가 아니면 다른 목적을 위한 수단인가? 쇼펜하우어도 말했듯이 많은 사람들에게 돈을 모으는 것은 **궁극적인** 목표다. 하지만 그들은 자신이 하는 일에 혼란을 느낀다. 이유는 간단하다. 행복이 무엇인지 질문을 던지지 않기 때문이다. 돈이 수단이 아닌 궁극적인 목표가 되면 일종의 '추상적인 행복'으로 변한다. 이렇게 되면 별로 충만감을 느끼지 못한다. 아리스토텔레스와 마찬가지로 쇼펜하우어는 지혜로운 사람은 돈을 목적이 아닌 수단으로 생각한다고 믿었다. 많은 사람에게 돈은 바닷물과 같아서 마실수록 오히려 갈증이 난다고도 했다.

이 부분에 대해서는 아리스토텔레스의 견해도 전적으로 같다. 그가 《니코마코스 윤리학》 1권 5장에서 드러낸 생각이다. 아리스토텔레스는 돈을 벌기 위해 헌신하는 삶이 거의 통제할 수 없는 충동에서 비롯된다고 했다. 부는 물론 중요하지만 궁극적인 목표가 아니며 단지 또 다른 목표를 이루기 위해 유용한 수단일 뿐이라고 적었다.

하나의 목표가 다른 목표에 종속되는 과정은 계속해서 이어질 수 있지만 결국 목표의 피라미드 맨 위에는 **근본적인** 동기를 부여하고 중간의 목표들에 가치를 불어 넣는 궁극적인 목표가 자리한다. 바로 '행복'이다. 비록 과연 행복이 진정으로 혹은 대략적으로라도 달성할 수 있는 목표인가는 명확하지 않지만 말이다.

우리는 왜 행복해지기를 원하는가? 아리스토텔레스에 따르면 이것은 우리의 모든 질문과 모든 고군분투의 정점이다. **사람들이 행복해지고 싶어 하는 이유는 행복하고 싶기 때문이다.**

그렇다면 행복이 존재의 핵심이라는 아리스토텔레스의 말은 무엇을 의미할까? 미국의 철학자이자 심리학자인 윌리엄 제임스William James는 훌륭한 저서 《종교적 경험의 다양성》에서 아리스토텔레스의 말에 공명한다.

행복을 얻고 유지하고 다시 얻는 것은 항상 대부분의 사람들을 움직이는 비밀스러운 동기다.

미국의 독립선언서에 등장하는 천부인권에도 행복이 들어간다. "생명, 자유, 그리고 행복의 추구." 독립선언서의 초안을 쓴 토머스 제퍼슨Thomas Jefferson이 행복을 생명·자유와 같은 위치에 두었다는 사실이 눈에 띈다. 여기에서 '행복'이 목록의 마지막에 위치한다는 사실에도 주목해볼 필요가 있다. 자유로운 인간으로 살고 있지 않으면 행복에 관해 이야기하는 것은 의미가 없음을 암시한다. 또 짚고 넘어가야 할 사실은 아리스토텔레스는 항상 빵보다 자유를 갈망한 사람이었다는 것이다.

우리는 행복을 **추구하는 것**을 마치 좀처럼 잡기 힘든 사냥감을 잡아야 하는 것처럼 이야기할 때가 많다. 그런데 혹시 '추구'가 행복의 가장 큰 **장애물**은 아닐까? 참고로 추구pursuit라는 단어에는 다른 의미도 있다. 케임브리지 사전에서 이것은 "시간과 에너지를 들이는 활동"이라고 정의된다.

제퍼슨이 넣은 그 간단한 문구가 점점 더 복잡해지는 듯하다. 우리는 행복을 더 열심히 좇는 대신에 잠시 멈추고 그냥…

행복해지면 안 될까? 이게 과연 가능한 일일까? 몽테뉴는 이렇게 가정했다.

"실제로 마을의 평범한 여성들의 삶이 (마르쿠스 키케로Marcus Cicero의 삶보다) 더 온화하고 평등하며 한결같았다."

키케로의 시대와 아리스토텔레스 시대, 몽테뉴의 시대에 인기가 많았던 다수의 철학자들은 행복으로 가는 길을 걸으려면 이성의 힘이 필요하며 지혜가 없는 사람은 제대로 행복해질 수 없다고 생각했던 듯하다. 몽테뉴는 이 철학자들이 이성을 그렇게 중요시한 것에 대해 분노했다. 쇼펜하우어 역시 마찬가지였다(그는 몽테뉴를 존경했다). 쇼펜하우어는 육체가 영혼을 섬겨야 한다는 오만한 믿음이 널리 퍼져 있지만 사실은 그 반대라고 생각했다. 영혼이 육체를 섬긴다고 말이다. 그는 이성과 생각, 상식보다 앞서는 힘이 있다고 믿었다. 그 힘은 바로 '삶에 대한 욕망'이었다. 쇼펜하우어에 따르면 그것은 이성에서 나온 모든 계획과 선택을 무너뜨릴 수 있다. 제아무리 철학자라도 피할 수 없는 일이었다.

나는 아리스토텔레스와 키케로, 몽테뉴, 쇼펜하우어의 주장이 서로 정반대처럼 보이지만 이들이 모두 맞다고 생각한다. 여러분 중에 누군가가 내게 그게 말이 되는 소리냐고 묻는다면 미국의 대표적인 시인 월트 휘트먼Walt Whitman이 나를 잘 변호해줄 수 있을 것 같다.

내가 모순되는가? 그래, 좋다, 나는 나 자신이 모순되게 하리라.

휘트먼, 〈나 자신의 노래 Song of Myself〉

노벨물리학상을 수상한 물리학자 닐스 보어Niels Bohr도 비슷한 말을 보탰다.

세상에는 사소한 진실과 위대한 진실이 있다. 사소한 진실의 반대는 명백한 거짓이지만, 위대한 진실은 그 반대도 사실이다.

수천 년 전 〈전도서〉의 저자는 보어의 원칙에 대한 수많은 예를 제공했다. 우리가 하고 있던 이야기와 관련된 인용문을 소개한다. 이성의 장단점에 대한 중간 요약의 역할을 할 수도 있을 것이다.

지혜가 많으면 번뇌도 많으니 지식을 더하는 자는 근심을 더하느니라.

〈전도서〉 1장 18절

지혜자는 그의 눈이 그의 머리 속에 있고 우매자는 어둠 속에 다니지만….

〈전도서〉 2장 14절

첫 번째 구절은 지혜의 문제점을 표현하고 두 번째 구절은 빛이 어둠보다 유리하듯 지혜로운 자가 어리석은 자보다 유리한 점에 대해 이야기한다. 나는 두 가지 모두 깊이 이해할 수 있다.

이제 '비트겐슈타인의 상자'(35~38쪽 참조)를 다시 데려와보자. 아리스토텔레스, 키케로, 몽테뉴, 쇼펜하우어, 제퍼슨, 윌리엄 제임스, 지금 이 글을 쓰는 나와 이 글을 읽는 여러분 할 것 없이 모두가 '행복'에 대해 알고 있다. 하지만 착각하지 말자. 각자의 행복 상자 속에 담긴 내용물은 서로 조금도 닮지 않았을 테니까.

이 시점에서 아리스토텔레스의 에우다이모니아에 대해 좀더 깊이 살펴볼 필요가 있다. 에우다이모니아에 이르기가 왜 그렇게 어려운지 이해하기 위해 아리스토텔레스가 제시한 또 다른 전제를 언급해야겠다. 그는 개인이 행복에 이르렀는지 시험해보는 한 가지 방법은 무언가 필요하다고 느끼는지 물어보는 것이라고 주장했다. 하지만 꼭 알아두어야 할 점은 아리스토텔레스가 금욕을 권하지는 않는다는 것이다. 모든 개인에게는 충실한 삶을 살고 적극적인 시민이 되고 훌륭한 도덕적 기준을 가지며 (기억하겠지만) 친구를 사귀어야 할 의무가 있다.

어쨌든, 내가 정신분석학자라면, 아리스토텔레스는 행복이 개인의 열정을 배신하는 것이라고 하는 듯하다고, 아니, 열정이 행복의 배신이라고 말하는 편이 더 맞을지도 모른다고 말할 것 같다.

다음은 히브리어 문헌에서 발견되는 통찰이다. "진정으로 부유한 사람은 자기가 가진 것에 만족하는 사람이다."(《미쉬나》 '아보트' 4장 1절) 나는 이 말을 살짝 바꾸고 싶다.

"진정으로 행복한 사람은 자기가 가진 것에 기뻐하는 사람이다."

아리스토텔레스는 이런 행복을 아우타르케이아autarkeia, 즉 '자족自足'이라고 불렀다. 이것은 일종의 자급자족을 의미한다. 오늘날 이 단어는 주로 경제학자들이 사용한다. 이를테면 자급자족 경제는 외국과 무역하지 않고 스스로 모든 욕구를 충족하는 경제를 가리킨다. (코로나바이러스의 대유행 시대를 거친 우리에게 자급자족 경제라는 말은 예전보다 덜 낯설게 다가온다.)

아리스토텔레스와 그의 영향을 받은 스토아 철학에 따르면, 에우다이모니아는 경제적인 측면에서 자족적인 행복이다. 즉 외부의 어떤 것에도 의존하지 않고 스스로 번창할 수 있다. 스토아학파는 에우다이모니아 상태에 놓인 사람은 외부 세계에서 일어나는 사건에 의존하지 않으며 타인의 행동이나 생각에도 영향을 받지 않는다고 했다. 소수만이 성취할 수 있는 정신 상태가 분명하다. 알다시피 산 정상은 공기가 희박해서 몸과 마음을 제대로 단련하지 않은 사람들에게는 적합하지 않다.

행복에 관하여 (…) 결국 욕망은 우리에게 고통을 준다. 그리고 욕망이 하나도 없을 때 행복한 것은 자명한 일이다. 행복에 항상 더하기 부호가 붙어야 한다는 것은 얼마나 터무니없고 시대에 뒤떨어지는 편견인가. 절대적인 행복에는 신성한 빼기 부호가 붙는다.[1]

이것은 러시아 작가 예브게니 자미아틴Yevgeny Zamyatin의 디스토피아적 소설《우리들》에 나오는 말이다. 이 책은 1920~1921년에 쓰였지만 검열 때문에 러시아에서는 1988년이 되어서야 출판될 수 있었다.

조지 오웰은《우리들》이 올더스 헉슬리Aldous Huxley의《멋진 신세계》에 큰 영감을 준 것 같다고 했다. 이 인용문에서 자미아틴은 아리스토텔레스의 자족적 행복이라는 개념을 입증하고자 했을까? 절대 아니다. 책을 한 번 읽어보길. (다양한 버전의 번역서를 발견할 수 있을 것이다.) 헉슬리가《우리들》에 어떤 영향을 받았는지 잠시 후에 살펴보자.

아리스토텔레스는 아무것도 욕망하지 않고 어떤 것에도 감동하지 않는 상태에 도달해 자족적인 행복을 이룬(매우 중요하므로 한 번 더 강조하자면, 자족적인 행복은 고독한 사람의 행복이 아니라 가족·친구·공동체와 이어진 행복이다) 사람은 **완벽함**의 경지에 도달한 것이라고 한다. '완벽함'이라는 단어는 이 상태를 묘사하기에 전혀 거창하지 않다. 다만 이 상태에 이르는 것이 과연 가능한지 생각해보는 것은 지극히 합리적이다. 그것이 의미하는 바에 대해 생각해보자. 여러분은 성취할 만한 모든 것을 얻어서 아무것도 바라지 않고 아무것도 필요하지 않고 그 무엇에도 영향을 받지 않는다. 모든 것이 완벽하고 숭고하다. 충만함을 느끼고 세상에서 잘 존재하고 있다. (이 문장을 쓰면서 친구들과 볼링을 치는 레보스키가 떠올랐다.) 어쨌든 평범한 인간이 이런 상태에 이르는 경우는 매우 드물며 그것도 아주 짧게만 머무를 수 있을 뿐이다.

내 책의 충실한 독자라면 내 아내가 그런 순간을 "현재에 대한 향수가 느껴지는 순간"이라고 부른다는 사실을 기억할 것이다. 이 얼마나 아름다운 말인가! 하지만 아리스토텔레스가 말하는 것은 '짧은 행복의 순간'이 아니다. 우리의 삶이 끝날 때까지 변함없이 지속되는 행복의 상태에 도달해야 한다는 것이다.

아무것도 원하지 않아야 한다니 거의 인간의 본성에 어긋나는 것처럼 느껴진다. 앞에서 살펴보았던 스미스의 말을 다시 한 번 언급해본다.

"인생에서 목표로 삼아야 할 두 가지가 있다. 첫 번째는 원하는 바를 얻는 것이고 두 번째는 그것을 즐기는 것이다. **가장 지혜로운 사람들**만이 두 번째를 이루었다."

게다가 아리스토텔레스는 우리가 살면서 이룬 모든 것을 마무리하는 의미로 삶의 마지막에 이르러서만 에우다이모니아, 즉 행복을 논할 수 있다고 했다. (그리스 일곱 현자 가운데 한 명이었던) 솔론의 말이 자연스레 떠오른다. "누군가 죽기 전에는 그를 행복하다 하지 마라." 문학적·철학적으로 훌륭한 인식이 담긴 말이다.

아리스토텔레스는 《니코마코스 윤리학》 1권에서 다음과 같이 말했다.

제비 한 마리가 왔다고 봄이 온 것은 아니듯 며칠 또는 1년의 실천으로 행복해지는 것은 아니다.

아리스토텔레스는 '행복의 순간' 또는 '에우다이모니아의 순간'이라는 표현을 마음에 들어 하지 않았을 것이다. 그를 비롯한 많은 학자는 곧 사라지는 행복한 '순간'을 경험했다고 해서 이를 행복이라고 부를 수는 없다고 했다. 그런 것은 기쁜 순간, 행복한 시간, 순수하게 즐거운 하루 또는 만족스러운 한 해라고 부를 수 있을 뿐 행복이 아니다! **아리스토텔레스는 진정한 행복은 사라질 수 없다고 했다.**

흔들린다면 행복이 아니다

체호프의 단편 소설 〈행복한 남자〉는 이 점을 훌륭하게 보여준다. 유명하지 않은 그 이야기의 줄거리는 이렇다. 느리지만 단호하게 출발하는 기차의 칸으로 들어서는 주인공 이반 알렉시예비치의 모습으로 이야기가 시작된다. 이반은 기분이 무척 좋아 보이고 취기도 약간 올랐다. 놀랍게도 그는 기차 안에서 오랜 친구 표트르 페트로비치를 마주친다.

"잘 지내나, 표트르?"

"그냥 그렇지, 뭐. 인생이 좋은 날도 있고 나쁜 날도 있는 것 아니겠는가. 자네는 어떤가, 이반?"

"들어보게." 이반이 마구 흥분해서 숨을 헐떡이며 말했다. "지금 자네 앞에 있는 자는 세상에서 가장 행복한 사람이라네. 그래, 세상에서 가장 행복한 사람이지. 당황스러울 정도로 모든 게 너무 좋다네. 오늘이 내 신혼여행 첫날이라네. 아내가 기다리는 칸으로 가는 중이었지…. 내 아내는 세상에서 제일가는 미인이라네…. 금발에 앙증맞은 코…. 눈은 어떻고! …다리는 어떻고! …정말 날씬하고 몸매가 좋지. 나한테 얼마나 상냥한지 몰라. 주체하지 못할 정도로 행복이 넘쳐 난다네. 사람이, 나처럼 호락호락하지 않은 이가 이렇게 큰 행복을 느낄 줄은 몰랐어. 이런 행복이 가능한지 정말 몰랐네."

이반은 친구에게 대답할 틈도 주지 않고 줄줄 읊었다. 그러고서 자신의 행복에 대해 생각에 잠기더니 약간 철학적인 말을 덧붙였다. "하지만 사실 누구라도 나만큼 행복할 수 있다네. 선택의 문제거든. 행복해지고 싶은가? 행복하게 있으면 되네. 고통받고 싶은가? 고통스럽게 있으면 되네. 하지만 한 번뿐인 인생인데 고통스럽게 살 필요가 있을까? 철학자들은 분석만 해댈 뿐 아무것도 모른다네. 우린 행복해야만 하고 결혼은 행복해지는 데 가장 중요해. 인생은 정말 아름다워."

그때 검표원이 들어온다. 이반은 기차표가 든 지갑을 219번 칸에 탄 아내가 가지고 있다고 말한다. 검표원은 219번 칸은 없다고 말한다. 모스크바로 가는 이 기차의 마지막 칸은 209번이라고 대답한다. 이반이 놀라서 소리친다.

"모스크바라고요? 상트페테르부르크행 급행열차 아닌가요?"

"급행열차는 맞지만 이 기차는 모스크바행입니다." 검표원이 말한다.

이반은 검표원의 말이 무슨 뜻인 서서히 이해되기 시작한다. 그에게 최악의 일이 일어났다. 마지막 역에서 잠깐 담배를 피우고 코냑을 한잔 마시려고 내렸다가 반대 방향으로 가는 기차를 탔던 것이다. 경악한 이반은 두 손으로 머리를 감싸 쥐고 열차 안으로 성큼성큼 왔다 갔다 하기 시작한다. 승객들이 모두 그를 안타깝게 여긴다. 신혼여행 첫날에 이런 사고가 생기다니! 이반은 흐느끼기 시작했다.

"나는 바보 천치야! 불쌍한 아내가 지금 혼자서 영문을 몰라 하며 얼마나 당황하고 있을까. 아마 울고 있을 거야. 이런 끔찍한 일이! 맙소사. 나는 세상에서 제일 불행한 사람이야. 세상에서 나만큼 불쌍한 사람이 과연 있을까. 너무 끔찍해. 최악이야. 믿어지지 않아. 어떻게 이런 일이!"

표트르는 친구를 위로하려고 다음 역에서 전보를 치고 기차를 갈아타면 어떻겠느냐고 했다.

"전보를 어디로 보낸단 말인가? 그리고 표를 살 돈도 없다네. 지갑이 아내에게 있거든. 난 구제 불능이야. 모든 게 끝이야. 어떻게 해야 하지?"

이반의 영혼은 산산이 부서졌다. 기차 안의 모두가 진심으로 그를 안타깝게 여겼다. 이윽고 이 불쌍한 남자에게 상트페테르부르크행 기차표 살 돈을 마련해주기 위해 승객들 사이에 모자가 오갔다.

이 이야기를 다 요약하고 나는 잠깐 생각에 잠긴다. 어쩌면 체호프의 이야기가 우리에게 말하려는 바는 내가 처음에 생각했던 것보다 훨씬 더 진지한 것인지도 모른다는 생각이 든다.

대개 사람들은 기쁨과 슬픔을 쉽게 왔다 갔다 한다. 이반은 아내를 만나면 어떻게 될까? 다시 세상에서 가장 행복한 남자가 될까? 만약 재회한 새 신부가 눈물을 글썽이며 그가 기차를 잘못 타는 바람에 홀로 남겨졌을 당시 멋진 남자를 만났고 아주 짧은 대화를 나누는 동안 마법처럼 서로의 마음이 통해버렸다고, 이제 앞으로 어떻게 해야 할지 고민된다고 말한다면 어떻게 될까? 그러면 이반은 또다시 '세상에서 가장 불쌍한 사람'이 될까?

물론 방금 상황은 내가 지어낸 것이다. 하지만 실제로 아주 사소한 것이 사람의 마음에 먹구름이 드리우게 하고 역시나 미미한 것이 우리에게 기쁨을 줄 수 있다. 아침의 한 줄기 햇살이 우리를 기쁘게 하고, 좀처럼 낫지 않는 코감기가 우리를 뼛속까지 우울하게 한다. 이런 말도 있지 않은가. 아무리 숭고한 이론을 생각해낸 철학자라도 썩은 사랑니의 고통을 조용히 견딜 수는 없다는 말.

그러나 아리스토텔레스의 에우다이모니아, 즉 행복은 바위처럼 단단해서 흔들림이 없다. 산들바람은 물론이고 거친 태풍이 닥쳐도 꿈쩍하지 않는다!

변함없이 안정적인 행복이라니, 너무 과하고 절대로 불가능한 상태라는 생각이 들 수도 있다. 하지만 잠시 멈추어 아리스토텔레스의 생각을 살펴볼 필요가 있다. 행복은 기차 안에서 당황스러운 상황에 빠졌다고 해서 사라지면 안 된다. 아리스토텔레스는 숭고한 행복과 최악의 불행 사이를, 기쁨과 우울함 사이를 탁구 치듯 오가는 것은(물론 그는 이런 표현을 사용하지 않았지만) 터무니없다고 했다.

행복에 대한 아리스토텔레스의 생각은 매우 중요하지만, 알다시피 이것은 철학이지 과학이 아니므로 반드시 동의할 필요는 없다.

행복을 정의할 수 있는가

■

아리스토텔레스는 《니코마코스 윤리학》 1권 3장에서 "교육

받은 사람의 특징은 토론 주제에서 요구되는 올바른 수준의 정확도에 도달하려 노력한다는 것"이라고 말했다. 당연히 수학적인 주장은 논쟁의 여지가 없는 증거가 필요하지만 수사학에 관해 이야기하는데 과학적 추론을 요구하는 것은 어리석다. 본질적으로 윤리학은 정확하지도 절대적이지도 않다. 그러므로 압도적으로 철저한 증거를 기대하는 것은 말이 안 된다.[2]

> 우리가 당신을 위해 쌓은 행복은 수학적으로 흠잡을 데가 없다. 만약 당신이 이를 받아들이지 않는다면 어쩔 수 없이 우리는 당신을 억지로 행복하게 만들 것이다.
>
> 자미아틴, 《우리들》

아리스토텔레스는 정반대되는 감정 상태를 오가는 것이 터무니없다고 했지만 내가 볼 땐 지극히 인간적으로 느껴진다.

자, 그러면 질문을 던져보자. 여러분은 행복이 곧 인간의 존재 목적이고 인간은 진정으로 행복해지기를 원한다는 아리스토텔레스의 말에 동의하는가? 분명 대부분은 '그렇다'라고 대답할 것이다. 인생에는 그보다 더 고귀한 목표가 있다고 주장하는 사람일지라도 말이다. 나는 사람들이 자신의 개인적인 행복에 대해 어떻게 생각하는지 알지 못한다. 하지만 실제로 아리스토텔레스의 **에우다이모니아적 행복**을 추구하는 사람은 별로 없을 것이다. 그래도 대다수는 분명 자기만의 고유한 방식대로 행복을 바라리라. "나는 행복해지고 싶지 않다. 불행한 게 훨씬 더 좋다"라고 말할 사람은 없을 것이다.

아인슈타인은 행복에 관심이 없었고 행복은 "돼지우리의 이 상"이라고 했다. 그는 행복을 추구하기보다 복잡한 방정식을 풀고 우주의 깊은 비밀을 발견하는 것을 더 선호했다. 나는 이 문제에 관해서만큼은 이 위대한 물리학자의 의견에 반대한다. 사실 그 자신도 말년에는 생각을 바꾸어 행복해지고 싶어 했다. 그러나 그의 행복은 독특했다. 그의 행복은 창조의 비밀을 엿보려는 시도와 관련이 있었다.

러시아 철학자 니콜라이 베르댜예프Nikolai Berdyaev는 니체의 조로아스터교 추종자들이 행복을 추구하는 사람들에게 맹목적인 증오를 보이는 것은 인본주의의 모욕적인 거짓말에 대한 신성한 혐오라고 주장했다. 조로아스터교가 행복보다 창조를 중요시한다는 베르댜예프의 믿음은 옳지 않다. 조로아스터교는 평원의 고요함을 선호하기보다는 가파르고 위험한 산을 오르라고 촉구한다. 어떤 사람들은 이것이 행복보다 열정을 중요시하는 것이라고 할지도 모른다. 내 생각은 다르다. 실제든 은유든 가파르고 위험한 산을 오르는 것을 좋아한다고 해서 행복하기를 바라지 않는다는 뜻은 아니다.

지젝을 비롯한 일부 철학자들은 행복이라는 주제를 경멸적으로 바라보고, 정말 중요한 것은 우리가 삶에 부여하는 의미라고 주장한다. 나는 그들에게 전혀 동의할 수 없다. '의미' 자체가 행복 방정식에서 매우 중요하기 때문이다.

미국인이자 이스라엘인이자 교수이자 작가인 샤하르(77쪽에서 잠깐 소개했다)는 행복의 기본방정식을 다음과 같이 제안했다.

행복 = 즐거움 + 의미

참고로 이는 행복이라는 주제를 이루는 요소를 제안하는 것이지, 행복해지기 위한 구체적인 **공식**이 아니다.

그리고 행복을 이루는 두 가지 요소 중에서 '의미'를 강조해 놓은 것도 실수가 아니다. 물론 즐거움의 가치도 중요하지만 삶에 의미를 부여하는 것이 훨씬 더 중요하다. 삶의 마지막 순간에 "조엘 로부숑 셰프가 운영하는 레스토랑에서 먹은 트러플 파이는 최고였어. 그걸 먹어봤으니 괜찮은 삶이었어" 또는 "마카오에서 네 명이 해주는 마사지를 받아봤으니 태어나길 잘했어"라고 생각할 사람은 없을 것이다. 좋은 삶을 말해주는 척도는 그보다 자녀와 파트너, 진정한 친구와의 사랑 넘치는 관계나 자신이 해낸 가치 있고 자랑스러운 일일 것이다.

헤라클레이토스는 행복이 오직 육체적인 쾌락만으로 이루어진다고 주장했다. 이렇게 보면 황소가 배부르고 맛있게 식사한 후 여러 마리의 암소와 짝짓기하는 것이야말로 행복의 절정이라고 할 수 있을 것이다.

앞서 대부분의 사람들이 행복을 원한다고 했을 뿐 **모든** 사람이 원한다고 하지 않았다. 왜냐하면 '모든'이라는 개념은 언제나 그렇듯 굉장히 복잡하기 때문이다. 인간이 존재하는 목적이 행복이라는 아리스토텔레스의 주장은 대부분의 문화에서 어느 정도 진실일 것이다. 하지만 행복에 대한 생각은 문화마다 다양할 수밖에 없다.

그런데 개인의 행복 욕구가 아예 존재하지 않는 곳이 과연 있을까? 있기는 있다. 이 흥미로운 주제에 관한 자료가 꽤 많이 나온다. 더 자세히 알고 싶은 사람들을 위해 이 주제의 입문용으로 좋은 온라인 자료의 출처를 주석에 달아놓겠다.[3]

그렇다면 세속적인 예외 말고 종교는 어떨까? 보통 잘 알려진 종교에서는 '나'에 초점을 맞추는 개인의 행복 추구를 지지하지 않는다. 예를 들어, 시크교에는 창시자 구루 나낙Guru Nanak이 제시한 **하우마이**haumai라는 개념이 있다. 이는 '내가 여기 있다'라는 뜻으로 자기중심주의를 나타낸다. 이 용어는 제한 없는 이기주의로 이해될 수 있다. 나낙은 하우마이가 세상에 고통을 초래하는 다섯 가지 도둑(악)의 근원이라고 가르쳤다. 바로 욕망·탐욕·분노·집착·오만(과도한 자부심)이다.

칸트는 행복이 도달할 수 없는 '상상의 이상'이라고 확신했다. 다시 말해서 우리가 얻고자 노력하는 행복은 우리 마음의 영역에만 존재한다는 것이다. 결국 사람은 항상 더 많은 것을 원하기 때문이다. 더 부유하고, 더 똑똑해지고, 더 아름답고, 더 용감해지고, 더 잘하고, 더 건강하고(적어도 앞으로 더 건강해지고), 더 인정받고, 더 사랑받기를 원한다.

또한 칸트는 우리가 욕망하는 모든 것을 말로 표현할 수 없다고 주장했다. 나는 그의 의견에 전적으로 동의한다.

모두에게 진리인 단 하나의 지침

사람은 저마다 다르므로 행복에 관한 이론은 아리스토텔레스의 말처럼 모두에게 진리인 수학 공식과는 전혀 다르다. 한마디로 행복은 개인적이다. 대부분이 음악을 좋아하지만 선호하는 스타일이 다르기에 각자의 플레이리스트가 있다. 마찬가지로 누구나 행복을 원하지만 우리를 행복하게 해주는 '행복의 플레이리스트'는 제각각 다르다.

미국의 철학자 로버트 노직Robert Nozick은 미국 철학협회 회장을 지냈고 하버드대학교에서 오랫동안 학생들을 가르쳤다. 그는 저서 《로버트 노직, 무정부, 국가, 유토피아》에서 서로 다른 시대를 산 각계각층 사람들로 이루어진 명단을 제시하면서[4] 이들 모두가 과연 똑같은 단 하나의 삶의 방식에 들어맞을 수 있는지 물었다.

노직의 거부할 수 없는 명단에서 영감을 받아 나도 시대를 초월한 각계각층 사람들의 이름을 한데 모아봤다. 야구선수는 아예 제외했고 너무 미국인들로 치우치지 않도록 주의했다. 이 사람들 모두에게 적용할 수 있는 단 하나의 행복이나 올바른 삶의 길이 과연 존재할지 생각해보자. 내 명단은 다음과 같다.

아리스토텔레스, 헬렌 켈러, 루트비히 비트겐슈타인, 안와르 엘 사다트, 킴 카다시안, 케이틀린 제너(과거에는 브루스 제너), 리샤 오룽(이소룡), 디오게네스, 엘리자베스 테일러, 앨런 긴즈버그, 붓다, 알베르트 아인슈타인, 틱낫한, 차바드-루바비치의 랍비, 파블로 피카소, 아얀 히르시 알리, 무하마드 알리, 빌 게이츠, 빌리 아일리시, 휴 헤프너, 지그문트 프로이트, 우사인 볼트, 소크라테스, 블라디미르 푸틴, 달라이 라마, 테드 번디, 레이디 가가, 골다 메이어, 메이어 랜스키, 아인 랜드, 마하트마 간디, 인디라 간디, 로스차일드 남작, 아이쉬와라 라이 바찬, 모세, 바비 피셔, 마이크 타이슨, 곤도 마리에, 레프 톨스토이, 마리 퀴리, 도널드 트럼프, 치마만다 응고지 아디치에, 그레타 툰베리, 그레타 가르보, 그리고리 페럴만, 엠마 골드만, 프리다 칼로, 프란츠 카프카, 르브론 제임스, 미얀마 오지의 논에서 종일 힘들게 일하는 가난한 여성, 장자, 글렌 굴드, 마라도나, 마돈나, 엘리자베스 바토리, 레오나르도 다빈치, 리어나도 디캐프리오, 레오나르도 피보나치, 우리 동네 사람들, 종신형을 받은 세계 각지의 포로들.

루바비치의 랍비와 마리 퀴리, 《플레이보이》 창간자 휴 헤프

너는 과연 공통점이 있을까? 분명 이들 대부분은 유명 인사이고 인구 전체를 대표하지는 않는다. 하지만 내 경험상 강의에서 이 예시를 학생들에게 들려주면 이 사실을 쉽게 깨닫게 해줄 수 있다. **행복으로 가는 길은 절대로 정해져 있지 않으며 그 근처까지라도 가는 셔틀버스조차 존재하지 않는다.** 그러니 우리는 스스로 행복의 길을 찾고 최선을 다해 그 길을 닦아야 한다.

행복의 단순한 지침이나 과학적인 연구들의 문제점(물론 문제가 아주 많다!)은 그것들이 많은 사람에게 맞는 개념이나 결론을 제시할지도 모르지만 모두에게 들어맞지는 않는다는 점이다.

비록 위대한 아리스토텔레스는 개인의 차이에 충분한 주의를 기울이지 않았을 수도 있지만 《니코마코스 윤리학》 1권 5장에서) 사람들의 서로 다른 세계관에 따른 세 가지 유형의 행복을 제시했다. 가장 낮은 수준의 행복은 단순한 쾌락에서 비롯된다. 아리스토텔레스는 안타깝게도 대부분의 사람이 여기에서 행복을 발견한다고 했다. 그다음은 일종의 명예를 토대로 한 행복이다. 예를 들어, 다른 사람들의 안녕을 바라거나 선을 실천하기 위해 정치가가 되는 것이 이에 속한다(요즘과 달리 아리스토텔레스의 시대에 정치가가 되는 것은 그리 터무니없는 일이 아니었다). 가장 높은 수준의 행복은 세심하게 철학을 공부하는 것이다. 철학을 공부하면서 에우다이모니아의 영역에 이를 수 있다.

친구, 지혜, 그리고 행복의 추구

■

현대의 행복 연구에서 널리 받아들여지고 있는 개념은 친구의 존재가 행복에 크게 이바지한다는 것이다. 아리스토텔레스도 그렇게 믿었다.

하지만 한 행복 연구에 따르면 아이큐가 평균을 훨씬 웃도는 사람들은 남들과 함께하는 것보다 혼자 있는 시간을 더 즐긴다. 지혜로운 사람들은 혼자 있는 것을 선호하고 친구를 사귀어도 양보다는 질적인 관계를 추구하는 경향이 있었다.[5] 내 주변에도 "타인은 지옥이다l'enfer, c'est les autres"라는 사르트르의 말을 실천하는 사람들이 있다. 그들의 아이큐가 얼마나 좋은지는 모르겠지만 말이다. 그런가 하면 천재적인 두뇌를 가진 사람 중에도 다른 사람들과 어울리는 것을 무척 즐기는 이들도 존재한다. 분명한 점은 아이큐가 그다지 특별하게 작용하지 않다는 것이다. 결과를 다른 방향으로 비트는 변수들은 언제나 존재하게 마련이니까.

수학자로서 나는 행복과 사회성의 상관관계를 연구하면서 또 다른 문제점을 알아차렸다. 앞에서 말했듯이, 나는 친구가 별로 없거나 아예 없는 사람들보다는 많은 사람이 더 행복하다는 것에 동의한다. 하지만 여기에는 통계학에서 '역의 인과관계reverse causality'라고 불리는 문제가 있다. 친구가 많아서 행복해지는가, 아니면 행복한 사람이 친구를 더 많이 사귀는 것인가?

알다시피 조울증 환자들은 기분이 가라앉는 우울증 상태일 때는 사람들을 피하고 우울감에 빠져들지만 반대로 기분이 들뜨는 조증이 나타날 때는 보통 행복한 사람들처럼 다른 이들과 교류한다. 이를 비추어보았을 때 나는 친구가 많아서 행복한 것이 아니라 행복해서 친구가 많아지는 쪽에 한 표를 던진다.

(우울증에 대해 말하고 보니 또 생각나는 것이 있다. 어쩌면 유전자라는 복권은 생각 이상으로 우리의 행복에 더 많은 영향을 끼칠지도 모른다.)

역의 인과성은 '무엇이 우리를 행복하게 만드는가'에 관한 다른 연구에도 적용될 수 있다. 예를 들면 기부가 우리를 행복하게 해주는가, 아니면 행복한 사람일수록 기부를 자주 하는가? 숙면이 행복을 도와주는가, 아니면 행복할수록 숙면하기가 쉬워지는가?

행복에서 지혜의 중요성을 고려할 때도 이와 비슷한 복잡한 문제가 나타난다. 어니스트 헤밍웨이Ernest Hemingway는 (분명히 그의 인생 경험을 토대로) 똑똑한 사람들에게 행복은 너무도 드물다고 결론 내렸다. 진실은 모르겠다. '똑똑한 사람'이라는 기준이 명확하지 않기 때문이다. 워낙 모호한 주제라 앞에서 내가 인용한 "지혜가 많으면 번뇌도 많으니(〈전도서〉 1장 18절)"라는 구절도 정확하지 않을지도 모른다. 그런 의미에서 대안을 제시하고 싶다. "지혜가 많으면 경이와 위안도 많다."

정확한 비율까지 짐작할 수 없지만 세상 사람들이 네 집단으로 나뉘는 것은 확실하다. 똑똑하고 행복한 사람, 똑똑하고 불행한 사람, 어리석고 행복한 사람, 어리석고 불행한 사람. 물론 행복과 불행, 똑똑함과 멍청함 사이에 온갖 다양한 정도가 분명히 존재한다.

20년도 더 전에 싱가포르의 경영학 대학원에서 수학과 통계학을 가르칠 때였다. 학생들 대부분이 꽤 나이가 지긋했고 기업 임원들도 많았다. 나는 중국 철학과 불교 이야기를 나누고 싶었지만 그들은 쉬는 시간마다 주로 정치에 관해 이야기했다. 한번은 내가 원하던 방향으로 대화가 진행되었다. 학생 하나가 만다린어로 '행복'에 가장 가까운 단어는 '가치 있는 삶을 사는 것'에서부터(아리스토텔레스가 마음에 들어 했을 것이다) '좋은 죽음을 맞이하는 것'까지 다양한 의미가 담겨 있다고 말했다. 가치 있는 삶과 좋은 죽음이라. 그 말을 들으니 만다린어를 쓰는 이들이 뭘 좀 안다는 생각이 들었다.

다시 행복의 **추구**로 돌아가보자. 최근 몇 년간 행복을 포기하는 것이 행복한 삶의 필수(또는 충분) 조건이라는 주장이 늘어났다. 그런 주장을 펼치는 사람들 가운데는 내 친구들도 있다. 물론 그에 대해 살펴본 연구들이 많은데, 그중 하나를 소개하겠다. 2018년에 학술지 《이모션Emotion》에 발표된 연구에 따르면 지나치게 행복에 대해 생각하면 부정적인 감정에 사로잡히게 되고, 우리는 이를 실패의 신호로 받아들이기 시작한다. 모든 실패가 그러하듯 결국 불안과 우울에 빠지게 된다.[6]

인터넷에서 쉽게 찾아볼 수 있는 이런 명언이 있다. 나다니엘 호손Nathaniel Hawthorne이 한 말이라는 사람들도 있고 헨리 데이비드 소로Henry David Thoreau의 말이라는 사람들도 있다.

"행복은 마치 나비와 같아서 쫓아가면 멀리 날아가버리지만 주의를 돌리면 가만히 다가와서 어깨 위에 내려앉는다."

출처는 불분명하나 너무도 자명한 말인 것만큼은 분명하다.

우리에게 너무 친근해진 중국의 현자 장자를 다시 만나보자. 장자는 그림자를 잡으려고 한 사람에 대해 이야기했다. 그가 빨리 뛸수록 그림자의 속도도 빨라졌다. 결국 더는 뛸 수 없을 만큼 지쳐서 자리에 주저앉아 마침내 죽고 만다.

강박적으로 행복을 추구하는 것과 행복을 아예 나 몰라라 하는 것 사이에서 올바른 균형을 찾아야 한다. 대표적인 공리주의의 사상가이자 강경한 페미니스트였던 영국의 철학자 존 스튜어트 밀John Stuart Mill은 자신의 행복만을 생각하는 사람은 결코 행복해질 수 없다고 했다. 맞는 말이다. 하지만 **다른 사람들의 행복**만 생각하는 사람이라면 행복을 찾을 수 있을 것이다.

10장

균형의 중요성
아리스토텔레스

아리스토텔레스는 '무엇이 사람을 가치 있게 만드는가'와 '에우다이모니아에 이르려면 어떤 자질을 갖추어야 하는가'에 대한 답을 찾고자 했다. 그는 이 질문을 염두에 두고 열두 가지 미덕을 제시했다. 그 미덕들은 다음과 같다. 용기(안드레이아), 절제(소프로시네), 관대함(너그러움, 제나이오도리아), 통이 큰 것(메갈로프레페이아), 친근함(필리아), 적절한 야망, 포부가 큰 것(위대한 영혼, 메갈로프시키아), 재치 있음(유트라펠리아), 온화함(인내심, 차분함, 프라오테스), 진실성(스스로에게 솔직함, 알레테이아), 수치심, 정의(디카이오시네).

물론 아리스토텔레스의 이 목록은 맹목적으로 따라야 할 지시 사항이 아니다. 그보다는 개인의 여정에 출발점으로 삼아야 한다. 이것이 아리스토텔레스가 현대인이 아닌 고대 아테네 시민들을 위해 제시한 미덕이라는 점을 고려해야 한다. 그럼에도 해당 덕목들은 이 시대를 살아가는 모든 사람들에게도 큰 의미가 있다. 나 또한 마음을 다잡을 때마다 이 목록을 자주 참고한다. 스스로 미덕과 악의 목록을 만들어보는 것도 나쁘지 않다. 꼭 열두 가지를 꼽을 필요는 없다.

사실 아리스토텔레스가 이 목록을 본격적으로 만든 것은 아니다. 《니코마코스 윤리학》에 이 덕목들이 산발적으로 설명되어 있고, 훗날 독자들이 한데 모은 것이다. (《수사학》에서 아홉 가지 덕목이 열거되기는 한다.) 해석에 따라 목록이 더 길거나 짧을 수도 있는데, 여기에서는 가장 일반적인 버전을 사용한다.

아리스토텔레스는 각각의 미덕이 두 가지 극단적인 행동 사이에 놓여 있다고 믿었다. 예를 들어, 용기는 무모함과 비겁함의 중간쯤에 자리한다. 그 지점이 바로 **중도**中道다. 여기에서 알아야 할 사실은 중도가 양극단의 '정확히' 중간은 아니며 **그 사이 어딘가**라는 점이다. (오늘날에는 지나침도 부족함도 없는 '황금률'이라는 표현이 사용되지만 아리스토텔레스는 그렇게 표현하지는 않았다.) 우리는 중간이 어디인지 알 수 없다. 때로는 황금률 지점이 양극단의 한쪽 끝에 치우칠 수도 있다.

기본적으로 아리스토텔레스는 각 덕목의 경계를 제시한다. 우리는 각자에게 적절한 중도를 찾아야 한다. 물론 그 지점은 사람마다 다를 것이다.

초기 불교 문헌에서도 중도의 개념이 등장한다. 예를 들어, 붓다의 첫 번째 설법으로 알려진 《초전법륜경初轉法輪經》두 번째 단락에 나온다. 공자 역시 중도를 제안했고, 델포이 아폴로 신전의 문에도 "과장하지 말라"고 새겨져 있다.

고대 힌두교 경전 《바가바드기타》에도 자제와 제어에 관한 유사한 가르침이 나온다. 그리스의 일곱 현자 가운데 하나인 린도스의 클레오불로스Kleoboulos도 "절제는 최고의 선택"이라고 적었다. 마이모니데스는 '중도'의 개념이 히브리어의 현자들에게서 나왔다고 했다. 그뿐 아니라 〈전도서〉 7장 16절에도 "지나치게 의인이 되지도 말며"라고 과함을 경고하는 절제에 관한 구절이 나온다. 또 플라톤의 저술에도 중도의 사상이 나타난다. 이렇듯 서로 다른 시대에 다양한 문화의 현자들이 칭찬했으니 우리가 중도를 가볍게 여겨서야 되겠는가?

자, 그럼 **중도**의 개념이 실제로 어떤 모습인지 앞에서 열거한 덕목들을 토대로 하나씩 살펴보자. 역시나 내 설명은 매우 개인적이고 연상적이며 그리스 철학자들의 것보다 훨씬 더 현대적일 것이다.

첫 번째 덕목인 용기에 대해서는 꽤 길게 이야기할 것이다. 물론 용기의 이치를 깊이 이해하기 위해서이기도 하지만 내 생각에 용기는 다른 모든 덕목의 필수 조건이기 때문이다. 특히 올바른 행동을 위해서 꼭 용기가 필요하다.

두려움 없이는 영웅도 없다

■

행복은 자유에 있고 자유는 용기에 있음을 명심하라.

투키디데스, 《펠로폰네소스 전쟁사》

용기는 인간에게서 첫 번째로 평가되는 자질이다. 왜냐하면 이는 모든 것을 보장하는 자질이기 때문이다.

윈스턴 처칠 Winston Churchill, 《콜리어 Collier》

아리스토텔레스에 의하면 용기는 비겁함과 무모함 사이에 존재한다. 아주 조심스럽지만, 균형추가 무모함 쪽에 좀 더 가깝다고 볼 수 있을 것이다.

자신의 그림자를 두려워하는 사람은 당연히 용감하지 않겠지만, 반대로 그 어떤 위험도 무시하고 무모하게 돌진하는 행동 또한 용기라고 할 수 없다. 안전장치 없이 활화산의 분화구 안으로 번지점프하는 행동을 용기라 말할 수 있을까? 오히려 무모함과 어리석음을 보여주는 좋은 예다.

또한 두려움을 드러내야만 용감하다고 할 수 있다. 아리스토텔레스는 두려움이 없는 상태에서는 용기를 낼 수 없다고 강조했다. 아무리 용감한 사람이라도 남들이 무서워하지 않는 무언가를 무서워할 수 있다고도 했다. 하지만 이성적으로 대처하고 두려움을 극복할 수 있다.

〈왕좌의 게임〉이라는 텔레비전 드라마를 본 적 있는가? 그 드라마에서 이런 장면이 나온다. (미국 작가 조지 R.R. 마틴George R.R. Martin의 원작 소설에도 똑같이 등장하는 장면이다.) 브랜이 아버지에게 두려움을 느끼는 사람을 용감하다고 할 수 있느냐고 묻는다. 이에 아버지는, 사람은 두려움을 느낄 때만 용감해질 수 있다고 답한다. 나는 이 짧은 대화가 무척 마음에 든다.

아직도 공감하기 어렵다면 이 이야기를 들어보기 바란다. 위대한 헤비급 복서 무하마드 알리(카시우스 클레이Cassius Clay)는 2003년 딸 한나 재스민 알리Hannah Jasmine Ali와 함께 쓴 자서전 《나비의 영혼The Soul of a Butterfly》에서 "두려움이 없으면 영웅도 없다"고 했다. 이제는 클리셰가 되어버렸지만 누가 어떻게 말했는지가 매우 중요하다.

진정한 용기는 저마다 다른 수준으로 우리 마음에 자리하는 유전적·환경적인 두려움과, 이 두려움을 이겨내는 능력의 차이를 고려해서 정의되어야 한다. 두려움은 자연스러운 감정이다. 하지만 두려움을 극복할 수 없으면 하루하루 서서히 죽어가게 된다. 두려움의 그림자 속에서 사는 것은 죽기 전에 죽는 것이나 마찬가지다. 미국 작가 존 어거스터스 셰드John Augustus Shedd는 "항구에 있는 배는 안전하다. 하지만 배는 항구에 묶어두려고 만들어지지 않았다"라고 말했다. 절대적인 안전을 욕망하는 것은 정신장애의 한 형태이며 절대적인 안전은 실제로 가능하지도 않다. 셰드의 격언에 덧붙이자면, 오랫동안 항구에만 머무르는 배는 녹슬어 쓸모없어진다. 그 어떤 위험도 무릅쓰지 않기로 한 결정이야말로 가장 위험할 수 있다.

니체에 따르면 두려움은 위선·무관심과 함께 인간에게 닥칠 수 있는 가장 큰 고통이다. 니체는 다른 여러 가지 불안도 열거했다. 자신과 사랑하는 사람들의 건강에 대한 두려움, 경제 상태에 대한 두려움과 타인의 판단에 대한 두려움, 외로움에 대한 두려움, 늙는 것에 대한 두려움, 언제 죽을지 모른다는 두려움 등.

니체는 불안이 부추기는 행동은 고통이라고 믿었다. 나는 여기에 전적으로 동의하지는 않는다. 아리스토텔레스의 '중도'로 명확한 관점을 추구하는 것이 현명할 것이다. 중요한 것은 두려움·걱정·불안을 완전히 멈추는 게 아니다. 두려움이 없으면 인간이 아니다! 사랑하는 자녀의 안전과 건강을 걱정하는 것은 **당연하지 않은가?** 늙는 것을 두려워하는 것도 **마찬가지다.** 두려워하되 극단에 치우치지 말아야 하고 두려움에 지배받지 않는 것이 중요하다.

두려움을 제어하지 못하고 오히려 지배받는 사람은 도움을 받아야 한다. 혼자가 되는 것을 두려워하지 않고, 사랑하는 이들의 건강을 걱정하지 않고, 늙는 것이나 한때 믿었던 모든 신념이 무너지는 것을 두려워하지 않으며, 정신적 건강이나 죽음에 대해 염려하지 않는 사람들 또한 도움이 필요하다.

이 주장에 동의하지 않는 사람들도 있을 것이다. 예를 들어,

영국의 정치가 벤저민 디즈레일리Benjamin Disraeli는 인생에서 가장 이상한 것은 인간이라면 당연히 느낄 수밖에 없는 불안을 불필요하게 쌓아두는 것이라고 했다(니체와 생각이 비슷하다). 돌아가신 나의 할머니는 우리가 느끼는 불안은 대부분 절대 현실로 일어나지 않으므로 전혀 근거가 없다고 했다.

태국이나 몰디브 등 원하는 곳으로 휴가를 간다고 생각해보자. 지금 이 자리에 앉아서 생각하는 것만으로 일어날 수도 있는 온갖 시나리오가 머릿속에서 그려진다. 비행기가 추락하면 어쩌지? 쓰나미가 호텔을 휩쓸어가면 어쩌지? 호텔에 새로운 코로나바이러스 변이가 발생하면 어쩌지? 마사지를 너무 많이 받아서 몸의 반쪽이 마비되거나 게실염에 걸리면 그땐 어떻게 하나? 휴가 중에 직장에서 잘리기라도 하면 어쩌나? 딸이 레보스키를 닮은 반려견 사료 감별사와 사랑의 도피라도 떠나면 어떡하지?

나의 할머니는 그런 걱정은 시간과 에너지 낭비일 뿐 아무런 쓸모가 없다고 생각했다. 만약 비행기가 곧 추락할 예정이라는 기장의 안내 방송이 나온다면 쓰나미가 올까 봐 걱정하며 소중한 시간을 낭비한 것이 후회될 것이다. 추락한 비행기에서 살아남았는데 곧바로 거대한 쓰나미가 몰려온다면 직장에서 잘리든 말든 무슨 상관이람?

다른 시나리오와 그런 일이 실제로 일어날 확률에 대해 생각해보자. 비행기가 곧 추락할 것이라는 기장의 안내 방송이 흘러나온다. 그냥 추락도 아니고 거대한 쓰나미의 한가운데로 추락한다고, 쓰나미의 거대한 파도 한가운데에서 최후를 맞이할 거란다. 그 말을 듣는 순간 비정상적으로 심장이 빠르게 뛰더니 심장마비로 이어진다. 가슴을 부여잡는 순간 겨드랑이에서 이상한 멍울이 만져지고 여러분은 즉각 그것이 암 덩어리라고 판단한다. 비행기는 여전히 추락하고 있고 암에 걸린 사실까지 더해져 충격에 휩싸여 있을 때 상사가 전화로 해고를 통보한다. 상사와 통화 중에 잠깐 기다리라고 하고 딸의 전화를 받는다. 딸이 활과 화살을 만드는 일을 하는 노숙자와 사랑에 빠졌다며 함께 도망쳐 떠돌이 생활을 하겠단다. 그리고 바로 그때 조종실에서 테러리스트가 나온다!

대개 불안감에 사로잡히면 상황을 해결하기 위한 실질적인 조치를 취할 수가 없다. 예를 들어 확인된 위험을 줄이려는 행동 같은 것 말이다. 우리는 상상 속의 상황이 마음의 평화를 앗아가도록 내버려두고 있다.

하지만 걱정을 (아예) 하지 말아야 한다는 말 또한 이디시어로 bubba maiseh, 즉 '미신'이다. 나의 할머니는 강인한 성격 덕분에 걱정이 불필요하다는 것을 스스로 깨닫고 전혀 걱정하지 않는 쪽을 택했지만 보통 사람들에게는 쉽지 않은 일이다.

캐나다 심리학자이자 철학자이며 《12가지 인생의 법칙》을 쓴 조던 피터슨Jordan Peterson은 (디즈레일리나 나의 할머니와 다르게) 어느 순간이든 우리가 불안감을 느낄 이유가 있다고 말한다. 나도 그렇게 생각한다. 철학자 곰돌이 푸의 친구 피글렛은 피터슨보다 훨씬 앞서서 '아주 작은 동물'은 용감해지기가 어렵다고 말했다. 내 의견도 유사하다. 결국 우리도 아주 작은 동물 아니겠는가?

프랑스 태생의 미국 일기 작가인 아나이스 닌Anais Nin은 매우 용감하고 현명한 여성이었다. 그는 우리가 얼마나 많은 용기를 내느냐에 따라 인생의 크기가 결정된다고 일기에 적었다. 때로는 이불을 젖히고 침대에서 일어나 커튼을 열고 드넓은 세상에 작은 발걸음을 내딛는 것만으로도 크나큰 용기가 필요하다. 이제 슬슬 또 목록이 등장할 때가 된 것 같다. 다음은 용기가 꼭 필요한 일들의 목록이다.

'사랑해'라고 말하는 것, 자녀를 낳는 것, 인생의 의미를 믿는 것, 이상을 믿고 자신의 가치관에 충실하게 사는 것, 자신의 가치관을 냉정하게 돌아보는 것, 남들과 다른 생각을 드러내는 것, 현재 상황을 바꾸려고 노력하는 것, 병을 이겨내는 것, 엄청난 공포나 불타는 욕망 앞에서도 도덕과 용기를 잃지 않는 것, 의구심 속에서도 결정을 내리는 것, 책을 출간하는 것, 파괴적인 욕망을 거부하는 것, 잘못을 인정하는 것, 미안하다고 말하는 것, 심하게 싸워도 이성을 잃거나 화를 폭발하지 않는 것, 스스로에게 거짓말하지 않는 것, 가치 있는 목적을 위해 거짓말하는 것(나는 어떤 대가를 치르더라도 진실만 말해야 한다고 생각하지 않는다), 안전지대를 벗어나 새롭게 도전하는 것, 상처를 준 사람을 용서하는 것(받은 상처가 클수록 더 큰 용기가 필요하다), 쉬운 일이 아니라 옳은 일을 선택하는 것, 모르는 사람에게 먼저 말을 거는 것, 도움을 청하는 것, 물살을 거슬러 올라가는 것….

이 목록에서 자유롭게 문장을 추가하거나 빼도 된다. 참고로 칸트는 〈질문에 답하며: 계몽이란 무엇인가?〉라는 글에서 스스로 생각하고 타인의 의견에 의존하지 않으려면 용기가 필요하다고 했다. 옳은 말이다.

용기란 무엇인가

자신에게 한 번 물어보자. 여러분은 정말로 순수하게 자기 생각이라고 할 만한 생각을 해본 적이 있는가? 도스토옙스키는 인간 대다수는 스스로 생각할 용기가 없다고 했다. 러셀도 저서 《상대성의 ABC ABC of Relativity》에서 도스토옙스키와 비슷한 견해를 내놓는다. "대부분의 사람들은 생각하기 전에 죽음을 맞이한다."

플라톤의 《대화편》에 그리스 장군이자 정치인의 이름을 본떠 〈라케스Laches〉가 있다. 책에서는 라케스와 또 다른 장군, 장군의 아들, 장군의 손자 사이에 대화가 이루어진다. 대화는 강인한 정신적 회복력을 지닌 용감한 군인이었던 소크라테스의 지도하에 진행된다. 대화의 목적은 '용기란 무엇인가?'라는 질문에 대답하는 것이었다. 참가자들은 **군사적** 용기에 초점을 맞추었지만 삶의 모든 영역까지 넓혀 용기를 정의하고자 했다. 어쨌든 토론은 아포리아aporia로 끝난다. 아포리아는 전혀 해결의 방도를 찾을 수 없는 난관의 상태, 해결할 수 없는 역설을 말한다.[7] 한마디로 용기를 정의하는 것은 절대 쉽지 않다.

예를 들어, 용기를 정의할 때 플라톤처럼 군사적 관점에서 시작할 수 있을 것이다. 용기와 목적에의 헌신, 범죄자의 무모함과 노골적인 무책임을 어떻게 정확히 구분해야 할까? 명령을 거부하는 것은 언제는 용감하고 또 언제는 비겁하고 동료들을 배신하는 일인가? (구체적인 예를 들지는 않겠다.)

기원전 480년 테르모필레 전투에서 레오니다스 1세Leonidas I와 300명의 스파르타군, 700명의 테스피아인은 최소 12만 명으로 이루어진 거대한 페르시아군과 맞섰다. 이 전투에 참여한 사람들의 용기와 비겁함, 강박, 헌신, 두려움, 그 외 감정의 비율을 조사해보면 대단히 흥미롭겠지만 결국은 확정적인 결론에 이르지 못할 가능성이 크다.

두 가지만 덧붙이겠다. 첫 번째로, 내 경험상 "이 사람은 용감했다"라는 말보다 "이 사람은 용기를 보여주었다"라고 말하는 쪽이 더 현명하다. 나는 특정 상황에서 매우 용기 있는 모습을 보여준 사람들이 다른 상황에서는 비겁하거나 무모하게 행동하는 모습을 많이 보았다. 하지만 위험에 마주했을 때 남들보다 용감한 모습을 보여줄 가능성이 큰 사람들이 있다는 것은 확실하다.

두 번째는 좀 더 간단한 이야기다. 우리는 실제로 시험대에 오르기 전까지는 어떤 상황에서 어떻게 행동할지 알 수 없다. 이 부분에 대해 아리스토텔레스가 한 말을 살펴보자. 보조를 맞추고 싶다면 《니코마코스 윤리학》 3권 6~9장을 펼치면 된다.

앞에서 말했듯이 아리스토텔레스에 의하면 진정한 용기는 비겁함과 무모함, 만용 사이의 어딘가에 자리한다. 아리스토텔레스는 두려워할 이유가 없는 것들(그는 '고귀한 죽음'과 가난 등을 예로 들었다)을 두려워하는 사람이 겁쟁이라고 했다. 반면에 마땅히 두려워할 만한 것을 두려워하지 않거나 **그 어떤 것도** 두려워하지 않는 사람은 제정신이 아니다. 이 점을 꼭 기억해야 한다. 아리스토텔레스는 수치스러운 일이나 부인과 자식들에게 닥칠 위험을 비롯해 정말로 나쁜 상황을 두려워하는 것이 논리적이고 심지어 바람직하다고 여겼다.

이렇게 표현할 수 있을 것이다. 용기는 두려워할 것과 두려워하지 않아도 되는 것을 아는 것이다. 나중에 좀 더 매끄럽게 다듬어보자.

용기에 대한 탐구에서 아리스토텔레스의 가장 중요한 기준은 죽음과 전투와 관련이 있다. 그는 우리가 당연히 그럴 만해서 두려워하는 많은 악이 있다고 했다. 이를테면 굴욕감이나 심각한 질병 같은 것이다. 죽음은 악 중의 악이지만 아리스토텔레스는 전쟁에서 맞이하는 고귀한 죽음은 명예롭게 최후를 맞이하는 길이므로 두려워할 이유가 없다고 했다. 오히려 품위 있고 바람직하다고 여겨야 할 죽음이라고 말이다. 이 그리스 철학자의 가르침에서 명예가 매우 중요하다는 것을 이미 눈치챘으리라. 헤라클레이토스는 오직 전쟁터에서만 누가 노예의 영혼을 가졌고 누가 자유인의 영혼을 가졌는지 알 수 있다고 말했다. 아리스토텔레스의 생각도 유동성과 상반되는 것들의 통일에 대해 강조한 이 철학자의 견해와 크게 다르지 않다.

죽음을 두려워할 필요가 없는 이유

■

플라톤은 죽음을 두려워하는 이유가 스스로를 실제보다 훨씬 더 똑똑하다고 믿기 때문이라고 했다. 역시나 소크라테스의 입을 통해 전해진 가르침이다. 즉 죽음을 두려워하는 것은 오만의 죄가 될 수 있다. 누구나 죽음을 두려워하고 이를 궁극적인 모욕으로 보는 사람도 있지만 진정으로 죽음에 대해 **아는** 사람은 아무도 없다. 어쩌면 죽음은 최고의 축복일 수도 있지 않을까?

겁쟁이들은 정작 죽기 전에 수없이 죽는 법이다. 그러나 용자
는 단 한 번 죽음을 맛본다.

셰익스피어, 〈줄리어스 시저〉 2막 2장

아리스토텔레스는 병과 가난, 짝사랑을 피하려고 스스로 목
숨을 저버리는 것은 용기 있는 행동이 아니라고 했다. 삶의 시
련과 어려움에서 도망치지 말고 맞서야 한다고 말이다. 언젠가
아버지는 내게 이렇게 말했다. "스스로 목숨을 끊는 데는 용기
가 필요하지 않다. 자살은 삶이 죽음보다 더 무서울 때 자연스
럽게 하는 선택일 뿐이야."

플라톤의 《대화편》〈소크라테스의 변명〉에서 소크라테스는
재판으로 사형을 선고받고 독을 삼키기 직전에 동료들에게 말한
다. 자신은 죽음을 맞이하고 그들은 계속 살아가겠지만 어느 쪽
이 더 나은 운명을 향해 가는지는 신 말고는 아무도 모른다고.

플라톤에 따르면 그의 스승 소크라테스는 완전히 평화로운
마음으로 죽음을 맞이했다. 심지어 그는 제자들에게 두 가지
가능성이 있다고도 설명했다. 죽음 이후에 아무것도 없거나 죽
음 이후의 삶이 있거나. 만약 첫 번째 경우라면 죽음은 꿈도
꾸지 않고 깊이 영원한 잠에 드는 것이라고 할 수 있다. 얼마나
행복한 일인가! 여덟 시간 동안 깨지 않고 조용히 푹 자는 것
만 해도 행복한데 **영원히** 단잠을 잘 수 있다니. 두 번째라고 해
도 소크라테스에게는 힘이 되는 이야기였다. 만약 죽음 이후의

삶이 있다면 더 높은 차원으로 옮겨가서 호메로스와 헤시오도스, 헤라클레이토스를 비롯해 현명하고 매력적인 사람들을 잔뜩 만나 이야기를 주고받을 수 있을 테니까.

에피쿠로스(그의 철학에 대해서는 나중에 자세히 살펴보자)는 이렇게 설명했다. 우리가 여기에 있는 한 죽음은 여기에 없고 죽음이 여기에 있을 때 우리는 여기에 없다. 다시 말해, 우리는 죽음을 만난 적이 없는데 왜 죽음을 두려워하는가? 에피쿠로스의 관점은 고무적이지만 내 생각에는 약간 기만적이다. 그는 죽음보다 삶이 더 낫다고 생각하는 이들이 세상을 어떻게 살아가야 하는지에 대해서는 말하지 않았다. 나의 아버지는 여러 심각한 질병 앞에서 매우 용맹하셨지만 그럼에도 크나큰 두려움에 떨었다. 죽음이 두려워서가 아니라 병 앞에서 인간적인 존엄성을 잃을까 봐, 가족에게 짐이 될까 봐.

나는 안락사를 지원하는 디그니타스 전문병원이 내가 사는 지역에도 생겨서 모두가 자신의 삶에 대한 소유권을 가지고(사실 당연한 이야기 아닌가?) 더는 삶을 견딜 수 없을 때 스스로 끝내기로 결정할 수 있다는 소식을 듣고 무척 반가웠다. (약간 과장이지만) 중세 시대에 유럽에서 마녀를 화형시킨 일은 극심한 고통 속에서 이제 그만 삶을 끝내고 싶은 이들의 의지를 무시하고 계속 생명을 연장하는 것에 비하면 하찮은 범죄처럼 보일 정도다. 몽테뉴는 고통을 두려워하는 이는 이미 두려움으로 고통받고 있다고 했다. 그 역시 두려움을 가장 두려워했다.

용기가 아닌 용기

아리스토텔레스는 용감해 보이지만 사실은 용기가 아닌 다섯 가지 행동을 제시했다. 진정한 용기와 가짜 용기에는 차이가 있으며 이 다섯 가지 유형은 가짜 용기에 초점을 맞춘다. 내 목록 사랑이 잠시라도 식었을 줄 알았다면 오산이다. (이번에는 일반적인 본문과 자연스럽게 섞어서 소개하겠다.)

첫째는 동료들에게 무시당하지 않고 인정받고 싶어서 위험을 마주하는 군인의 용기다. 아리스토텔레스가 보기에 이 행동은 '용기'라고 불릴 가치가 없다. 내가 보기에는 약간 불공평한 일이다. 만약 명령을 거역하는 것이 두려워서 적을 향해 돌진한다면 그것은 분명 용기라고 할 수 없을 것이다. 하지만 그가 말한 군인의 행동 동기는 고귀하다. (이스라엘에서는 이를 군인의 동지애라고 부른다.) 반면 후자의 행동은 벌에 대한 두려움일 뿐 고귀함과는 전혀 관련이 없다.

둘째는 경험이 풍부한 용병의 용기다. 이런 사람은 전쟁의 위험을 잘 파악하고 있다. 그들이 용감하다는 생각은 순진하다. 용병들은 위험한 상황이 다가오면 겁쟁이로 변할지도 모른다. 그들에게 더 두려운 것은 치욕보다 죽음이다.

셋째는 잘못되거나 부적절한 이유에서 혹은 위험을 의식하지 못한 채 성급하고 무모하게 행동하는 사람이다. 이것은 아리스토텔레스가 말하는 용기가 아니다. 그는 '올바른' 용기를 가진 사람이 망설임 없이 행동하는 것은 맞지만, 가치 있고 명예로운 목적이 있어야 하며 위험을 제대로 인지하고 행동해야만 인정할 수 있다고 했다.

넷째는 술기운으로 지나치게 자신만만하게 행동하는 사람이다. 아리스토텔레스는 술기운에서 한 행동은 원하는 방향으로 진행되지 않을 수도 있고, 한숨 자고 나면 모두 잊거나 다르게 행동할 수 있다면서 이런 사람은 전혀 믿음이 가지 않는다고 했다.

다섯째는 앞에 놓인 위험을 인식하지 못하고 행동하는 사람이다. 초반에는 앞으로 닥칠 상황과 위험을 제대로 의식한 이들의 눈에는 그의 행동이 용감해 보일 수도 있다. 하지만 사실은 중요한 요점을 모르고서 나온 가짜 용기였다는 사실을 알게 되면 그런 생각이 싹 사라질 것이다.

이 목록을 끝내며 하나 덧붙인다. 때로는 두려워할 용기가 필요할 수도 있다.

아리스토텔레스가 말한 가짜 용기 목록에 여러분이 생각하는 또 다른 의견들을 더해보자. 장시 〈돈 후안〉을 쓴 영국 시인 조지 고든 바이런George Gerdon Byron은 그의 출판업자 존 머레이John Murray에게 다음과 같은 글을 써서 보냈다.

프랑스인의 용기는 허영심에서 나온다. 독일인의 용기는 냉정함에서, 터키인은 광신과 아편에서, 스페인인은 자부심에서,

영국인은 차분함에서, 네덜란드인은 완고함에서, 러시아인은 무감각에서, 이탈리아인은 화에서 나온다.

이는 분명 정치적 올바름에서 벗어난다. 아리스토텔레스는 정치적 올바름에 대해 신경 쓰지 않았을 듯하지만, 만약 위의 내용을 읽었다면 바이런에게 자신이 쓴 모든 글이 진정한 용기와는 아무런 관련도 없다고 했을 것이다. 그 이유를 짐작할 수 있겠는가?

그렇다면 진정한 용기란 무엇일까? 아리스토텔레스는 《라케스》에 적은 것과 달리 이렇게 말했을 수도 있다. 이 내용은 《니코마코스 윤리학》에서 찾아도 나오지 않는다. 내가 아리스토텔레스의 사상을 나름대로 이해하고 정리한 것이니까.

용기란 필요할 때, 오직 필요할 때만, 올바른 이유와 합당한 목적에서, 올바른 방법으로, 어떤 위험이 따르는지 정확하게 인지하고 위험을 극복하면서 올바른 일을 하는 것이다.

마지막으로 이 사실을 다시 일깨우면서 용기 편을 마치겠다. 항상 우리에게 너무 가까이 있는 죽음을 두려워하는 것은 정말 바보 같은 일이다. 그리고 용기 없이는 삶도 없다.

과하지 않은 중용의 법칙

■

절제, 즉 중용中庸은 육체적·정신적 쾌락과 관련 있다. 아리스토텔레스는《니코마코스 윤리학》3권 10~12장에서 용기 바로 다음에 이 덕목을 논한다. 절제는 탐닉(쾌락주의)과 금욕, 즉 쾌감을 느끼지 못하는 것 사이에 자리한다. 아리스토텔레스는 분명 만취할 정도로 혹은 혼자서 습관적으로 술을 마시는 사람들을 좋아하지 않았을 것이다. 하지만 친구들과의 파티에서 와인 한 잔조차 거부하는 사람들 역시 마음에 들어 하지 않았으리라. 절제는 거의 모든 유형의 쾌락에서 중요한 지침이다. 금욕과 중독은 양극단이며 정확하게 꼬집어 말할 수는 없지만 그사이 어딘가에 올바른 중도가 존재한다.

17세기 영국 시인이자 학자인 존 밀턴John Milton은《실낙원》에서 절제를 '과하지 않음의 법칙'이라고 정의한다. 이 법칙을 따르는 사람들이 오래 살 것이라고도 한다.

정신적인 즐거움도 넘치거나 모자라지 않는 중간 상태로 즐겨야 한다. 파스칼과 쇼펜하우어는 심지어 독서도 적당히 해야 한다고 했다. 파스칼은 너무 빨리 읽지 말라고 권하고, 쇼펜하우어는 지나치게 많이 읽지 말라고, '어리석게 읽지 말라'고 경고한다.

아리스토텔레스는 우리에게 절제의 미덕을 따르는 사람은 부족함도 고통도 겪지 않을 것이라고 말한다. 반면 중용을 실천하지 않는 사람은 쾌락 속에서도 결국 고통을 겪고, 지나친 욕망이 그들을 괴로움에 빠뜨릴 것이다. 나의 좋은 친구이자 현명한 정신분석학자인 요람 요벨Yoram Yovell 교수는 이렇게 표현했다.

모든 위대한 철학자들과 세상의 모든 현자가 동의하는 것이 딱 하나 있다. 쾌락의 중독은 결코 행복으로 통하지 않는다는 것이다. 쾌락을 극대화하려는 사람은 절대로 행복해질 수 없다. 쾌락과 행복은 엄연히 다르다는 깨달음이 나를 진정한 행복으로 이끌었다.

확실하게 짚고 넘어가자면, 요벨 교수의 조언은 모든 쾌락을 금지하라는 것이 아니라 **올바른 정도의 쾌락**을 추구하라는 것이다.

금욕은 유대교의 사상과 맞지 않는다. 나는 신이 아담과 이브에게 벌을 내린 이유가 금단의 열매를 따 먹었기 때문이 아니라 에덴동산에 심은 풍성한 나무들의 열매를 전부 맛보지 않았기 때문이라고 해도 거부감이 들지 않는다. 《탈무드》에는 이런 해석이 있다. "레브의 이름으로. 미래에 사람은 그의 눈이 본 모든 것과 먹지 않은 것들을 판단하고 고려할 것이다." 《탈무드》 〈키두신〉 4장 12절 3)

정리해보자. 쾌락을 **인생의 유일한 목적**으로 삼아 강박적으로 추구하는 것과 일상의 크고 작은 목표 중 하나로 취급하는 것의 차이는 엄청나다. 일상에서 느끼는 다음과 같은 즐거움을 포기하고 싶은 사람은 없을 것이다. 춥거나 비가 내리는 날에 포근한 이불 속에 눕는 것, 친구들과 축구하는 것, 길고양이에게 먹이를 주는 것, 음악을 듣는 것 등. 내 다른 책《행복해지는 1000가지 방법1000 Ways to Be Happy》에서 이미 이 주제로 목록을 제시했으니 여기에서는 건너뛰기로 한다. 궁금한 사람은 그 책을 읽어보길. (갑자기 든 생각인데, 아리스토텔레스는 내가 그 책 제목에 '행복'이라는 단어를 사용한 것을 마음에 들어 하지 않았을 것이다. '1000가지 사소하지만 중요한 즐거움'이라는 제목을 더 마음에 들어 했을 것 같다.)

니체의 말을 빌리자면, 작은 즐거움이 없다면 실패한 인생이다. 쾌락 이야기가 나온 김에 매우 흥미로운 사고 실험을 하나 소개하겠다.

쾌락 기계가 던진 질문

철학자 노직은 '경험 기계' 또는 '쾌락 기계'라는 사고 실험을 구상했다. 여기에서는 '쾌락 기계'라고 부르기로 하자. 노직은 이 실험에 대한 글을 여러 번 썼는데 그의 저서《무엇이 가치 있는 삶인가》에 소개되어 있다. 이는 11장에서 좀 더 자세히 소개하겠다.

실험은 이런 식으로 진행된다. 어떤 경험이든 선사할 수 있는 기계가 있다고 해보자. 여러분이 무엇을 원하든 다 가능하다. 이 쾌락 기계와 연결되면 멋진 시를 쓰거나 마라톤 대회에서 승리할 수도 있고, 세계를 지배하고, 모든 국가를 평화롭게 통일할 수도 있으며, 누군가를 사랑하고 또 그가 나를 사랑하게도 만들 수 있다.

보너스도 있다. 앞으로 살아가는 동안 경험할 즐거움을 직접 프로그래밍할 수 있다는 것이다. 어떤 경험을 하면 좋을지 상상력이 부족한 사람은 흥미로운 삶을 산 사람들의 전기에서 정보를 얻고 최고의 작가들과 심리학자들에게도 도움을 받을 수 있다. 온갖 멋진 꿈들을 경험할 수 있을 것이다. 이 기계로 들어가자마자 스스로 이 모든 사실을 다 잊어버리게 된다. 진짜가 아니라는 것을 알면 즐거움이 망가질 수 있으니까. 자, 그럼 여기에서 질문한다. **앞으로 남은 삶 동안**, 이 경험 기계 안에서 살아가는 것과 현실을 살아가는 것 중에서 무엇을 선택하겠는가? 온갖 쾌락을 경험할 수 있는 기계와 스스로 제어하지 못하고 고통이 있을 게 분명한 현실 중에서 하나를 선택해야 한다. '쾌락의 세상으로 가는 문'을 열겠는가? 아직도 결정하지 못했는가? 이 기적의 기계가 자신에게는 맞지 않는 것 같은가?

노직은 인간이 쾌락이 없거나 고통이 따르는 것보다 당연히 쾌락을 선택할 것이라는 쾌락주의 철학자들에게 동의하지 않왔다. 아마도 쾌락주의에서는 대다수 인간이 즐겁고 긍정적인 감정만 느끼게 해주는 '쾌락 기계'를 선택하리라 생각할 것이다. 그러나 노직은 그렇지 않다고 했다.

'고통'이 항상 행복의 반대는 아니며 모든 쾌락이 행복을 가져다주지는 않는다. 이 사실을 기억해야 한다. 헤로인에 중독된 이가 이런 말을 한 적이 있다. 헤로인은 실제로 행복에 다가가지 **못하게** 하는 쾌락을 준다. 그는 런던이 전갈자리의 주성 안타레스와 한참 떨어져 있는 것처럼 헤로인은 행복에서 한참 멀다고 했다.

어떤 상황에서 쾌락은 쉽게 사기꾼의 정체를 드러내기도 한다. 쾌락 기계도 여기에 속할 것이다. 나라면 수만금을 준다고 해도 이 기계를 선택하지 않을 것 같다.

나는 강연에서 이 사고 실험을 여러 번 설명했다. 강연을 듣는 이들 가운데 쾌락 기계를 선택하지 않겠다는 사람이 70~80퍼센트를 차지한다. 그러니 내 선택은 결코 특이한 게 아니다. 일반적으로 사람들은 진짜 기분과 감정을 다양하게 경험할 수 있는 현실을 가짜 쾌락보다 선호한다.

다양한 감정을 실제로 경험하는 것을 포함해 진실과 의미는 행복을 쌓기 위한 필수 요소이고 어쩌면 초석이라고도 할 수 있다. 그렇지 않다면 지금 인류는 환각제를 개발하고 환각 버섯을 캐러 다니느라 정신이 팔려 있었을 것이다.

칸트는 《순수이성비판》에서 도덕의 주요 기능은 사람들에게 행복해지는 법을 가르치는 것이 아니라 행복할 **가치가 있는** 사람이 되라고 가르치는 것이라고 적었다. 이 사고 실험의 결과로 칸트의 통찰력을 다시 한 번 확인했는가?

노직이 이 실험을 고안한 것은 인간의 모든 행동은 쾌락을 경험하고 괴로움을 피하기 위해서라는 쾌락주의의 기본 전제를 반박하기 위해서였다.

알아차렸겠지만 플라톤도 이 주제에 대해 할 말이 있다.《대화편》〈필레보스〉에는 필레보스 Philebus 와 소크라테스의 대화가 나온다. 필레보스는 삶의 목적이 '기쁨'과 '쾌락'을 얻는 것이라고 주장하고 소크라테스는 즐거움보다 더 중요한 것이 있으며 너무 많은 쾌락은 장기적으로 해롭고 심지어 불행을 가져다준다고 한다.

알다시피 억제되지 않은 쾌락의 추구는 중독으로 이어질 수 있다. 더 많이, 더 다양하게 원하는 것이 쾌락의 본질이기 때문이다. 우리는 섹스, 헤로인, 술, 도박, 음식, 근력 운동, 소셜 미디어, 포르노 등에 중독될 수 있다. 중독은 행복의 정반대다.

노직의 사고 실험이 쾌락주의의 주장을 반박하는 데 성공했는가? 직접 판단해보자. 철학자들 사이에서도 활발한 논쟁이 이루어지고 있다.[8]

문학 전문가들은 오웰의 소설《1984》를 헉슬리의《멋진 신세계》와 비교하곤 한다. 전자는 공산주의적 전체주의, 후자는 자본주의적 전체주의에 대한 신랄한 비판이라고 말이다. 전자에서 대중은 감시와 고문으로 통제를 받고, 후자의 책에서는 행복감을 느끼게 해주는 소마SOMA라는 약물을 통해 성적 쾌락을 유발하는 방법으로 통제받는다. 이는 현실이나 진실과는 무관한 행복이다. 《멋진 신세계》는 쾌락·진실·자유의 상호작용을 탐구한다.

스무 권이 넘는 책을 쓴 작가이자 대중 커뮤니케이션 연구자인 닐 포스트먼Neil Postman은 뉴욕대학교 커뮤니케이션 기술학과의 학과장이자 같은 대학 미디어 생태 프로그램의 설립자였다. 그는 저서 《죽도록 즐기기Amusing Ourselves to Death》에서 현대의 텔레비전이 헉슬리의 소마 역할을 한다는 견해를 내놓았다.

헉슬리에 따르면(나 역시 전적으로 동의하는데) 텔레비전은 자발적으로 복종하고 더 많은 오락을 원하는 대중들에게 마약이 되어주었다. 헉슬리의 우울한 비전이 뼈와 살을 만들어 현실화된 것이다. 물론 훌륭한 프로그램이 없는 것은 아니다. 마땅히 인정받을 만한 양질의 프로그램도 아주 많다. 하지만 그런 프로그램들은 시청률이 따라주지 못한다. 인구의 상당수가 중독되어 있는 순수 '오락'이 아니기 때문이다.

오웰과 헉슬리의 디스토피아 사회에서는 모두 성과 관련해 놀라운 일이 벌어진다. 얼핏 보면 두 책이 완전히 다른 관점에서 주제에 접근하는 것 같다. 오웰의 책에서 성은 인류의 존속을 위해서만 허용된다. 반면 헉슬리의 책에서는 성이 더는 생식이 아닌 오로지 쾌락을 위한 것이다. 그곳에서는 어린 시절부터 성에 적극적으로 (헉슬리의 표현을 그대로 가져오자면 "햇살이 내리쬐는 가운데 이 꽃에서 저 꽃으로 옮겨가는 기분 좋은 나비처럼") 개입하라고 권장받는다. 하지만 놀라운 점이 있다. 이 두 세계는 성을 취급하는 방식이 정반대이지만 결국 똑같은 결론에 이른다. 성이 특유의 마법과 가치를 잃고 완전히 하찮은 것이 되어버렸다. 헉슬리는 연속적인 즐거움이 좋지만 이것이 행복은 아니라고 확신했던 듯하다.

물론 모두가 쾌락 기계 대신 현실을 선택하는 것은 아니다. 가상현실 전문가인 한 친구는 내 결론에 반박했다. VR 기술에 대한 회의와 지나친 책임감, '그다지 젊지 않은 나이'에서 나온 견해라는 것이다. 그는 내가 현실이 아닌 쾌락 기계를 선택하도록 설득하려고 했다.

"만약 가족과 친구들도 전부 그 기계에 접속해서 자네가 이 가상 세계에서 모범적인 가장이 될 수 있다면 어떨까? 그 안에서는 아무런 고통도 없고 즐거움만 있어. 그럼 그 기계에 접속하고 싶지 않겠어? 진실이 자네에게 그렇게 중요한가? 어쨌든 우리는 〈매트릭스〉나 〈트루먼 쇼〉 같은 조작된 세계에서 존재하잖아. 만약 세상 모든 사람들이 기계를 선택한다면 그래도 자네는 혼자 현실에 남을 건가? 만약 자네가 접속해야만 다른 사람들도 접속할 수 있다면 어쩔 텐가?"

나는 이쯤에서 그의 말을 가로막고 그가 노직의 사고 실험과는 전혀 다른 새로운 실험을 만들고 있으며 우리의 의견 불

일치는 계속될 것이라고 대답했다.

나는 "만약 ○○○ 하면 어떻게 할 것인가?"라는 질문으로 시작하는 심리학 실험은 뭐가 됐든 의심스럽다. 어떤 상황에서 어떻게 **행동하리라고** 아무리 말해봤자 소용이 없다. 정말로 그 상황이 닥치기 전에는 **정확히** 어떻게 행동할지 알 수 없으니까. 마찬가지로 내 강연에서 쾌락 기계가 아닌 현실을 택하겠다고 답하는 사람들이 훨씬 많다는 사실은 그저 흥미로운 사실일 뿐이다. 그들이 실제 상황에서는 어떤 반응을 보일지 알 수 없으므로 그 사실은 그 무엇도 증명해주지 않는다.

자, 이제 다음 덕목으로 넘어가보자.

관대함과 부자
■

관대함은 낭비와 인색함 사이에 존재하는데 낭비에 훨씬 더 가깝다. 인색함은 심각한 정신병이다. 구두쇠들을 병원에 입원시키지 않는 이유는 단 하나, 인색함이 워낙 널리 퍼져 있는 병이기 때문이다. 모금 행사를 진행해본 적 있는 사람이라면 아주 잘 이해할 것이다. 지금까지 살아오면서 발견한 사실이 하나 있다. 인색함은 나이와 재산에 비례한다. 정말 이상하다.

아리스토텔레스는 《니코마코스 윤리학》 4권 1장에서 관대함을 다룬다. 그는 암시적으로 이렇게 조언한다. 운명이 여러분의 편이라 재정 상태가 탄탄하다면(적어도 적당한 정도라면) 운명의 여신에게 가혹한 취급을 받아서 필요한 것을 전부 다 얻지 못하는 사람들을 너그럽게 대하라고 말이다.

하지만 꼭 부자가 아니더라도 너그러워질 수 있다. 돈은 너그러움의 한 측면일 뿐이다. 프랑스 철학자 시몬 베유Simone Weil도 말했듯이, 진실하고 순수한 관심은 (다시 말해서 우리의 가장 소중한 자원인 시간을 누군가와 나누는 것은) 가장 고귀한 너그러움의 표현이다. 또한 내가 주고 싶은 것이 아니라 상대방에게 필요한 것을 줘야 한다는 사실도 꼭 기억해야 한다.

통이 큰 것

∎

'통이 큰 것'의 미덕은《니코마코스 윤리학》4권 2장) 관대함을 더 큰 규모로 확장한 것이라고 할 수 있다. 통이 큰 것으로 번역되는 그리스어 메갈로프레페이아는 관대함으로 번역되는 그리스어 제나이오도리아와 엄연히 다르다. 메갈로프레페이아megaloprepeia는 '위대한'을 뜻하는 megalo와 '두드러짐'과 관련 있는 prepeia가 합쳐진 단어이므로 '장대함magnificence'과 비슷할 것이다. 이 단어의 라틴어 어원은 magnum facere이고 위대하거나 장관을 이루거나 깜짝 놀라게 하는 것을 가리킨다. 따라서 이 미덕은 적절하게 큰 규모의 행동과 관련 있다. 기꺼이 많은 비용을 지출함으로써 사건의 진행에 영향을 끼치는 것이다.

아리스토텔레스가 부유한 사람들에게 전하는 메시지가 있다. 톨스토이와 달리 그는 가진 모든 재물을 포기할 필요가 없다고 했다. 그러나 아리스토텔레스는 경제적으로 매우 부유했던 톨스토이가 "낙타가 바늘귀로 들어가는 것이 부자가 하나님의 나라에 들어가는 것보다 쉬우니라 하시니"(《마태복음》 19장 24절)라는 구절을 자주 인용한 이유를 이해했을 것이다. 아리스토텔레스도 톨스토이도 재산만 자랑하고 그 돈을 선을 위해 사용하지 않는 사람을 절대로 존중하지 않았으리라.

아리스토텔레스의 유명한 친구이자 스승은 이 사안에 대해 어떻게 생각했을까? 플라톤은 《법률》 5부에 이렇게 적었다. "매우 부유한 사람은 그렇게 좋은 사람이 아니다." 아주 간단하면서도 가혹한 판결이다. 매우 분명하게 주장하지만 너무 포괄적이라서 얼마나 정확한 말인지는 모르겠다.

노벨문학상을 수상한 콜롬비아 작가 가브리엘 가르시아 마르케스Gabriel García Márquez는 진정한 부자와 돈만 많은 가난한 사람은 엄연히 다르다고 했다. 정말 멋진 구분법이다! 나는 주머니는 가난해도 마음은 풍요로운 사람들도, 돈이 엄청나게 많은데도 마음은 가난한 사람들도 만나보았다.

언젠가 〈은행에 120억 달러가 있으면서 왜 140억 달러가 필요한가〉라는 제목의 짧은 글을 쓴 적이 있다. 요약하자면, 정신적으로 연약하기 때문이다.

조금으로 만족하지 못하는 사람은 얼마를 가지더라도 만족할 수 없다. 자연적인 수준 이상의 부는 마치 물이 넘쳐흐르는 통에 물을 붓는 것과 같다.

에피쿠로스

하지만 인생의 모든 것이 그러하듯 이것도 간단한 문제가 아니다. 부유하고 유명한 사람들은 대부분 톨스토이처럼 아낌없이 내어주거나 거부처럼 인색하게 구는 것 사이에 놓여 있다. 그중에서 너그러움에 좀 더 가까운 부자의 예를 들어보겠다.

기부의 적합한 정도

홍콩에 본사를 둔 듀티프리샤퍼스 그룹을 공동창업한 미국인 사업가이자 자선가 찰스(척) 프란시스 피니Charles(Chuck) Francis Feeney는 1982년에 민간 최대 규모의 자선단체인 애틀랜틱 필란트로피스를 설립했다. 그 단체는 '살면서 나누기'를 실천한다. 피니는 40년 넘게 80억 달러가 넘는 돈을 계속 익명으로 기부해오다가 1997년에 사업상 분쟁으로 인해 그 사실이 밝혀지게 되었다. 2020년 피니는 자신이 가진 돈을 거의 다 나눠주는 임무를 완수한 뒤에 애틀랜틱 필란트로피스의 문을 닫았다.

유대교의 현자들은 익명의 기부자가 모세보다 더 위대하다고 말한다. 자신의 '이타적인' 행위를 남이 알아주기를 바란다면 이타적이라고 말할 수 없다. 피니의 자선 행위가 결국 알려졌으나 고의는 아니었다. 참고로 피니는 더 기빙 플레지(워런 버핏Warren Buffett과 빌 게이츠가 설립한 재단으로, 이 재단을 통해 부자들이 재산 대부분을 사회에 환원할 것을 약속한다—옮긴이)에 기부 서약을 했다. 그의 행동은 게이츠와 버핏에게 큰 영향을 끼쳤고 그들은 피니를 자신들의 영웅이라고 불렀다.

키케로는 저서 《의무론》 2권에서 극도로 부유한 사람들은 커다란 특권을 받았으므로 (자본을 손해 보지 않고 좋은 일을 할 기회이므로) 이 능력을 활용하는 것은 그들의 도덕적 의무라고 설명한다.

의무라는 주제가 나왔으니 말인데, '의무적' 행위(해야 할 의무가 있는 것들)와 '초과 의무적' 행위(의무가 아닌 선하고 가치 있는 행동)의 윤리학에는 차이가 있다. 초과 의무적 행위는 ('친절이나 품격에서' 나오는 자발적인 행동을 가리키는) **도의상**ex gratia이라는 표현과 비슷한 의미다. 동물권 운동가로도 유명한 호주의 도덕철학자 피터 싱어Peter Singer는 〈기근, 풍요, 도덕Famine, Affluence, and Morality〉[9]이라는 제목의 기사에서 실제 필요하지도 않은 값비싼 옷을 사는 행위는 비도덕적이며 필요한 사람들에게 기부해야 한다고 적었다.

그 글은 1972년에 방글라데시에서 충격적인 기근을 목격한 후에 쓴 것이었다. 하지만 내용은 오늘날에도 여전히 유효하다.

패션 산업은 세계적으로 매우 심각한 환경오염의 원인으로 전 세계 탄소 배출량의 10퍼센트를 차지한다. 이는 항공기와 선박에서 배출되는 탄소를 합친 것보다도 많다. 싱어는 우리가 낡은 옷을 계속 입고 비싼 옷을 살 돈을 필요한 사람들에게 준다고 해서 중요한 욕구가 희생되는 것은 아니라고 말한다. 이 윤리학 교수는 작년에 산 아직 상태가 좋은 옷이나 '빈티지' 옷을 입는 것은 자선 행위나 너그러운 행위가 아니며 초과 의무적 행위도 아니라고 말한다. 그것은 그저 우리가 **꼭** 해야 할 일일 뿐이다.

나는 싱어의 글에 동의하지만 혼란스럽기도 했다. 새 차를 팔고 가장 저렴한 모델로 바꿔서 차액을 기부해야 하는가? 나는 그렇게 못할 것 같다. 게다가 만약 모든 사람이 새 옷이나 멋진 자동차를 사는 것을 멈춘다면 경제와 많은 사람들의 생계에 피해가 갈 것이다. 도대체 개인은 어떤 선택을 해야 할까?

내 마음은 즉각 아리스토텔레스에게로 향했고 유대교의 가르침으로 넘어갔다. 유대교에는 아리스토텔레스의 덕목에 대한 매우 명확하고 수량적인 표현이 있다. 바로 '십일조'다. 유대인들은 레위 지파支派의 안녕을 위해 농작물의 10분의 1을 따로 떼어놓아야 할 의무가 있다. 레위 지파는 나머지 11지파와 달리 이스라엘인들이 40년 동안 사막에 머물다가 가나안 땅에 들어갈 때 땅을 받지 못했다. 그 이유는 땅을 소유하는 것이 아니라 신전에서 봉사하는 것이 레위 지파의 의무이기(그중에는 제

사장들도 있었다) 때문이었다. 나중에 유대인들이 추방당했을 때 이 계명은 개인 수입의 10분의 1을 자선에 사용하는 것으로 바뀌었다.

물론 기여하고 돕는 방법은 여러 가지다. 어떤 사람들은 돈을 기부하고 또 어떤 사람들은 시간과 에너지를 들인다. 심지어 장기를 기증하는 사람들도 있다.

관대함과 너그러움의 주제에서 '효율적 이타주의'에 대해 몇마디 하고자 한다. 이것은 과학적 증거와 철학적 추론을 이용해 제한적인 예산 한도에서 최대한 많은 사람을 돕는다는 개념의 철학적·사회적 운동이다. 싱어는 이 운동의 가장 잘 알려진 지지자다. 효율적 이타주의에서 '선을 행하는' 목적은 주는 사람의 기분을 위해서가 아니라 최대한 많은 사람을 위한 최선을 선택하는 것이다. 기분이 좋아지거나 얼핏 매력적으로 보이는 선행이 아니라 가장 효율적인 선행을 목표로 한다.

100만 달러를 기부한다고 해보자. 영국 국왕에게 기부하는 것은 이타적일 수도 있지만 전혀 효율적이지는 않다. 그쪽에는 아무 도움이 되지 않을 것이다. 이 돈은 영국 정부의 계좌에 들어가도 별다른 표시조차 나지 않을 것이다. 100만 달러를 노숙자에게 주는 것이 더 효율적이지만 한 사람만 돕기에는 아쉽다. 할리우드 배우 조지 클루니George Clooney는 100만 달러가 든 여행 가방을 열네 명의 친구에게 주었다. 정말 멋지고 대단한 일이다. 하지만 분명 그의 친구들은 그다지 가난하지 않을 테니 이를 효율적 이타주의로 보긴 어렵다. 하지만 아프리카 개발도상국의 아이들이 오염된 물 때문에 목숨을 잃지 않도록 배관 시스템을 설치하는 데 100만 달러를 기부한다면 매우 **효율적**일 것이다. 효율적 이타주의라고 부를 만한 일들은 그밖에도 아주 많다. 폭력 피해 여성들을 위한 쉼터 짓기, 메이크어 위시 재단이나 월드푸드 프로그램 같은 자선단체에 기부하기, 불치병 치료를 위한 의학 연구에 지원하기, 부당하게 유죄 판결을 받은 죄수들에게 법률 지원 제공하기, 동물 보호소 짓기 등. 가치 있는 목표는 다양한 곳에 존재한다. 진짜 어려움은 기부처를 정하는 것이다. 효율적 이타주의는 철학적인 숙고와 경제 연구의 도움으로 바로 이 질문과 씨름한다.

장기주의 철학에서는 단기적인 행복을 희생해 장기적인 생존에 투자를 집중해야 한다고 주장한다. 만약 독일 작가 카를 루트비히 뵈르네Karl Ludwig Börne가 살아 있었다면 이 운동에 참여하지 않을 것이다. 그는 미래를 위해 사는 것은 끊임없이 악기 조율만 하고 절대 콘서트 무대에 오르지 않는 것과 같다고 주장했다.

선을 행하는 목적

어느 날, 개인이 만족감을 느끼기 위해 돈이 얼마나 필요한

지에 대한 온라인 토론을 지켜보고 있었다. 아주 다양한 금액이 제시되었다. 카너먼과 영국의 경제학자 앵거스 디턴Angus Deaton의 이름도 여러 번 나왔다.[10] 갑자기 폭탄이 떨어졌다. 인도에 사는 네티즌이 모두 틀렸다고 주장하면서 '부와 자본이 많을수록 더 행복하다'고 말했다. 그의 주장은 다음과 같았다.

"조금만 덜 이기적으로 생각해보면 내 말의 뜻을 이해할 것입니다. 자신만 생각한다면 살아가기에 적당한 돈이면 충분합니다. 하지만 공감 능력이 뛰어나고 세상에 도움이 필요한 이들이 많다는 것을 아는 사람에게 돈은 많을수록 좋습니다. 노숙자들에게 비옷을 사주거나 쉼터를 짓거나 신약 개발 연구나 오지 병원 건설에 기부하는 등 너무도 많은 일을 할 수 있기 때문이죠."

약 2000년 전에 키케로도 비슷한 생각을 했다.

친근함

■

친근함은 philia, 즉 우정과 비슷하다. 아리스토텔레스는 우리가 다른 사람들에게 얼마나 친근하고 따뜻하게 대해야 하는지 논한다(《니코마코스 윤리학》 4권 6장). 극도로 심술궂은 것부터 노골적으로 굽실거리는 것, 아첨까지 다양한 행동이 있을 수 있다. 이 주제를 다루는 아리스토텔레스의 어조는 꽤 절제되어 보이지만 내 생각에 그는 복종이나 아첨을 매우 거슬려 하는 듯하다. 특히 개인적인 이익을 얻으려는 아첨을 좋게 보지 않았다.

그는 우정에 명예의 자리를 부여하지만 여기에도 주의할 점이 있다. 올바른 평가가 필요하다. 사람들에게 친근하게 대하되, 잘 모르는 사람들과 친교를 맺을 필요는 없다. 이 시점에서 아리스토텔레스의 논의와 간접적으로 관련이 있는 문제를 다루고 싶다. (개인적인 해석의 일부이므로 괜찮으리라고 생각한다.)

이런 질문을 던지고 싶다. 사람은 진정한 친구를 얼마나 많이 사귈 수 있을까?

〈전도서〉에는 둘이 하나보다 낫다고 쓰여 있다. 그렇다면 셋도 하나보다 나을까? 하지만 일곱이나 열넷 등 셋보다 많은 숫자가 하나보다 낫다는 말도 없다. 아마도 〈전도서〉의 저자들은 진정한 우정이 고전적이고 가장 보편적인 버전의 진정한 사랑과 비슷하다고 생각했던 듯하다. 둘이 가장 이상적이라고 말이다.

파스칼은 진정한 친구가 있는 사람은 운이 좋다고 했다. 대부분은 그런 이가 없기 때문이다. 그리고 진정한 친구가 곁에 많다고 생각하는 사람은 진정한 '친구'가 무엇인지 모르는 것이라고 했다.

몽테뉴는 진정한 우정은 진정한 사랑보다 더 드물 뿐 아니라 사랑과 마찬가지로 우리는 한 사람 이상에게 진정한 친구가 되어줄 만한 불굴의 의지가 부족하다고 적었다.

생텍쥐페리는 《어린 왕자》에서 누구에게나 친구가 있진 않기에 친구를 잃는다는 것은 슬픈 일이라고 했다. 생텍쥐페리는 몽테뉴나 파스칼과 같은 프랑스인이었다. 이 사실을 왜 언급하는지 궁금할 것이다. 예전에 조금은 충격적인 정보를 접한 적 있기 때문이다. 프랑스에서 이루어진 설문조사에서 400만 명이 넘는 이가 친구가 단 한 명도 없다고 답변했다고 한다. 정말 슬픈 일이다.

외로움으로 고통받는 사람들이 프랑스에만 있는 것은 아니다. 이는 사회 전체에 퍼져 있는 문제로 보인다. 아주 간단한 문제를 내겠다. 트레이시 크라우치Tracey Crouch가 누구인지 아는가? 영국의 테레사 메이Theresa May 총리는 2017년에 체육·시민 사회 장관이었던 크라우치를 외로움 문제를 담당할 **고독부** 장관으로 겸직 임명했다. 영국에서도 외로움이 상당히 심각한 사회문제인 듯하다.

소셜 네트워킹 시대를 살아가는 우리는 사교성이 줄고 외로움은 커진 듯하다. (이 사실을 증명하는 연구 결과도 있다.) 개인적으로 나는 실용적인 철학에 뛰어났던 마피아 두목 알 카포네Al Capone의 말에 동감한다. 그는 이렇게 말했다. "친구를 조심해서 사귀어라. 나는 1센트 100개보다 25센트 네 개가 좋다." 아리스토텔레스라면 알 카포네라는 인간 자체는 경멸했겠지만 이 말만큼은 박수를 보냈을 것이다.

성공의 야망

■

적절한 야망의 미덕은 무슨 수를 써서라도 성공하고 싶은 강
박과 성공에 대한 무관심 사이에 자리한다

《니코마코스 윤리학》 4권 4장

아리스토텔레스는 주로 명예를 중심으로 논의가 이루어지는
경향이 있는데, 그만큼 그에게 중요한 문제였다. 따라서 이 덕
목을 균형 있게 논의하려면 합당한 출처에서 수용 가능한 여
러 형태의 명예를 분별 있게 추구해야 한다.

그러나 여기에서는 명예가 아니라 성공의 야망에 초점을 맞
출 것이다.

인터넷에서 이런 이야기를 여러 번 접했다. 일반적으로 동기
부여 전문가이자 누구에게나 효과적인 성공의 비결을 발견한
구루라고 평가받는 에릭 D. 토머스Eric D. Thomas가 한 말이라고
한다. 요약하자면 이렇다.

"만약 성공이 공기만큼 중요하다고 믿는다면 당신은 성공할
것이다."

성공을 원하는 사람은 적지 않다. 솔직히 이것은 심하게 절
제된 표현이다. 대다수가 오직 성공만을 원한다. 무슨 수를 써
서라도 성공하고 싶어 한다! 아리스토텔레스는 그런 사람들에
게 물을 것이다.

"그 성공의 목표가 무엇인가? 성공이 더 높은 목적에 도움이 되는가? 만약 그렇다면 그 목적은 무엇인가?"

나는 이렇게 묻고 싶다. 성공이란 무엇인가? 누가 정하는가? 옥스퍼드사전에서는 성공을 이렇게 정의한다. "명성, 부 또는 사회적 지위를 이룸."

명성과 돈, 높은 사회적 지위가 성공인가? 세네카와 에픽테토스, 아우렐리우스가 이 정의를 듣고 뒤로 자빠질 정도로 충격받을 모습이 선하다. 그들의 신조에 대해서는 차차 살펴보도록 하자.

우리는 사회적 지위 등을 얻기 위해 힘차게, 맹목적으로 노력해야 하는가? 그런데 사회는 어떻게 우리의 지위를 정하는가? 그리고 왜 우리가 그것에 신경을 써야 하는가?

내 생각에 우리에게 가깝고 소중한 사람들의 의견이 중요하다. 하지만 이는 어디까지나 내 견해일 뿐이다. 알다시피 사회적 지위를 극도로 중요하게 보는 사람들이 얼마나 많은가. 인스타그램의 좋아요나 페이스북의 공유하기 숫자가 그들의 기분을 들었다 놓았다 한다.

내 책 《가장 아름다운 어린 시절의 기억The Most Beautiful Childhood Memory》에서 '성공'에 대한 나만의 정의를 제시한 적이 있다.

- 좋은 사람이 되는 것.
- 사랑하는 법을 아는 것.

- 나를 아는 사람들, 특히 가족에게 사랑받고 인정받는 것.

- 좋은 친구가 되어주는 것.

- 양심과 억울함에 사로잡히지 않고 삶의 모든 고통을 받아들이는 것.

- 너그러워지는 것.

- 전반적으로 좋은 기분을 유지하는 것.

- 현명하고 겸손한 것.

- 한 분야에서 탁월한 능력을 드러내는 것.

- 세상을 떠날 때 나를 그리워할 많은 사람이 있는 것.

이것들을 성공이라 한다면 그 반대는 '실패'라고 정의할 수 있을 것이다.

적절한 야망과 오만의 차이

포부가 큰, 즉 위대한 영혼(메갈로프시키아)은 《니코마코스 윤리학》 4권 3장에서 논의된다. magna는 라틴어로 '위대한'이라는 뜻이고 animus는 '마음·정신'을 의미한다. magnanimity는 '위대한'을 뜻하는 그리스어 megalo, 마음과 정신을 뜻하는 psychia와도 관련 있다. 따라서 이 그리스어 메갈로프시키아 megalopsychia의 가장 정확한 해석은 '적절한 자존감' 또는 '솔직한 자존감'이다.

'관대함'과 '통이 큰 것'이 규모의 차이일 뿐인 것처럼(보통 부자인가, 어마어마한 재벌인가) '적절한 야망'과 '포부가 큰 것'도 마찬가지다. 전자가 '평범한' 사람을 가리킨다면 후자는 진정으로 위대한 정신과 영혼을 가진 사람을 나타낸다.

쇼펜하우어는 만약 평범한 사람이 겸손하다면 칭찬할 만하지만 위대한 사람의 겸손은 위선이라고 했다. 이런 생각은 아리스토텔레스가 먼저 내놓았다. 아리스토텔레스의 중도 원칙에 따르면 적절한 자존감(자신감)은 과대망상과 오만함의 죄악과 자신에 대한 **과소**평가의 양극단 사이에 자리한다.

오만은 일종의 자기애 과잉이다. 이는 실수의 일종으로, 때로는 자기 자신에 대한 과대평가가 아니라 타인에 대한 과소평가로 나타나기도 한다. 철학자 바뤼흐 스피노자Baruch Spinoza는 오만의 문제점을 지나친 자존감이자 과장된 자기중심주의라고 지적했다(그는 아리스토텔레스처럼 위대한 영혼을 가진 사람과 그렇지 않은 사람을 구별하지는 않았다). 또한 오만이 일종의 광기라고 믿었다.

또한 자기애에 바탕을 둔 오만에는 정반대가 없다는 점을 지적했다. 스스로를 증오하느라 자신의 가치를 낮게 평가하는 사람을 찾아보기란 꽤 어렵다. 확실한 것은 자기도취에 빠지지 않고 자신을 사랑할 줄 아는 올바른 자존감을 갖춘 사람을 찾기가 어렵다는 것이다.

아리스토텔레스는 자신을 자랑스럽게 여기는 사람들은 대부분 그럴 만한 실질적인 이유가 없다고 말한다. 단순히 **자만심**(과도한 자부심 또는 해로운 자신감)에서 나온다는 말이다.

아리스토텔레스는 어떤 사람을 '위대한 영혼'이라고 여겼을까? 그들에게는 다음과 같은 특징이 있다고 했다. 결코 다른 사람들에게 도움을 청하지 않지만 도움이 필요한 사람을 기꺼이 돕는다. 부자나 사회적 지위가 높은 사람들을 대단하게 여기지 않지만 부나 지위를 가지지 못한 사람들에게 친절하다. 사랑이든 미움이든 모두 숨기지 않는다. 감춘다는 것은 가치 없는 부끄러움이기 때문이다. 험담하지 않으며 남들의 생각보다 진실에 더 주의를 기울인다. 솔직하게 말하고 행동한다(경멸할 때도 솔직할 것이다). 원한을 품지 않는다(과거의 불공평한 일을 내려놓지 않고 계속 떠올린다면 위대한 영혼이 아니다). 다른 사람들이 기대하는 삶이 아닌 스스로 선택한 삶을 산다.

정확하고 건강한 재치

재치의 덕목은 《니코마코스 윤리학》 4권 8장에서 논의된다. 아리스토텔레스의 정확하고 건강한 재치('매력'이라고 할 수도 있다)는 불필요한 심각함과 역시 불필요하게 항상 모두를 웃기려고 애쓰는 광대 사이에 자리한다.

재치는 대화나 문학 작품의 흥을 돋우는 데 중요하다. 하지만 너무 지나치면 향신료만 잔뜩 들어간 요리나 다를 바 없다. 아무리 최고급 향신료라 해도 재료 고유의 맛을 해칠 것이다. 반대의 경우도 마찬가지다. 개인적으로는 너무 진지한 사람들을 보면 오히려 웃음보가 터진다.

차분하고 온화해지기

■

온화함은 《니코마코스 윤리학》 4권 8장에서 다뤄진다. 랄프 왈도 에머슨Ralph Waldo Emerson은 사람마다 '끓는점boil over'이 다르다고 했다. 대체로 평온함을 잃지 않는 사람들이 있는가 하면 분명하지도 않은 이유로 너무도 쉽게 화가 폭발하는 사람들도 있다.

만약 아리스토텔레스가 분노 조절 워크숍을 진행한다면 가장 먼저 이성과 지성을 맨 앞에 놓고 분노는 뒤쪽에 놓으라고 조언할 것이다. 하지만 분노는 감정이다. 어떻게 감정을 제쳐두고 오직 상식을 바탕으로 행동할 수 있을까?

쉽게 이성을 잃을수록 수명이 짧아지고 삶의 질이 낮아진다는 경향은 과학적으로도 밝혀진 사실이다. 그러니 바꿀 수 있는 무언가에 대해서만 분노해야 마땅하다. 〈전도서〉에도 분노는 우매한 자들의 것이라는 지혜로운 말이 담겨 있다. 실제로 상황의 다른 측면을 이해하려는 욕구도, 능력도 없는 어리석은 사람일수록 쉽게 화가 폭발한다. 마이모니데스도 언제나, 누구에게나 모든 말을 침착하게 하는 버릇을 들이라는 멋진 조언을 한 바 있다. 그렇게 하면 벌컥 치미는 화를 막을 수 있을 것이다. 화를 잘 내는 것은 누구에게나 얼굴이 찌푸려지게 하며 잘못하면 범죄자가 될 수도 있다. 아우렐리우스는 말했다.

분노하는 것은 남자답지 못하며 온화하고 평화로운 태도가 더 자연스럽고 남자다운 태도라는 것을 명심하라.

하지만 이런 현명한 조언의 가치를 이해한다고 해서 실천하는 데 도움이 되는가? 그렇지 않을 가능성이 크다. 한 가지 분명한 것은, 아리스토텔레스는 완전한 무관심이 가치 있는 특징이라고 생각하지 않았다. 특정한 것에 대한 무관심은 비난받아 마땅하고 심지어 전적으로 수치스러운 일일 수도 있다.

아리스토텔레스의 온화함은 끊임없는 분노와 무관심 사이에 자리한다. 그는 《수사학》에 이렇게 적었다.

누구나 화를 낼 수 있다. 화를 내는 것은 매우 쉽다. 하지만 올바른 사람에게 올바른 정도로 올바른 시간에 올바른 목적과 방법으로 화를 내는 것은 누구나 할 수 없으며 전혀 쉽지 않다.

만약 쉽다고 생각된다면 살면서 지금까지 화를 어떻게 다뤄왔는지 솔직하게 한 번 돌아볼 것을 권유한다.

올바르게 자신을 드러내기

■

진실성 덕목에서 아리스토텔레스는 우리가 사람들에게 자신을 어떻게 보여주어야 하느냐에 중점을 두었다. 올바른 정도의 정직함은 지나친 허풍과 자기 비하 사이에 존재한다(《니코마코스 윤리학》 4권 7장). 허풍이 심한 사람도 자신을 지나치게 낮추는 사람도 모두 스스로에게 거짓말하는 것이므로 올바르지 않다. 겸손과 자기 비하의 경계는 우리 눈에 거의 보이지 않을 정도로 모호하다. '자신을 낮추는 것'은 이상적으로는 오만함의 반대이지만 오히려 오만을 **감추기 위해** 사용될 때도 많다.

아리스토텔레스의 진실성에 대한 논의는 '온화함' 논의와 겹치는 부분이 많으므로 이만 마무리하고 사실을 이야기하는 '정직함'의 미덕에 대해 이야기해보겠다.

정직함의 미덕

■

정직함은 당연히 거짓말의 반대말이다. 칸트는 정직함을 매우 중요한 도덕적 의무로 보았다. 물론 진실을 말하는 것은 대부분 올바르고 좋은 일이다. 하지만 언제나, 어떤 상황에서나 무조건 진실을 전부 다 말하는 것도 바르지 않은 듯하다. 진실을 말하지 않는 것이 오히려 도덕적으로 올바른 선택일 때도 자주 있기 때문이다. 지면과 시간을 낭비하지 말고 가장 극단적인 예를 살펴보자. 제1차 세계대전 때 유대인 아이들을 지하실에 숨겨준 폴란드 농부가 그들을 잡으러 온 독일 군인들에게 아이들이 어디 있는지 모른다고 거짓말하는 것이 당연히 도덕적으로 올바른 선택이지 않은가? 한 철학자가 유튜브 강연에서 칸트라면 이런 극단적인 상황에서도 진실을 말해야 한다고 주장했을 것이라고 했으나 나는 잘 모르겠다. 생사가 달린 극한의 상황이라면 칸트조차도 그의 원칙을 조율하지 않았을까? 물론 그렇지 않을 수도 있겠지만.

영국·미국·캐나다·호주·인도 같은 영어권 국가의 법정에는 '맹세의 서약'이라는 것이 있다. "진실을 말할 것을, 모든 진실을 말할 것을, 진실만을 말할 것을 맹세한다"는 서약이다. 와! 정말 엄청난 요구 아닌가? 진실이 무엇인지 과연 알 수 있을까? 솔직히 이런 서약에 어울리는 사람은 신밖에 없을 듯하다. 물론 신이 재판에 증인으로 설 일이 있다면 말이다. 우리 같은 한낱 인간들에게는 **진실이라고 믿는 것**을 말하라는 요구만으로 충분하지 않을까. 물론 이마저도 쉽지는 않다.

이 맹세의 의무가 의사들에게 적용되지 않는 게 얼마나 다

행인가. 만약 그렇지 않으면 의사는 환자들에게 모든 가혹한 진실을 낱낱이 다 전해야 할 것이다. 언젠가는 마지막 날이 찾아올 테고 우리의 몸과 영혼이 처음 온 곳으로 돌아가야 한다는 사실조차도 말이다.

무엇이 진리인가? 빌라도는 조롱하듯 묻고는 대답을 기다리려 하지 않았다.

프랜시스 베이컨Francis Bacon, 《진리에 관하여》

나는 가끔 '선의의 거짓말'이 필요하다고, 이를 절대적으로 피해야 한다고 생각하지 않는다. 거짓말이 오히려 용기 있는 행동일 때도 있다. 게다가 어떤 의도로 전달하는 '악의적인 진실'이 선의의 거짓말보다 더 나쁠 수도 있다. 물론 거짓말이 습관화되지 않도록 조심해야 한다. 삶의 방식이 되어서는 더더욱 안 될 것이다.

아리스토텔레스의 철학 정신에 따라 정직(사실을 말하는 것)의 위치를 분류하자면, 습관적인 거짓말과 타인에게 피해를 끼치든 말든 언제나 절대적으로 사실만을 말해야 한다는 것 사이 어딘가일 것이다.

수치심을 느껴야 할 때

단도직입적으로 말하자면 아리스토텔레스는 수치심을 특별히 미덕으로 여기지는 않았다(그래서 아리스토텔레스의 미덕이 열두 가지가 아닌 열한 가지라고 보기도 한다). 어쨌든 올바른 수치심은 파렴치함(부끄러움을 전혀 모르는 사이코패스)과 병적인 수치심 사이에 자리한다.

거의 모든 말이나 행동이 수치심을 느끼게 할 수 있다. 외모, 소득 수준, 사회적 지위, 거주 동네, 독특한 억양 등도 마찬가지다. 하지만 수치심은 자신이 잘못된 선택을 했을 때만 느껴야 한다. 스스로 통제할 수 없는 상황에 대해서는 느낄 필요가 없다.

누구나 가끔 자신의 생각에 대해 수치심을 느낄 수 있다. 물론 스스로 자랑스럽게 여길 만한 행동도 있겠지만 많든 적든 별로 자랑스럽지 못한 행동이 분명히 존재할 것이다. 세상에 잘못된 행동을 단 한 번도 안 하고 살아가는 사람은 없다. 아리스토텔레스에 따르면 중요한 것은 올바른 균형이다. 수치심을 느껴야 할 이유보다 자랑스러움을 느껴야 할 이유가 훨씬 더 많아야 한다.

만약 다음과 같은 행동을 한다면 분명히 수치심을 느껴야 한다. 자기 행동에는 전혀 문제가 없다고 강조하면서 타인에게는 도덕성을 운운할 때 말이다. 자신의 도덕성이 뛰어나다고 너무 심취하지 말기 바란다. 그렇게 생각하는 사람은 분명 자신뿐일 테니까. 스스로 타인에 대한 배려심이 강하다고 말하는 사람일수록 사실은 자신을 가장 먼저 생각한다. 나는 그런 자칭 '휴머니스트'들을 절대로 친구로 두지 않을 것이다.

마무리 과제다. 수치심과 비난, 죄책감의 차이에 대해 생각해보기 바란다. 특히 자신의 삶에 대입해보면 큰 깨달음을 얻을 수 있다.

정의

∎

정의는 아리스토텔레스에게 매우 중요한 덕목인 만큼《니코마코스 윤리학》5권 전체에서 논의가 이루어진다. 정의에 대해 다루는 책만 별도로 한 권 써야 할 정도로 워낙 거대한 주제인 만큼 여기에서는 따로 다루지 않겠다.

미덕 기르기

∎

드디어 열두 가지 덕목을 모두 살펴보았다. 아리스토텔레스는 이 덕목들을 다 설명한 후에 이는 우리 안에서 자연스럽게 나오지 않으며, 의식적으로 받아들이고 길러야 한다고 주장한다. 그에 따르면 우선 훌륭한 스승들이 올바른 행동이 나오도록 영향을 주고, 그 행동은 올바르고 건전한 습관을 키운다. 좋은 습관은 행동의 자연스러운 일부분이 되어서 안정적인 성품이 길러지고 결국 에우다이모니아에 도달할 가능성이 커진다.

그러면 미덕을 기르는 이 자기 계발의 순서를 모든 사람이 따라야 할까? 답은 '아니다'이다.

모든 것이 의지대로 이루어지지는 않는다. 아리스토텔레스도 돌이 하늘로 올라가게 만들기는 불가능하다고 했다. 아래로 떨어지는 것이 돌의 본성이기에 공중으로 만 번을 던진다 한들 소용이 없다. 마찬가지로 불이 아래로 움직이게 만드는 것도 불가능하다. 사물의 자연적인 움직임을 다른 방식으로 바꿀 수 없다.

하지만 아리스토텔레스의 설명은 명확하지 않아서 다듬어야 할 필요가 있다. 문제는 그가 의식이 있는 생명체인 인간을 영혼과 의식이 없는 돌이나 불과 비교한다는 것이다.

아리스토텔레스가 혼란과 자기모순에 빠진 것일까? 잘 모르겠다. 다만 확실한 것은 아리스토텔레스의 가르침을 수없이 읽고 시간과 노력을 들여 미덕을 기르려고 노력해도 절대로 용감해지거나 관대해지거나 재치가 생기거나 온화해지지 못할 사람들이 있다는 사실이다. 그런가 하면 마치 신에게 받은 선물처럼 이런 미덕이 아무런 노력 없이 자연스럽게 드러나는 사람들도 존재한다.

저항의 움직임

■

아리스토텔레스의 윤리학에 담긴 덕목들은 많은 사람들에게 비판을 받았다. 우리도 자유롭게 비판해도 된다. 아리스토텔레스는 워낙 비판에 익숙한 양반이니까. 하지만 쓴소리는 접어두고 그의 목록을 자기만의 방식으로 확장하거나 새로 목록화해보는 것도 도움이 될 것이다.

이 알렉산더 대왕의 스승에게 쏟아지는 많은 비판 가운데 두 가지를 살펴보자.

첫째, 아리스토텔레스가 말하는 인간의 본성대로라면 사실 인간은 음울하고 지루한 생명체다. 용감하지도 않고 겁쟁이도 아니고 특별히 너그럽지도 인색하지도 않은 그런 존재라는 것이다. 간단히 말해서, 전혀 특별하지 않고 지루하기 짝이 없는 사람이다.

나는 동의할 수 없다. 정말로 용감하고 너그럽고 진정한 평정심을 갖춘 사람이 되기는 쉽지 않을 것이다. 평생에 걸친 엄청난 노력이 필요하다. 미덕을 갖춘 사람은 인정받아야 한다. 그런 사람은 절대로 지루할 리 없다.

둘째, 17세기 네덜란드 법학자이자 철학자, 신학자이며 국제법의 기초를 체계화한 휴고 그로티우스Hugo Grotius는 아리스토텔레스의 가장 큰 오류는 그가 중용을 강조한 것이라고 했다. 신에 대한 사랑 같은 일부 덕목에는 중용이 허락되지 않으며,

그런 덕목의 올바른 정도는 중간이 아니라 극단이라고 말이다.

나는 인생에 중용이 허락되지 않는 상황도 있다는 그로티우스의 주장에 동의한다. 예를 들어 체스 챔피언이 되고 싶은 사람은 절대로 적당하게 연습해서는 안 된다. 하지만 신에 대한 무한한 사랑은 사실 위험하다. 그뿐 아니라 연인의 사랑도 극단적이면 질투심과 지나친 소유욕, 이성의 상실 등 진정한 사랑과 아무 관련 없는 문제들이 생길 수 있다. 전혀 낭만적이지 않게 들리겠지만 사실이다.

코로나바이러스 팬데믹이라는 불청객이 가정과 국가, 전 세계를 괴롭혔다. 나는 신중함과 무모함 사이에서 완벽한 지점을 찾기 위해 최선을 다했다. 반면 팬데믹을 완전히 무시하기로 하고 생활방식을 전혀 바꾸지 않은 지인들이 있다. 만약 자신들이 팬데믹을 무시하면 팬데믹도 그들을 모른 척하리라고 생각하는 것이다. 정말 무모하고 부도덕한 관점이다. 다른 한편으로는 몇 달 동안 집 밖으로 거의 나가지 않을 정도로 조심하는 지인들도 있다. 이는 미친 짓이다.

극단적인 것은 뭐든지 비판적인 시각으로 살펴봐야 한다. 황금률을 찾을 수 없더라도 상관없다. 아리스토텔레스의 중도 찾기는 내 삶의 모든 부분에 영향을 준다. 극좌나 극우 같은 극단적인 정치적 이념을 따르지 않는 것에서 그치지 않는다. 타협을 모르는 극단적인 관점은 나를 끌어당기지 못한다. W.B. 예이츠W.B. Yeats도 말했다.

"공허한 영혼은 극단적으로 기울어지는 경향이 있다."

'중도'의 예는 다양하다. 하고 싶은 일과 해야만 하는 일, 가족과 직업, 자식을 망치는 것과 과잉보호하는 것, 극성 부모와 방치하는 부모 사이에서 올바른 균형 찾기. 여러분은 분명 계속 그 균형의 길을 가고 싶어 할 것이다.

11장

철학은 무엇을 다루어야 하는가

소크라테스

앞서 "성찰하지 않는 삶은 살 가치가 없다"라는 소크라테스의 말을 나중에 자세히 살펴보겠다고 했던 바 있다. 드디어 이 문제를 다룰 때가 되었다. 모르긴 몰라도 가장 유명한 아테네 시민인 소크라테스의 이 말에 어느 정도 진실이 담겼다고 생각한다. 대부분의 사람은 자신이 이 세상에서 무엇을 하고 있는지, 왜 태어났는지 이해하려 노력하면서 살아갈 것이다.

소크라테스가 제기한 가치 있는 삶이란 무엇인가에 대한 질문을 이어간 현대 철학자들이 의외로 그렇게 많지는 않다. 세 명을 소개할 수 있겠다. 노직, 러셀, 그리고 프레데릭 르누아르Frederic Lenoir다.

노직은 저서 《무엇이 가치 있는 삶인가》에서 소크라테스의 제안에 대한 현대적이고 직접적인 답을 제시한다. 그 책은 행복, 사랑, 믿음, 가족, 생명의 존엄성, 감정, 정치, 성, 지혜(〈철학자는 왜 지혜를 사랑하는가?〉라는 멋진 제목의 장이 수록되어 있다)에 대해 다룬다. 철학이 과거에 다루었지만 요즘에는 어떤 이유에서인지 옆으로 밀어놓은 주제들이다.

이미 앞에서 여러 번 만나 익숙할 러셀은 노직보다 약 60년 전에 태어났다. 그는 게으름을 찬양하기(109쪽 참조) 2년 전인 1930년에 출판한 《행복의 정복》에서 지나치게 큰 대가를 치르지 않고 인생에서 성공하는 방법, 질투의 원천과 이를 정복하는 방법, 여가(그의 에세이 《게으름에 대한 찬양》에서도 세심한 주의를 기울였던 주제다)의 중요성 등에 대한 현명하고 통찰력 있는 조언을 해준다. 러셀에 따르면 여가 시간을 지혜롭게 사용하는 능력은 성숙한 인격과 문명의 특징이지만 그 수준에 도달하는 경우는 소수에 불과하다. 그는 열정과 지루함, 사랑과 동정, 그리고 일(역시나 《게으름에 대한 찬양》의 중요한 주제다)에 대해서도 다루었다. 일이 너무 중요해서 하루라도 쉬면 대참사로 이어진다고 생각하는 사람은 신경쇠약증 직전에 놓인 것이라고 했다. 러셀은 불행의 근원도 다루었는데 자존감이 좋은 삶의 필수 조건이라고 믿었다. 그 책의 내용을 더 많이 인용할 수 있지만 굳이 그럴 필요가 없을 듯하다. 읽고 싶은 사람은 온라인에서 찾아보기 바란다(참고로 러셀은 1950년에 노벨문학상을 수상했다).

고백하자면 나를 특히 잡아당긴 것은 러셀의 진솔함이었다. 러셀은《행복의 정복》의 첫 장에서 청소년기에 스스로 삶을 끝내려는 생각을 자주 했다고 말한다. 매번 그를 붙잡은 것은 (정말로 놀랍게도) 수학을 더 공부하고 싶다는 욕망이었다!

러셀은 생전에 서구 사회에서 매우 중요한 철학자 가운데 한 명으로 여겨졌지만 정작 본인이 생각한 가장 큰 업적은 비트겐슈타인을 발견한 것이었다.

가치 있는 삶에 관한 질문으로 돌아가보자. 지금 우리는 '어떤 인생이 가치 있는가' 하는 문제에 대한 철학자들의 태도가 바뀌기 직전에 놓여 있는지도 모른다. 프랑스 철학자 르누아르는 훌륭한 저서《행복을 철학하다》에서 해체주의나 후기 구조주의의 영향력에도 불구하고 이제 삶 자체로 다시 돌아가야 한다고 느끼는 진지한 철학자들이(프랑스에서조차!) 점점 늘어나고 있다고 적었다.

방금 언급한 노직과 러셀, 르누아르의 책 세 권은 행복과 삶의 의미 같은 주제에 대한 철학적 관점을 참고하기에 좋은 출발점이다. 내일이 오늘과 다르지 않은 고요한 호수 같은 삶을 보내는 아주 평범한 사람이라도 스스로에게 지금까지에 대해 묻는 순간이 어느 날 갑자기 찾아오기 마련이다. 물론 우리는 행복이나 의미에 관한 질문은 무시할 수도 있다. 하지만 그것들은 결코 우리를 내버려두지 않을 것이다.

철학의 역할

■

분명히 해두어야 할 점이 있다. 행복의 정원으로 이어지는 비밀의 열쇠를 갖고 있는 사람은 없다. 어쩌면 애초에 그런 장소는 존재하지 않는지도 모른다. 행복의 암호를 해독했다고 주장하는 사람들도 있는데, 내가 보기에는 착각에 빠졌거나 돈이 목적일 뿐이다.

최근에는 뉴에이지의 가장 흥미로운 지식인 중 한 명인 프랑스 철학자 피에르 아도Pierre Hadot의 철학과 저작에 푹 빠졌다. 아도는 미셸 푸코Michel Foucault에게 큰 영향을 주었고 프랑스에서 비트겐슈타인의 사상을 파헤친 초기의 철학자이기도 하다.

아도는 현대 철학이 '너무 전문적이고 편협하고 삶에서 완전히 분리'되었으며 영광스러운 아테네 시절의 철학은 그림자만 남아 있을 뿐이라고 했다.

피타고라스는 철학자들이 세상에 일어나는 모든 일을 옆에서 관찰하고 조사해야 한다고 생각했다. 사이드라인에서 경기를 지켜보는 관중처럼 말이다. 하지만 이게 과연 가능한 일일까? 철학자들 역시 세상의 일부라는 사실을 무시하는 것은 불가능하다.

오늘날 철학은 지식의 체계화를 목표로 하는 이론적인 학문에 불과하다. 아도는 오늘날의 철학이 철학적 연구가 시민들의 삶을 개선하는 방법에 별로 관심이 없다고 주장했다. 나는 그의 주장에 깊이 공감한다. 〈대상-밀도 매트릭스에서 언어 공간의 준선형성과 초월적 인식의 반영〉이라는 제목의 논문이 나올 정도면 말 다 했다. (실제로 이런 글이 있는지, 아니면 내가 지어낸 것인지 궁금한가? 과연 어느 쪽일까?) 몽테뉴라면 분명 이렇게 말했을 것이다.

"복잡한 단어를 사용하는 것은 타인에게 잘나 보이려는 유치하고 필사적인 욕구를 드러낸다."

아도가 적었듯이, 고대 철학은 삶의 기술을 가르쳤지만 현대 철학은 오직 전문가들만 접근할 수 있는 정교한 언어를 발명했다. 그는 세네카의 문장을 인용해 이 주장을 뒷받침한다. 이상적인 세상에서 "철학은 수다가 아니라 행동을 가르친다".

아도에게 이성적인 삶은 이성적인 사고**만큼** 중요하다. 고대 철학을 개인의 지성과 감정, 상상력, **삶의 방식**을 결합한 **영적인 관행**으로 보는 아도는 현대 철학 또한 우리가 누구이고 삶의 목적이 무엇인지 이해하도록 도와주어야 한다고 믿는다.

나는 아도의 주장에 전적으로 동의한다. 철학은 이 두 가지에 대답하는 의무를 외면해서는 안 된다. 우리는 삶을 어떻게 바라보는가? 어떻게 살아야 하는가?

| 12장 |

장기적인 쾌락과 평화가 있는 삶
에피쿠로스

그리스 철학자 에피쿠로스는 기원전 3세기에 살았다. 그의 학설은 '행복론'을 다루고 있으며 그 역시 에우다이모니아로 가는 길을 찾고자 했다. 그러나 그의 에우다이모니아 개념은 아리스토텔레스와 달랐다.

그가 세운 에피쿠로스학파는 쾌락과 고통의 부재를 가장 중요한 목표로 삼는다. 그에 따르면 몸과 마음의 평화와 근심의 부재가 에우다이모니아로 가는 길이다. 행복하려면 고통과 불안으로부터 자유로운 아타락시아와 육체적 고통이 없는 아포니아 상태여야 한다. 비록 존재가 아닌 부재의 측면에서 한 정의이지만, 에피쿠로스와 그의 추종자들은 아포니아가 신체적 만족의 전형이라고 보았다.

에피쿠로스는 그가 제자들을 위한 학교를 세우려 구매한 아테네 외곽의 정원에서 학문을 육성했다. 그 정원은 에피쿠로스학파의 쾌락주의적 도피의 상징이 되었다. 그리스 전기 작가 디오게네스 라에르티오스Diogenes Laërtius에 따르면 에피쿠로스가 죽은 후 오랫동안 그의 추종자들은 그의 생일마다 숲에 모여 존경하는 스승을 추모했다.

유대교와 기독교는 에피쿠로스와 그의 가르침을 포용하지 않았다. 기독교인들은 에피쿠로스가 신의 섭리와 영혼의 영원함을 거부했기 때문에 그의 철학을 반대했다. (단테는 에피쿠로스와 제자들을 지옥의 여섯 번째 고리에 넣기도 했다. 《신곡》〈지옥편〉 '칸토10') 유대교에서 에피코로스epicoros라는 단어는 이단자, 회의론자, 불가지론자, 세속적 자유사상가를 가리킨다.

에피쿠로스는 다작했다. 라에르티오스에 따르면 300통 이상의 편지를 썼는데 현재 남아 있는 것은 거의 없다. 《주요 가르침Principal Doctrines》은 에피쿠로스 철학을 요약한 마흔 개의 격언이 담긴 모음집이다. 다른 저작들은 발췌만 존재한다.

그의 모든 작품에는 비범한 철학적 용기가 관통한다. 에피쿠로스는 자신의 가르침을 실천했다. 인류에 대한 사랑과 친절함을 보였고 태양 아래에 일어나는 모든 일을 경이로워했다. 아도가 《삶의 양식으로서의 철학La Philosophie Comme Maniere de Vivre》에 적었듯이, 에피쿠로스는 우주와 인간이 순수한 우연의 결과로 존재한다고 보았다. 그가 모든 순간을 기적으로 여기고 크게 감사하며 살아간 이유도 그 때문이었다.

에피쿠로스는 육체적 고통을 치료하기 위해 의사를 찾는 것처럼 정신적 고통을 '영혼의 의사'와 상담해야 한다고 가르쳤다. 에피쿠로스의 시대에 영혼의 의사는 바로 철학자였다. 개인을 온전한 회복으로, 즉 행복으로 인도하는 것이 철학자의 일이었다. 일부 현대 철학자들은 이 생각에 전적으로 동의한다. 제목에서부터 알 수 있지만 베스트셀러《프로작 말고 플라톤Plato Not Prozac》(국내에는《철학 상담소》라는 이름으로 출간되었다 – 옮긴이)을 쓴 루 매리노프Lou Marinoff 교수도 그중 한 명이었다.

나는 이 분야의 전문가가 아니므로 '철학 카운슬링'이 아직 치료법의 하나로 인정되지 않았다는 것만 말하겠다. 2004년에 매리노프는 그가 뉴욕 시티 칼리지에서 운영하던 철학 상담소가 무허가로 정신건강 상담 서비스를 제공하고 있다는 이유에서 일시적으로 폐쇄되면서 이른바 철학 카운슬링 논란의 중심에 서게 된다. 이에 그는 표현의 자유를 침해당했다는 소송을 걸어서 대응했다.

철학과 인지행동치료

■

나는 매리노프의 임상적인 방법에 대해서는 자세히 알지 못한다. 하지만 심리학 치료법에는 철학의 측면과 기본적인 개념이 일치하는 것들이 꽤 많다. 가장 대표적인 보기는 인지행동치료cognitive behavioural therapy, CBT다. 이 치료법을 고안한 애런 템킨 벡Aaron Temkin Beck(2021년에 100세 나이로 사망했다)과 앨버트 엘리스Albert Ellis는 스토아 철학의 원리를 빌려온 것이 분명하다. 나중에 이 책의 14장 전체를 스토아 철학에 바칠 예정이니 일단은 인지행동치료의 기초적인 토대가 다음의 통찰을 따른다는 것만 알아두자(에픽테토스의 가르침이며 그의 저서 《엥케이리디온Enchiridion》에서 다루어진다). **힘든 사건 자체가 우리를 힘들게 하는 것이 아니라 그에 대한 우리의 인식과 생각이 힘들게 한다.**

인지행동치료 기법에는 '최악의 시나리오'를 마주 보는 것이 있다. 스토아 철학에서는 이 접근법을 프리메디타치오 말로룸premeditatio malorum, 즉 '최악의 상황에 대한 예상'이라고 부른다. 스토아 철학에서는 가난, 감금, 질병, 심지어 죽음의 가능성을 예상함으로써 만약의 상황에 대한 회복력을 키우라고 한다. 심리학에서는 이 스토아식 접근법을 '스트레스 면역 훈련'이라고 부른다.

에피쿠로스는 영혼을 치유하는 '4단계 치료법'을 고안했다. 그리스어로 테트라파르마코스tetrapharmakos라고 한다.

우리는 에피쿠로스의 이론에 동의할 수도 있고 '다른 의견'을 바랄 수도 있다. 하지만 그의 네 가지 처방에 따르겠다고 결정해도 실제 생활에 적용하기는 절대 쉽지 않을 것이다.

에피쿠로스 버전	해석
신을 두려워하지 말라.	신의 존재 여부와 상관없이, 인간은 결코 신이 벌하거나 상을 줄 만큼 중요한 존재가 아니다. 신이 우리의 일에 관심이 있을 것이라는 생각만큼 큰 오만도 없다.
죽음을 걱정하지 말라.	죽으면 아무것도 느끼지 못한다. 우리가 여기에 있는 한 죽음은 여기에 없다. 그리고 죽음이 여기에 오면 우리는 더는 여기에 없다. 절대로 만날 일도 없는데 왜 죽음을 두려워하는가?
최악의 상황은 견딜 수 있다.	우리의 '듀드'인 레보스키는 고통은 일시적이고 고통이 클수록 더 빨리 지나간다는 에피쿠로스의 가르침을 잘 알았기에 마피아에게 얻어맞으면서도 용감하게 견딜 수 있었다.
선한 것은 얻기 쉬운 것이다.	에피쿠로스의 행복 처방은 다음과 같다. 우정, 자유, 좋은 기분, 좋은 생각. 다음은 레보스키의 최신 버전이다. 친구들과의 대화, 볼링, 대마초 피우기, 텅 빈 마음.

에피쿠로스의 쾌락

■

에피쿠로스는 우리의 평화를 방해하는 두 가지 유형의 고통에 대해 말한다. 즉 육체적 고통과 정신적 고통이다. 육체적 고통은 배고픔, 갈증, (질병이나 사고로 인한) 체내 손상으로 나타나고 정신적 고통은 불안과 걱정, 슬픔 등으로 나타난다. 에피쿠로스는 정신적 고통이 신체적 고통보다 더 문제라고 본다. 왜

냐하면 신체적 고통은 일시적이지만 대개 정신적인 부조화는 현재와 과거, 그리고 미래와도 관련 있기 때문이다. 우리가 고통을 느끼지 않을 때 평온이 찾아온다.

에피쿠로스는 몸과 마음의 평온함 외에도 쾌락을 중요시했다. 그가 보기에 에우다이모니아는 육체적 또는 정신적 고통으로부터 자유로운 동시에 쾌락의 경험이 지속되는 것이었다. 주목해야 할 점은 그가 모든 쾌락을 지지하지는 않았다는 것이다. 그건 절대 아니었다! 에피쿠로스가 말하는 쾌락은 우리가 그 단어를 듣고 바로 떠올리는 그것과 의미가 다르다. 그에게 최고의 쾌락은 친구들과의 대화, 철학 공부, 정원 산책이었다. 나도 그의 생각에 동의한다.

에피쿠로스는 장기적인 쾌락 전략을 추천했다. '제약하에서의 최적화'라고 말할 수 있을 것이다. 즉 미래에 더 큰 즐거움을 준다면 지금의 고통은 가치 있다. 하지만 장기적으로 큰 고통과 후회로 이어지는 쾌락은 가치가 없다. (여기에 개인적으로 한 마디 덧붙이자면, 쾌락의 집은 언제나 중독으로 이어지는 가파른 경사면에 지어지는 법이다.) 또한 에피쿠로스는 지혜롭고 명예롭고 정의롭게 행동하지 않고서 쾌락과 행복이 있는 삶은 불가능하며, 쾌락과 평화가 있는 삶을 살지 않으면 지혜와 명예, 정의가 불가능하다고 주장했다.

에피쿠로스는 자연스럽고 필요한 욕망도 있고 자연스럽지만 불필요한 욕망도 있으며 자연스럽지도 않고 필요하지도 않은 욕망도 존재한다고 했다. 또한 탐욕, 존경, 영광의 추구, 나쁜 음식에 대한 욕망 같은 비열한 열정과 과도한 겉치레, 오만 같은 것들이 가져오는 피해를 경고한다. 다음은 욕망의 목록이다. 이 욕망들이 조금 전에 말한 세 가지 유형 가운데 어디에 속하는지 생각하면서 읽어보자.

> 사랑하고 사랑받고 싶은 욕망, 알고 싶은 욕망, 알고 싶지 않은 욕망, 성적인 욕망, 음식에 대한 욕망, 유명세에 대한 욕망, (지금도 앞으로도) 건강하고 싶은 욕망, 돈과 사회적 지위에 대한 욕망, 인정받고 싶은 욕망, 남들에게 대단해 보이고 싶은 욕망, 안전에 대한 욕망, 행복해지고 싶은 욕망, 진리와 의미에 대한 욕망, 욕망하고자 하는 욕망, 욕망하지 않고자 하는 욕망, 영원한 삶에 대한 욕망.

에피쿠로스는 슬픔 없는 삶은 불가능하다고 믿었고, 개인의 상황과 상관없이 누구나 에우다이모니아에 이를 수 있다고 장담하지 않았다. 심각한 기형이나 질병, 고령, 서서히 죽어가는 고통과 그에 따른 번뇌로 괴로워하는 사람들도 있음을 깊이 공감했다. 그는 사람들에게 그 어떤 고통과 거친 운명의 파도 앞에서도 용기를 잃지 말라고 부탁했다. 에피쿠로스 자신도 오랫동안 큰 병으로 고생했지만 병 앞에서도 그의 정신만큼은 절대로 꺾이지 않았다.

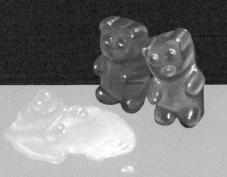

| 4부 |

지식만 갖출 것인가,
지혜로워질 것인가

우리는 인생이 짧다고 불평하면서도
영원히 살 것처럼 행동한다.
시간은 결코 시간을 낭비하지 않는다.
우리는 시간을 어떻게 다루어야 하는지 모르지만
시간은 우리를 어떻게 다루어야 하는지 아주 잘 안다.

13장

지혜로운 자가 되는 법

라인홀트 니부어

누구든 어릴 때부터 철학 공부를 게을리해서는 안 된다. 그래야 나이가 들었을 때 공부하느라 지치지 않는다. 건강한 영혼을 위한 노력에 적당한 시기는 없다. 너무 이르거나 너무 늦은 때는 없다. 철학 공부를 하기에 너무 이르거나 늦었다는 말은 행복해지기에 너무 이르거나 늦었다는 말과 같다.

에피쿠로스, 〈메노이케우스에게 보내는 편지〉

'철학자'는 지혜를 사랑하는 사람을 뜻하는 말이고 '지혜롭다'는 것은 이미 지혜를 얻었다는 뜻이다. 하지만 지혜를 사랑하는 사람이라고 해서 무조건 지혜를 얻는 것은 아니다. 사실 지혜를 가진 사람이 아무도 없는 것은 아닐까?

아리스토텔레스는 《니코마코스 윤리학》 6권에서 지적 사유에 대해 논한다. 여기에서 그의 생각을 전부 다 따라갈 수는 없겠지만 지혜에 대한 관점을 살펴보고자 한다.

세상의 똑똑한 생각(신기술이나 과학 분야는 제외한다)들은 이미 전부 다 누군가 말했거나 기록으로 남겼다. 동서양의 예언자, 시인, 작가, 철학자, 과학자, 영적 스승 들에 의해 무수히 많은 버전으로 반복되었다. 여기저기 흩어진 방대한 출처에 너무도 값진 정보가 가득하지만 세상의 무한한 지식을 개인의 지혜로 바꾸는 일은 절대 쉽지 않다. 근본적으로 '지혜'는 '지식'과 다르다. 지식은 사람에서 사람으로 또는 대를 거쳐 전달될 수 있지만 지혜는 그렇지 않기 때문이다. 지혜를 가르치는 것은 불가능하다.

누구도 지금 인류의 지식을 사용하기 위해 세상에 더 많은 지혜가 필요하다는 사실을 부정하지 않을 것이다. 한때 우리는 지식은 적고 지혜가 많았다. 지금은 지식은 넘쳐나는데 그 지식을 다룰 지혜가 부족하다. 영국 시인 윌리엄 코퍼William Cowper는 이렇게 표현했다.

지식과 지혜는 하나가 되기는커녕 서로 관련 없을 때가 많다.

위대한 영국 시인 알프레드 테니슨Alfred Tennyson 경은 그의 유명한 애가哀歌 〈A.H.H.를 추모하며In Memoriam A.H.H.〉 114번(2437~2464행)

에서 지식과 지혜의 차이를 설명했다. 지식의 원천은 지상, 즉 마음 안이지만 지혜의 원천은 천상, 즉 영혼이라고 했다. 확실히 말하자면 지식은 우리가 인생을 잘 살아가도록 도와주고 지혜는 삶에 의미를 부여하고 더 좋게 만들 수 있도록 돕는다.

반면에 영국의 화가이자 시인인 윌리엄 블레이크William Blake는 이 부분에 대해 매우 비관적인 견해를 드러냈다. "지혜는 사러 오는 이가 거의 없는 황량한 시장에서 팔린다." 다른 사람들은 지혜를 얻는 것이 암묵적으로나마 성취 가능한 목표라는 믿음으로 더 많은 희망을 가졌다. 마이모니데스는 세상과 그 안에 존재하는 모든 것의 목표는 지혜라고 했다.

이 모든 것은 우리에게 질문을 던진다. 과연 지혜는 무엇인가? 나는 이 주제를 파헤치기 위해 '밤샘'을 하기로 했다. 원래 밤에는 낮보다 생각이 깊어지는 법이니까. 자정이 조금 지난 시간에 컴퓨터 앞에 앉았는데 '소크라테스'라는 이름이 떠올랐다. 기억할지 모르겠지만 델포이 아폴론 신전의 신탁은 소크라테스가 가장 지혜로운 자라고 선언했다. 플라톤의 《소크라테스의 변론》에 따르면 소크라테스는 여사제 피티아가 어떻게 그런 신탁을 받았는지 이해할 수 없었다. 그가 내린 결론은 이러했다.

"내가 다른 사람들보다 똑똑한 이유는 이래서일 것이다. 우리는 아무것도 모르는데 보통 사람들은 자신이 안다고 착각한다. 하지만 나는 내가 안다고 생각하지 않는다. 나는 내가 모른다는 것을 안다."

이렇게 매력적이고 겸손한 태도를 소크라테스만 보인 것은 아니다. 톨스토이는 아무것도 모른다는 것을 아는 것이야말로 인간의 최고 지혜라고 했다. 셰익스피어의 희극 〈뜻대로 하세요〉에는 이런 말이 나온다. "바보는 자신이 지혜롭다고 생각하지만 지혜로운 자는 자신이 바보라는 사실을 알고 있다." 그 밖에도 많은 이들이 다양한 표현으로 똑같은 의미를 전달했다.

이 관점이 우리의 인생에 도움이 될까? 비트겐슈타인이 소크라테스의 지혜에서 비판할 거리를 많이 발견했다는 사실은 놀라운 일이 아니다. 우리가 용기나 아름다움, 정의를 어떻게 정의해야 할지 모른다는 것을 깨닫는다고 해보자. 그 지식을 어떻게 해야 할까? 어떻게 하면 지혜로 바꿀 수 있을까?

이 사실을 알아야 한다. 때때로 '모른다'라고 말하는 것은 도덕적 의무다. 모른다고 말할 줄 모르는 사람은 절대로 아무것도 배우지 못할 테니까. 수단이(지식의 부족이 호기심을 불러일으키고 배움으로 이어진다) 목적 또는 종점으로 바뀌지 않도록 하는 것이 중요하다. '모른다'는 것을 궁극적인 지혜로 여겨서는 안 될 것이다.

나는 프랑스 수학자이자 이론 물리학자, 과학사상가 앙리 푸앵카레Henri Poincaré의 의견에 전적으로 동의한다. 그는 모든 것을 의심하는 것과 모든 것을 믿는 것은 모두 정신적인 게으름이라고 했다. 둘 다 우리를 생각하지 않게 만들기 때문이다.

지혜의 의미

■

'지혜란 무엇인가?'라는 질문에 대해 철학자·작가·과학자·시인이 밤새 씨름하고 있을 때, 갑자기 〈평온을 비는 기도〉가 떠올랐다. 미국 신학자 라인홀트 니부어Reinhold Niebuhr가 1943년에 쓴 이 기도문은 익명의 알코올 중독자들의 회복을 돕는 자조 모임에서 사용하면서 널리 퍼졌다.

신이시여. 저에게 변화시킬 수 없는 것을 받아들일 수 있는 평온함을,

변화시킬 수 있는 것을 변화시키려는 용기를,

그리고 그 둘의 차이를 알 수 있는 지혜를 주소서.

(약물 중독을 전문으로 다루는 정신과 의사였던 이스라엘계 미국인 유대인 랍비 아브라함 J. 트워스키Abraham J. Twerski 박사도 평온을 비는 기도를 사랑했다. 그는 2021년 1월 31일 예루살렘에서 아흔의 나이에 코로나로 사망했다. 트워스키 박사는 이스라엘의 재소자들을 위한 재활 센터인 샤아르 하티크바(희망의 문)를 비롯해 여러 단체를 설립했다. 유튜브에서 트워스키 박사의 지혜와 사랑을 잘 보여주는 짧은 영상들을 쉽게 찾아볼 수 있다.)

〈평온을 비는 기도〉가 신에게 도움을 청하는 내용이라는 사실에 주목하자. '오늘부로 **나는** 평온함을 얻을 것이다' 같은 인

간의 결정에 의존하는 거만한 내용이 아니다. 나는 〈평온을 비는 기도〉를 다시 읽으며 깨달았다. 이 기도문에는 (다음 장에서 논할) 스토아 철학의 핵심 사상이 정확하게 요약되어 있다.

나는 생각을 정리하기 위해 유튜브에서 도메니코 스카를라티Domenico Scarlatti의 소나타를 틀어놓고, 자리에서 일어나 책장이 빼곡하게 들어찬 지하실 안을 서성였다. 조금 사색하다가 책장을 넘기기도 하고 좀 더 생각에 잠긴 후 다시 책상에 앉았다. 그런 다음 지혜의 의미에 대해 써보았다.

지혜란 무엇을 모르는지 아는 것, 무엇을 아는지 아는 것, 인생이라는 학교에 성실히 참여하는 것, 일상적인 행동과 관련된 문제에 올바른 판단력을 기르고 적절한 목표와 수단을 선택하는 것, 살면서 지식과 경험으로 더 나은 결정을 내리고 더 가치 있는 일을 하고 주어진 하루를 더 뜻깊게 보내는 것, 지성은 지혜에 필요하지만 그것만으로는 충분하지 않음을 아는 것, 영리함과 교활함은 지혜가 아님을 아는 것, 지혜로운 사람은 악할 수 없으며 악한 사람은 지혜로울 수 없음을 아는 것, 자신의 신념과 의견을 의심할 줄 알고 의심하는 행동 자체도 의심하는 것, 인생의 매 순간에 담긴 엄청난 불확실함을 받아들이는 것, '선'과 '악'을 구분할 줄 알지만 옳음에 '집착'하거나 타인에게 도덕성을 설교하지 않는 것, 살아 있는 모든 존재가 고통을 느낀다는 것을 알고 연민을 가지는 것, 고통이 항상 행복의 반대가 아님을 알고 생각만큼 행복하지 않지만 생각만큼 불행하지도 않다는 것을 기억하는 것, 바보들과 논쟁하지 않는 것, 오늘이 마지막 날인 것처럼 굴지 않되(그건 바보 같으니까) 지나간 모든 날이 다시 돌아오지 않는다는 사실을 기억하는 것, 거짓 겸손을 피해 겸손할 줄 아는 것, 밤하늘의 별은 물론 흔한 꽃 한 송이, 나비 한 마리에도 감탄할 줄 아는 것, 죽는 날까지도 결코 이해하지 못할 것들이 많음을 아는 것, 영혼이 육신보다 빨리 늙지 않게 하는 것, 항상 똑똑해지려 하지 않고 너무 똑똑해지려 애쓰지도 않는 것, 삶의 의미를 찾는 것, 의미를 찾지 못했어도 잘 살아가는 것. 간단히 말해서, 알맞게 사는 것.

어떤 사상가들은 목록을 떠올리는 대신 자신의 우선순위로 지혜의 가장 중요한 특징을 강조한다. 예를 들어, 에피쿠로스는 이렇게 적었다. "지혜가 우리에게 주는 좋은 것들 중에서 가장 좋은 것은 우정이다." 내 목록은 사랑·우정·용기 같은 여러 덕목이 지혜의 대용물이 아니라 제각각 존재감을 발휘할 수 있도록 작성되었다.

이렇게 지혜를 정의하고 난 후 커피를 준비해 다시 컴퓨터 앞에 앉았다. 즉각 써 내려가기는 했지만 '성숙함이란 무엇인가?'에 대한 질문의 답으로도 썩 괜찮다는 생각도 들었다. 성숙함과 지혜는 서로 무척 가까운 게 아닐까?

그런데 다시 읽어보니 밤샘을 했는데도 미처 파고들지 못한 더 깊은 생각들이 안쪽에 있다는 것을 깨달았다. 내가 정말로 하고 싶었던 말은 정작 표현하지 못했다. 어쩌면 말로 할 수 없기 때문인지도 모른다. 느낌은 있지만 거대한 미스터리처럼 짙은 구름에 가려져 있어서 표현할 수가 없다.

앞서(34쪽) 언급했던 비트겐슈타인의 말을 재인용한다. "우리는 말할 수 없는 것에 관해서 침묵해야 한다." 〈평온을 비는 기도〉처럼 어쩌면 지혜는 이해할 수 있는 것을 이해하고 표현하고 직관적으로 알지만 이해할 수 없는 것에 대해서는 침묵하는 것일지도 모른다.

14장

회복 탄력성에 대하여

스토아 철학, 에픽테토스, 아우렐리우스

스토아 철학은 기원전 3세기에 키티온(현재 키프로스의 라르나카)의 제논Zeno이 창시했다. 이 철학은 물리학·논리학·윤리학의 세 가지 영역과 관련 있다. 스토아 철학은 처음 두 가지 영역에도 지대한 관심을 기울였지만 예전이나 지금이나 그 인기는 윤리학을 다루는 방식에서 비롯되었다.

스토아 철학은 필요한 고통으로부터 자유로운 더 낫고 더 도덕적인 삶을 위한 전체적인 계획이라고 할 수 있다. 이 목표를 달성하는 하나의 수단은 정신적·육체적 회복력을 키우는 것이다. **본질적으로 스토아 철학은 삶의 방식에 대한 처방을 내리는 것과 관련 있다. 그저 단순한 언어적 숙고가 아니다.**

스토아 윤리학은 매우 강력한 행복론이다. 기억하겠지만 아리스토텔레스는 올바른 가치관이 에우다이모니아에 도달하기 위한 전제조건이지만 그것만으로는 충분하지 않다고 했다. 그는 이성적인 측면의 중요성을 강조하면서도 일상의 현실을 완전히 무시하지 않았다. "일상의 산문이 에우다이모니아의 선율을 방해한다"고 했다. 그는 존엄한 삶을 위한 부, 사랑하는 가족, 좋은 친구, 건강, 심지어 잘 가꾸어진 외모 등 특정한 것들이 부족하면 행복해질 수 없다고 생각했다. 그는 상아탑에서 살지 않았다. 그는 극도로 외롭거나 못생겼거나 비참한 사람은 밤낮으로 철학을 공부해도 행복해질 수 없다고 했다.

스토아학파에 따르면 **적절한 덕목을 갖추는 것은 에우다이모니아에 도달하는 필요조건이자 충분조건이다.** 에픽테토스는 이렇게 설명한다. 사람은 아파도 행복할 수 있고 큰 위험에 처해도 행복할 수 있으며 추방당하고도 행복할 수 있다. 고통 속에서 죽어가더라도 마지막 숨을 내쉬며 행복을 느낄 수 있다.

또한 스토아 철학자들은 두려움이나 질투 같은 감정은 판단력 부족으로 생기며 지혜로운 사람(도덕적·지적으로 완벽한 사람)은 그런 감정에 굴복하지 않는다고 했다. 그들은 (아리스토텔레스와 반대로) **지혜로운 사람은 그 어떤 불운에도 영향을 받지 않는다**고 믿었다. 앞에서 말했듯이 그들에게 미덕은 행복의 필수조건이자 충분조건이며 불운을 막아주는 효과도 있었다. 내가 이해한 바로는 스토아 철학에서 평온함(요즘 너무 자주 사용되는 표현이라 지나치게 단순화된 경향도 있다)은 감정의 부재나 무관심을 의미하지 않는다. 철학자이자 위험 분석 전문가인 나심 탈레브Nassim Taleb의 표현을 빌리자면 그것은 '감정의 순화馴化'를 뜻한다.

하지만 이 사실에 주목하자. 에픽테토스는 진정한 스토아주의자는 존재하지 않으며 앞으로도 존재하지 않을 것이라고 말했다. 스토아주의자는 목표를 달성하기 위한 여정을 떠나지만 목표에 가까워질 뿐 결코 달성할 수 없다. 사실 스토아 철학적 삶은 평범한 인간에게는 맞지 않으며 고귀한 영혼과 흔들림 없는 정신을 지닌 소수, 엄격한 원칙에 따라 살 수 있는 사람들을 위한 것이다. 바로 그런 특별한 세 사람이 스토아 철학의 '삼위일체'를 이룬다. '미친' 황제 네로의 스승이었던 귀족 세네카, 해방된 노예이자 아우렐리우스가 존경한 에픽테토스, 그리고 로마 황제 아우렐리우스.

아우렐리우스의 《명상록》은 철학 걸작이다. 이 책은 그가 혼자만 볼 생각으로 그리스어로 썼다. 출판할 의도가 없었기에 제목도 붙이지 않았다. 가장 일반적으로 《명상록》이라 부르지만 《나 자신에게To Myself》라고도 하는데 꽤 적절한 제목이다.

에픽테토스는 따로 저술을 하지 않았다고 알려져 있다. 그의 철학적 사상은 그의 제자였던 루키우스 플라비우스 아리아누스Lucius Flavius Arrianus가 엮은 《어록Discourses》과 《엥케이리디온》으로 전해질 뿐이다. 특히 《엥케이리디온》은 에픽테토스의 가르침을 압축하여 격언체로 엮은 것이다. 에픽테토스는 가이우스 무소니우스 루푸스Gaius Musonius Rufus에게 스토아 철학을 배웠는데 루푸스 역시 책을 남기지 않았다. 루푸스의 강의는 일부분만 전해지는데 짧게 발췌해 소개한다.

수치심의 정점. 우리는 육체에 고통을 느낄 때 육체가 얼마나 나약한지 불평한다. 하지만 쾌락에 중독되면 영혼이 얼마나 약한지 잊어버린다.

나는 호사스럽게 사느니 차라리 병에 걸리겠다. 병은 몸에만 영향을 끼치지만 사치스러운 삶은 육체와 영혼에 모두 해를 끼친다. 몸을 약하고 무력하게 하고 영혼을 비겁하고 방종하게 만들기 때문이다.

그의 제자 에픽테토스는 이렇게 말했다.

당신을 욕하는 사람이 있다면 그 어떤 변명도 하지 말고 설명도 하지 마라. 그저 이렇게 생각하라. '이 사람은 나에 대해 잘 알지 못하는 것이 분명해. 그렇지 않았다면 분명 내 결점과 장점을 더 많이 언급했을 테니까.'

에픽테토스는 철학의 주된 기능이 우리가 타인과 외부 상황에 행복을 의존하지 않게 해주는 것이라고 믿었다. 스토아 철학은 기쁘거나 침착할 때는 물론이고 괴로움과 혼란, 불안의 시간을 비롯한 다양한 상황에서 나침반으로 사용되어야 할 네 가지 가치를 제시했다. 이 덕목들은 행복과 내면의 평화로 가는 길을 밝혀줄 수 있다.

- 용기와 불굴의 정신
- 중용과 절제
- 신중함과 지혜
- 정의

이것들은 스토아 철학의 윤리적 구조를 이루는 기둥이다. 스토아 철학자들은 정말로 좋은 것은 모든 측면에서 이득이어야 한다고 말한다. 예를 들면, 부가 항상 좋은 것은 아니다. 만약 부자가 돈을 헤로인에 쓴다면 그에게 전혀 이롭지 않을 것이다.

스토아 철학에서는 돈 같은 것을 단순히 좋지도 나쁘지도 않은 '중립적'으로 본다. 어떻게 사용하느냐에 따라 본질이 좌우되기 때문이다. 믿지 않을지도 모르지만 건강도 '중립적'이다. 건강이 언제 우리에게 해를 끼치게 되는지 한 번 상상해보기 바란다.

사실 스토아 철학에는 처음 들으면 의구심을 자아내는 격언들이 꽤 있다. 철학자이자 작가, 웅변가인 키케로는 저서 《스토아 철학의 역설The Paradoxa Stoicorum》에서 인간의 논리에 어긋나는

것처럼 보이는 스토아 철학의 대표적인 격언 여섯 가지에 대해
설명한다.

- 미덕은 유일한 선이다.
- 미덕은 행복의 충분조건이다.
- 모든 악덕과 모든 미덕은 평등하다.
- 바보들은 제정신이 아니다.
- 오직 현자만이 자유롭다.
- 오직 지혜로운 사람만이 부자다.

기원전 380년에 쓰인 플라톤의 《국가》에는 이미 네 가지 덕
목이 등장했고 기원전 약 350년에 쓰인 《니코마코스 윤리학》
에 나오는 아리스토텔레스의 덕목과도 연관이 깊다. 그리고 아
리스토텔레스는 스토아 철학에 큰 영향을 끼쳤다.

스토아 철학자들에 따르면 지혜는 기본적으로 선과 악을 구
별하고, 통제할 수 있는 것과 없는 것이 있음을 아는 것이다.
아리아누스가 엮은 《엥케이리디온》의 시작 부분에서 에픽테토
스는 이렇게 말한다.

"우리가 통제할 수 있는 것과 통제할 수 없는 것이 있다. 통
제할 수 있는 것은 견해·욕구·혐오, 즉 우리의 행동이다. 통제
할 수 없는 것은 신체·재산·명성, 즉 우리의 행동에 좌우되지
않는 것들이다."

따라서 지혜는 우리가 남은 세 가지 가치, 즉 용기와 절제, 정의에 따라 최선을 다해 살아가게 해준다.

개인적으로 연관이 있는 다른 가치와 달리 정의는 사회적인 가치다. 스토아 철학에서 정의는 반드시 법이나 법원과 관련 있지 않으며 오히려 주로 사회적 행동의 특징이 나타난다. 더 구체적으로 말하자면 동료애, 평등, 존중, 예의, 관대함, 다른 사람들을 돕는 것이다. 아우렐리우스는 그 영향력이 사회 전체로 퍼져 나가므로 정의가 나머지 세 가지 가치보다 더 중요하다고 여겼다.

아우렐리우스가 전하는 복음

〈전도서〉에서는 이렇게 말한다. 입으로나 행동으로나 죄를 하나도 짓지 않는 사람은 한 명도 없다는 의미다.

선을 행하고 전혀 죄를 범하지 아니하는 의인은 세상에 없기 때문이로다.
〈전도서〉 7장 20절

프랑스 역사학자 에르네스트 르낭Ernest Renan은 이 세상을 살아간 이들 중에서 아우렐리우스가 가장 완벽에 가까운 인간이었다고 말한다. 물론 아우렐리우스(풀네임은 마르쿠스 아우렐리우스 안토니누스 아우구스투스Marcus Aurelius Antoninus Augustus다)는 역사적으로 매우 흥미로운 인물이다. 그는 마키아벨리의 '오현제(다섯 명의 현명한 황제)' 가운데 마지막이자 최고의 황제였다.

아우렐리우스는 161년부터 세상을 떠난 180년까지 로마를 통치했다. 그의 통치 기간에 로마 제국의 인구는 약 5000만 명이었다. 이는 당시 세계 인구의 4분의 1에 해당한다. 로마는 그의 통치 아래 번창하고 더 세련되어졌지만 가뭄·홍수·전염병을 비롯해 많은 재앙을 겪기도 했다. 아우렐리우스는 플라톤이 고안한 모델을 바탕으로 나라를 다스리는 철학자 황제였다. 또한 뛰어난 전사이자 전략가, 학자, 정치가이기도 했다.

아우렐리우스의 글을 읽을 때는 그가 당시 세상에서 가장 큰 권력을 지닌 로마의 황제였다는 사실을 기억해야 한다. 그는 뭐든지 마음대로 할 수 있는 최고 권력자였다. 손짓만으로 누군가의 삶을 끝장내고 도시를 파괴할 수 있었다. 세상의 그 어떤 쾌락과 사치도 마음껏 즐길 수 있었다.

생각의 깊이로 판단한다면 분명 그는 아리스토텔레스나 플라톤이나 칸트에게 미치지 못한다. 그러나 이 철학자 황제의 위대함은 그가 글로 적은 가르침을 실제로 실천하는 능력에서 나온다. 바로 그 점에서만큼은 아무도 그를 따라오지 못한다. "권력은 부패하기 쉽고 절대 권력은 절대적으로 부패한다"라는 명언은 아우렐리우스에게는 해당하지 않는다. 그는 분명히 스토아 철학의 네 가지 덕목을 모두 받아들였다.

프랑스 철학자 아도는 아우렐리우스의 책이 어쩌면 가장 인상적인 영적·철학적 실천법을 보여준다고 했다. (아우렐리우스가 말년에 썼다고 알려진)《명상록》은 총 열두 권으로 이루어졌는데, 1권에는 감사의 마음이 흘러넘친다. 시작 부분을 간단하게 소개하니 대략적인 느낌을 알아보자.

나는 할아버지 베루스 덕분에 화와 욕망에 흔들리지 않는 온화하고 겸손한 마음씨를 갖게 되었다. 아버지에게 겸손과 남자다운 기백도 배웠다. 어머니 덕분에 친절과 절제와, 나쁜 행동만이 아니라 나쁜 생각도 삼가는 마음과, 부자들의 생활 태도를 멀리하는 검소한 생활방식을 갖추게 되었다.

그는 스스로 실천한 모든 미덕을 가르쳐준 모든 사람에게 감사하고 있다. 할아버지부터 어머니, 아버지, 삼촌, 친구, 철학자 등에게 감사하는 마음은 여러 페이지에 걸쳐 계속된다. 그리고 좋은 부모와, 형제, 친구, 스승, 동료 등(아주 상세하게 나열한다)의 존재에 대해 신에게 감사한다. 더불어 그는 사려 깊은 작가답게 자신의 (개인적인) 실패는 모두 자기 탓으로 돌린다.

다음은 내가 이 위대한 황제의 일기에서 가져온 통찰의 모음이다. 부분적으로 내 견해와 해석을 보태기도 했다. 당시 세계 최고의 권력을 쥐고 있던 사람이 스스로 참고하고자 적어

내려간 조언이고 실제로 성공적으로 실천했다는 사실을 기억하면서 읽으면 더 깊이 음미할 수 있을 것이다. (이번에도 예술적 자유를 활용해 그의 가르침을 문자 그대로가 아니라 어느 정도 자유롭게 표현했다.)

상대에게 끌려다니지 않는 법

하루하루를 자신에게 이렇게 말하는 것으로 시작하라. "오늘 나는 이기적이거나 사악하거나 감사할 줄 모르거나 인색하거나 무례하거나 배신하거나 아첨하는 사람들을 마주칠 것이다." 기억하라, 그들이 그렇게 행동하는 이유는 선과 악을 구분하지 못하는 무지함 때문이다. 하지만 나는 선과 악의 차이를 알고 있으므로 그 사람들에게 화내지 않을 것이고 그들이 내 하루에 영향을 끼치도록 하지 않을 것이다.

여러분은 불교와 스토아 철학에 비슷한 점이 많다는 것을 알아차렸을 수도 있다. 실존주의 심리치료사 안토니아 마카로 Antonia Macaro가 쓴 책 《행복 이상의 가치 More Than Happiness》를 추천한다.

내 생각에 이 두 철학에는 한 가지 차이점이 있다. 불교의 승려는 분주하게 돌아가는 세상과 멀리 떨어진 산꼭대기 사찰에서 평화를 찾았다. 반면에 스토아 철학자들은 로마의 거리를 걸어 다녔고 시장 상인들과 흥정했으며 가족을 사랑했고 정치

논쟁에도 참여하고 독재자들에게 대항하고 로마 황제의 조언자 역할을 하기도 했으며 로마 황제나 해방된 노예, 전사, 목수였다는 것이다. 이처럼 스토아 철학자들은 속세에서 다른 이들과 어울려 살았지만 마음의 평화를 잃지 않았다.

모든 것은 생각에 기초한다

당신의 행복은 당신이 하는 생각의 본질에 달려 있다. 생각이 있는 곳에 당신이 있다. 그러니 원하는 곳에 생각이 있게 하라.

이것은 아우렐리우스의 생각과 에픽테토스, 세네카, 톨스토이 (이 황제를 존경해서 자주 인용했다), 그리고 하디시즘 유대교파의 하나인 브레슬로프를 창시한 랍비 나흐만Rabbi Nachman 등이 한 말을 통합한 것이다. 다음은 《법구경》에 나오는 첫 구절이다.

모든 법은 생각에 기초한다.
모든 법은 생각으로 만들어지고 생각의 지배를 받는다.
사람이 악한 생각을 하면 고통이 따른다. 마치 바퀴가 수레를 끄는 소의 발자국을 따르듯이.
모든 법은 생각에 기초한다.
모든 것은 생각으로 만들어지고 생각의 지배를 받는다.
사람이 선한 생각을 하면 행복이 따른다. 마치 그림자가 형체를 떠나지 않듯이.

언제나 생이 마지막인 것처럼

항상 인생의 마지막이라고 생각하고 행동하라. 살아 있는 동안 언제나 옳은 일을 할 수 있을 것이다.

루푸스(258쪽 참조)는 오늘이 삶의 마지막 날이라고 생각하지 않는다면 제대로 살 수 없다고 주장했다. 톨스토이 역시 누구를 만나든 마지막 만남이라고 생각하고 대하라며 죽음을 올바른 삶의 지침으로 제시했다. 1970년 노벨문학상을 수상한 러시아 작가인 알렉산드르 솔제니친Aleksandr Solzhenitsyn도 《수용소군도》에서 비슷한 말을 남겼다.

"마음을 정화하고 무엇보다도 당신을 사랑하고 당신이 잘되기를 바라는 사람들을 소중히 여겨라. 상처 주거나 비난하지말라. 무엇보다도 그들에게 화낸 상태로 헤어지는 일이 없게 하라. 지금 이 순간이 당신이 체포되기 전에 그들과의 마지막 만남일 수도 있다. 이렇게 화내는 모습으로 그들의 기억에 새겨지면 안 될 것이다."[1]

참고로 숙청이 난무했던 스탈린의 통치 시절에 러시아에서는 갑자기 붙잡혀 가는 일이 워낙 많았다. 언제 불시에 체포될지 모르므로 사람들이 생활 필수품들을 작은 여행 가방에 넣어 가지고 다녔을 정도였다.

불평을 내려놓아라

삶에 대해 불평하지 마라. 삶은 우리가 운이 좋아서 받게 된
선물이다. 원한다면 지금 당장 삶을 떠나라. 그 문은 항상 열
려 있다. 이 사실을 염두에 두고 어떻게 행동하고 말하고 생각
할지를 결정하라.

스토아 철학자들은 삶에 대한 불평은 어떤 경우에도 어리석
고 쓸모없다고 했다. 에픽테토스는 이렇게 말했다.

당신은 연극배우일 뿐임을 기억하라.
작가가 당신에게 배역을 맡겼다.
다른 역할이 아니라 왜 이 역할을 맡겼을까? 절대로 알 수 없다.
당신이 맡은 역할은 짧을 수도 있고 길게 이어질 수도 있다.
작가는 당신에게 거지나 장애인, 하급 사무원, 노예, 또는 지
위가 높은 사람을 맡겼을 수도 있다.
당신에게는 맡은 역할을 멋지게 해낼 능력이 있다. 하지만 그
역할을 맡을지 여부는 당신의 선택에 달렸다.

"문은 항상 열려 있다." 에픽테토스를 인용한 이 말은 자살
을 떠오르게 한다. 스토아 철학자들은 가능한 대안이 없고 견
딜 수 없는 고통을 겪을 때만 삶에서의 존엄한 퇴장인 자살을
선택할 수 있다고 생각했다.

네로 황제는 세네카에게 자살을 명령했다. 세네카의 아내 파울리나는 남편과 함께하겠다고 했다. 하지만 세네카는 인생은 놀랍고 경이로운 것이고 살 수 있다는 것은 커다란 특권이라면서 아내를 만류했다. 그리고 그는 **자살했다.** 이는 오로지 다른 선택의 여지가 없어서였다.

지젝은 매우 심오한 견해를 내놓았다. 십자가에서 이루 말할 수 없는 고통을 당한 예수는 "나의 하나님, 나의 하나님, 어찌하여 나를 버리셨나이까(〈마태복음〉 27장 46절, 〈마가복음〉 15장 34절)"라고 울부짖으며 하나님의 사랑은 물론이고 나아가 그의 존재 자체에도 의심을 던진다. 지젝은 이 끔찍한 순환의 힘을 지적한다. 생각해보면 정말로 심오한 부분이라 잠깐 읽던 것을 멈추고 생각에 잠겨야 할 수도 있다.

절대적 진리는 없다

당신이 생각하는 모든 것은 그저 의견일 뿐이다. 모든 것에 대해 의견을 가질 필요는 없다.

인터넷에서 쉽게 찾아볼 수 있는 아우렐리우스의 명언으로 알려진 말이 떠오른다. "우리가 듣는 모든 것은 하나의 의견일 뿐 사실이 아니다. 우리가 보는 모든 것은 하나의 관점일 뿐 진실이 아니다." 나는 이 말이 마음에 든다. 하지만 두 번째 부분은 황제의 일기에 나오지 않는다.

약속과 명예를 지켜라

자신에게 이로운 것처럼 보이더라도 약속을 어겨야 하거나 명예에 금이 가는 선택은 절대로 하지 마라.

모욕을 허락지 말라

당신이 동의하지 않으면 그 누구도 당신을 모욕할 수 없다. 당신이 동의하지 않으면 그 누구도 당신을 짜증 나게 할 수 없다. 당신이 동의하지 않으면 그 누구도 당신을 슬프게 할 수 없다.

위의 세 문장은 사실 《명상록》에 등장하지 않지만 내가 행간에서 발견한 가르침이다. 에픽테토스는 다음과 같이 말했다. "당신을 화나게 할 수 있는 사람은 누구든지 당신의 주인이 되고 당신은 그의 노예가 된다."

우연은 없다

일어나는 모든 일은 일어나야만 하는 대로 일어난다. 모든 순간에 감사하고 자신에게 일어나는 모든 일을 누릴 자격이 있는 사람이 되어라.

자연에는 우연이란 없다. 세상의 모든 것은 신이 필요에 따라 정한 대로 존재하고 행동한다.

스피노자

이스라엘 작가 아모스 오즈Amos Oz의 멋진 강연을 들은 적이 있다. 슈무엘 아그논Shmuel Agnon의 소설 《그저께Temol Shilshom》에 대한 강연이었는데 오즈는 단어에 대한 유대인의 믿음이 아우렐리우스와 거의 흡사하다고 정의했다.

에픽테토스는 아무것도 배우지 못한 사람은 나쁜 일이 생겼을 때 다른 사람들부터 비난한다고 했다. 하지만 공부를 시작한 사람은 스스로를 탓해야 한다는 사실을 안다. 그런가 하면 지혜로운 사람은 자신도, 다른 사람도, 그 누구도 비난하지 않는다.

삶보다 위에 있다고 느끼며 살아라. 재앙을 두려워하지 말고 행복을 갈망하지도 마라. 고통은 영원하지 않으며 달콤함은 절대로 넘치지 않는다는 것을 알라.

솔제니친, 《수용소 군도》2

겸손하라

내가 살아 있는 한, 죽음의 검은 항상 내 머리 위에 걸려 있을 것이다. 그러니 황제라고 너무 기뻐하지 말고 절제하고 간소하게 행동하라. 선하고 순수하고 사려 깊게 행동하고 정의를 옹호하고 친절하고 너그러워라. 신을 존중하고 사람들을 도와라. 바로 지금.

세상에서 가장 높은 왕좌에 앉아 있어도 그래봐야 자기 엉덩이 위일 뿐이다.

몽테뉴, 〈에세이〉

자신에게 집중하라

다른 사람들이 무엇을 하고 무슨 생각을 하는지 관심을 쏟지 않는다면 시간이 훨씬 많아질 것이다. 자신의 생각과 행동에만 집중해 가치 있고 선하고 옳은 것으로 만들어라. 그런데 자신의 생각이 선하고 가치 있는지 어떻게 알 수 있을까? 스스로 물었을 때 주저 없이 그렇다고 대답할 수 있다면 그런 것이다.

변화를 받아들여라

모든 것은 변화의 결과라는 사실을 기억하고 자연이 기존의 형태를 바꿔서 새로운 무언가를 창조하기를 선호한다는 것을 받아들여라. 시간은 일시적인 사건들로 가득한 강과 같으며 그 강의 물살은 무척 세다. 어떤 사건이 일어나자마자 물살에 휩쓸리고 다른 사건이 그 자리를 대신한다. 그것 또한 곧 물살에 휩쓸려갈 것이다. 우리는 변화를 두려워해서는 안 된다. 변화 없이는 그 무엇도 불가능하다.

헤라클레이토스의 가르침이 물씬 풍기는 말이다.

관대하라

가장 좋은 복수는 적과 똑같이 하지 않는 것이다.

아우렐리우스 군대의 사령관인 아비디우스 카시우스Avidius Cassius
는 반란을 일으켰다. 관대한 황제는 그를 처형하지 않고 직접
만나서 그의 잘못된 행동에 대해 설명해주기로 했다. 하지만
만남이 이루어지기 전에 카시우스의 부하가 그의 목을 베어
그 머리를 황제에게 선물로 보냈다. 황제는 충격을 받고 슬퍼했
다. 그의 자비심이 카시우스를 돕지는 못했지만, 그 식솔들의
목숨을 구해주었다.[3]

우리는 연결되어 있다

세상의 모든 것은 서로 연결되어 있다. 벌 떼에게 이롭지 않은
것은 그 어떤 벌에게도 이롭지 않다.

아우렐리우스의 이 통찰은 루푸스의 말을 요약한다.
"인간의 본성은 벌과 매우 비슷하다. 벌은 혼자 살 수 없다.
혼자 남겨지면 죽는다. 벌이 생존하는 유일한 방법은 다른 벌
들과 교류하는 것뿐이다."
게임 이론에는 '죄수의 딜레마'의 확장이라고 할 수 있는 '공
유지의 비극'이라는 모델이 있다. 이 개념은 개릿 하딘Garret Hardin
교수가 1968년에 《사이언스Science》에 실은 에세이를 통해 널리

알려지게 되었다. 공유지의 비극은 세계적으로 심각한 문제(지구 온난화, 해양 오염, 남획, 삼림파괴, 방목, 교통체증, 전염병 민감성 등)의 다수가 너무 많은 사람이 근시안적으로 자신의 이익만 생각하고 공동체의 이익을 위해 마련된 (암묵적인) 규칙을 어기기 때문이라는 내용이다. 대개 집단은(정당·기업·국가 등) 자신들의 이익을 위한 선택을 한다. 행동의 결과가 모두에게 참담한 비극을 가져올 수 있다는 것은 신경 쓰지 않는다.

모든 것은 지나간다

곧 너는 모든 것을 잊고 모든 것은 곧 너를 잊을 것이다.

욕망을 적절히 유지하라

개인의 행복에는 많은 것이 필요하지 않다. 꾸준한 선행은 기쁨의 커다란 원천이다. 진정한 친절은 모든 것을 이긴다.

인도계 미국인 기업가 나발 라비칸트Naval Ravikant는 팟캐스트에서 "열정은 목표를 성취할 때까지 행복하지 않겠다고 스스로에게 약속하는 계약서와도 같다"고 말했다. 하지만 곧바로 새로운 열정이 생긴다. 스토아 철학에서도 라비칸트와 마찬가지로 끝없는 욕망은 행복을 가로막는 장애물이라고 믿는다.

통제할 수 없다면 무시하라

욕망과 근심이 없는 영혼은 내면의 요새와도 같다. 이보다 더 안전한 것은 없다. 난공불락의 요새다.

당신을 아프게 하는 것은 그 무엇도 아니요, 바로 당신의 판단이다. 당신에게는 이 판단을 다른 것으로 바꿀 능력이 있다. 상처받았다기보다는 그저 두려움에 사로잡힌 것이다. 현실보다 상상이 우리를 더 괴롭힌다.

스토아 철학은 '현상'과 '사건'을 구분한다. 현상은 지진 같은 자연재해나 다른 사람들의 관점 등 우리가 통제할 수 없는 것들이다. 반면 '사건'은 (스토아 철학자들의 견해에 따르면) 생각이나 감정, 행동처럼 스스로 통제할 수 있는 것이다. 행복해지는 방법은 통제할 수 없는 것을 완전히 무시하는 것뿐이다. 일이 원하는 대로 흘러가기를 바라지 말고 일어나는 그대로 받아들여야 한다.

만약 일이 자신에게 맞지 않는 방향으로 일어났다면 자신을 거기에 맞춰라.

몽테뉴, 〈에세이〉

기억하겠지만 스토아 철학에서는 두려움조차 하나의 의견일 뿐이고 두려워할지 말지는 우리가 선택할 수 있다고 한다.

미 해군 중장 제임스 본드 스톡데일James Bond Stockdale이 쓴《포화 속의 용기: 인간 행동 실험실에서 에픽테토스의 가르침을 시험하다Courage Under Fire》는 짧지만 엄청난 책이다.

스톡데일은 에픽테토스의 《엥케이리디온》에서 많은 교훈을 얻었고 베트남 전쟁에서 전투기로 비행할 때도 그 책을 가지고 다녔다. 베트남에서 격추당한 그는 '하노이 힐튼호텔'이라 불린(열악한 환경 때문에 미국 포로들이 반어적으로 붙인 이름이다-옮긴이) 악명 높은 호아로 수용소에 갇혔다. 그가 포로로 갇힌 7년 동안 얼마나 무자비한 고문을 당했는지는 자세히 설명하지 않겠다. 스톡데일은 스토아 철학의 가르침이 포로 생활의 두려움과 절망에 큰 도움을 주었다고 말했다.

그는 그 경험을 회고하면서 수용소에서 곧 풀려날 거라고 낙관하는 이들은 오래 버티지 못했다고 했다. 그들은 크리스마스나 부활절 전까지는 집으로 돌아갈 것이라고 믿으며 힘을 내려고 노력했지만 그때가 와도 나가지 못하자 머지않아 좌절해서 죽음을 맞이했다. 물론 낙관주의는 나쁘지 않다. 고요한 물위에 떠 있는 배 같은 삶을 살 때는 말이다. 하지만 극단적인 위기의 순간에는 스토아 철학이 더 유용하다.

스톡데일은 목숨이 위험할 정도로 자해까지 서슴지 않으며 고문자들에게 고문뿐 아니라 죽음도 두렵지 않다는 것을 보여주며 저항을 이어 나갔다. 결국 석방되어 고국으로 돌아온 그는 미군 최고의 무공훈장인 명예훈장을 받았다.

《수용소군도》에 나오듯, 솔제니친도 소련의 강제수용소에 갇혔을 때 낙관주의의 취약성을 발견했다. 힘들게 얻은 지혜가 가득한 책이다. 앞에서 이미 그 책을 인용했다. 솔제니친의 글에서도 스토아 철학의 메아리가 울려 퍼지곤 한다. 스톡데일이나 솔제니친처럼 극단적인 상황에서 살아남기 위해서는 스토아주의자가 되어야 하는 듯하다.

하지만 스토아 철학이 세상을 실제보다 무섭지 않은 곳처럼 표현하는 것은 아니다. 그저 사람들을 더 용감하게 만들려는 것이다. 에픽테토스는 죽음에 대해 이렇게 말했다.

"죽음의 가장 나쁜 점은 모두가 죽음을 끔찍하게 여긴다는 것이다. 하지만 그것은 그냥 의견일 뿐이다. 만약 죽음이 정말로 끔찍한 것이었다면 소크라테스가 정반대되는 말을 하지 않았을 테니까."

좋고 나쁜 것은 모두 생각하기에 달려 있다.

셰익스피어, 〈햄릿〉 2막 2장

행동하라

행동을 피하면 부당한 일로 이어질 수 있다. 필요한 일을 하라.

솔제니친은 《수용소군도》에서 우리에게 이런 사실을 가르쳐준다. 우리가 악에 대해 침묵하고 겉으로 흔적도 보이지 않을 정도로 마음속 아주 깊이 묻어버리면 뿌리가 자라나 나중에 악이 표면을 뚫고 나온다. 천 배는 더 강해진 채로 말이다.

고통은 곧 지나간다

고통은 힘의 반대이고 분노도 힘의 반대다.

아우렐리우스는 《명상록》에서 고통은 참을 수 있거나 참을 수 없거나 둘 중 하나라는 에피쿠로스의 가르침을 기억하라고 한다. 참을 수 있는 고통이라면 불평하지 말아야 하고 참을 수 없는 고통이라도 곧 지나갈 것이다. 어느 쪽이든 분노를 느낄 필요가 없다.

말이 아닌 행동을 보여라

어떤 사람이 좋은 사람인지에 대한 논쟁으로 시간을 낭비하지 말고 스스로 좋은 사람이 되어라.

선과 악에 관해서는, 용감하고 지혜롭고 절제적이고 정의로운 사람이 되도록 도와주는 것이라면 선이고, 방해하는 것은 악이다.

에픽테토스는 제자들에게 철학을 설명하지 말고 실천하라고 당부했다. 그는 말은 유창하지만 행동은 그렇지 못한 사람들을 경멸했다. 스토아 철학의 목적은 존경받는 것이 아니라 동화同化

되는 것이다.

다시 솔제니친으로 돌아가보자. 그는 스토아 철학자들보다 좀 더 상황을 복잡하게 보았다. 《수용소군도》에 다음과 같이 적었다.

모든 것이 그렇게 단순하다면 얼마나 좋을까! 만약 사악한 사람들이 한곳에 모여 산다면 아무리 교활하고 잔인한 짓을 저질러도 나머지 사람들과 분리하고 멸하면 될 일이다. 아주 간단하다. 하지만 선과 악의 경계는 사람들 사이에 그어져 있는 게 아니다. 그 경계는 모든 사람의 심장에 있다. 자기 심장을 파괴하려는 사람이 누가 있는가? 아무리 사악한 사람의 마음이라도 선한 구석이 아주 조금이라도 있고 가장 순수하고 선한 마음이라도 아주 작은 악의 흔적이 새겨져 있는 법이다.[4]

오직 사실만을 말하라

옳지 않으면 하지 말고 사실이 아니라면 말하지 마라.

최악을 상상하라

길 위의 장애물은 곧 길이 된다. "이런 일이 나에게 일어나다니 얼마나 불행한가"라고 말하지 말고 이렇게 말하라. "이런 일이 일어났지만 이겨낼 수 있었으니 얼마나 운이 좋은가."

앞에서(241쪽) 스토아 철학의 프리메디타치오 말로룸을 언급했다. 미래에 닥칠 고난과 최악의 상황을 예상한다는 뜻이다. 최악의 시나리오를 미리 상상하면 이내 익숙해진다. 미래에 일이 잘못될 수도 있고 무언가를 빼앗길 수도 있다. 그런 일이 이미 일어났다고 상상해보라. 만약 최악의 시나리오가 현실로 일어나지 않는다면 감사하게 생각하고 계속 앞으로 나아가면 된다.

미리 말해두건대 절대로 쉬운 연습은 아니다.

철학을 실천하라

인간의 신체와 그것을 이루는 모든 것은 흐르는 강물이다. 영혼은 꿈이고 안개다. 인생은 집에서 멀리 떨어진 전쟁터이고 영광은 환상이다. 무엇이 우리를 인도해줄 수 있을까? 오직 철학뿐이다. 우리는 적절하지 않은 것들이 침범하지 않도록 내면의 성채를 지켜야 한다.

자연과 조화를 이루며 살아가려고 노력한다면 영원한 평화라는 마지막 목적지에 이를 수 있다. 때가 된 올리브 열매가 자신을 잉태한 대지를 축복하고 자신에게 생명을 준 나무에 감사하며 땅으로 떨어지는 것처럼.

스토아 철학은 거친 폭풍우가 몰아치는 삶이라는 바다를 밝히는 등대라고 나는 믿는다. 파도 자체를 잠재워주기는 어렵지만 길을 밝혀줄 수는 있다.

15장

행복의 지침서

〈전도서〉, 아인슈타인, 이키가이, 휘게

이 장에서는 역사적으로 다양한 시대를 산 많은 이들에게 빌려온 '행복'에 대한 생각과 성찰을 소개한다. 내가 특별히 좋아하는 생각들을 넣었다. 때로 서로 모순적인 생각들도 있지만 여러분이 너그럽게 이해해주리라고 믿는다. 내 생각과 해설을 조금 보태기도 했다. 이번에는 내 해설이 그렇게 짧지 않을지도 모르겠다. 참고로 인터넷에서 흔히 볼 수 있는 지루하고 상투적인 이야기는 피하려고 했다. 예를 들어 행복에 관해 이야기하는 사이트들에는 온갖 인용문이 넘쳐난다. 대신 나는 광범위한 저작을 활용한다. 루이 암스트롱Louis Armstrong은 말했다. "재즈가 뭔지 물어야 하는 사람은 절대로 재즈가 뭔지 알 수 없다."

그의 말을 흉내 내 이렇게 묻고 싶다. 행복이 무엇이고 어떻게 찾을 수 있는지, 행복에 대해 적극적으로 배우려는 사람은 과연 행복해질 수 있을까?

나는 이 질문에 서둘러 대답하지는 않을 것이다. 행복에 관한 그 어떤 정보도 우리의 삶을 지상 낙원으로 바꿔줄 수는 없다. 그렇다고 행복에 대해 생각하는 것이 소용없다는 말은 아니다. 행복에 대한 논쟁은 양쪽 모두에 가치가 있다. 적어도 행복이라는 주제에 대해 읽으며 즐거움을 느끼기를 바란다.

시작하기 전에 '행복의 과학'은 물리학과 같지 않다는 사실을 강조하고 싶다. 행복에는 뉴턴의 법칙이나 맥스웰의 법칙 같은 법칙이나 공식이 없다. 행복에 관한 내 연구에는 똑 떨어지는 공식을 찾아볼 수 없을 것이다. 물론 행복에 공식이 있다고 주장하는 사람들도 있을 것이다. 하루에 몇 보를 걸어야 하는지 같은 숫자 말이다. 어쩌면 행복의 공식은 '(자신의 키-몸무게)÷하루 인터넷 서핑에 쓰는 평균 시간÷친구 숫자×하루 수면 시간'이라고 주장하는 사람도 있을지 모르겠다.

고대의 행복 지침서

〈전도서〉는 이 주제에 관한 토론의 힘찬 준비운동을 제공한다. 다음은 〈전도서〉에 나오는 행복과 관련된 인용문이다.

빛은 실로 아름다운 것이라 눈으로 해를 보는 것이 즐거운 일이로다.

〈전도서〉 11장 7절

무엇이든지 내 눈이 원하는 것을 내가 금하지 아니하며 무엇이든지 내 마음이 즐거워하는 것을 내가 막지 아니하였으니 이는 나의 모든 수고를 내 마음이 기뻐하였음이라. 이것이 나의 모든 수고로 말미암아 얻은 몫이로다.

〈전도서〉 2장 10절

너는 가서 기쁨으로 네 음식물을 먹고 즐거운 마음으로 네 포도주를 마실지어다. 이는 하나님이 네가 하는 일들을 벌써 기쁘게 받으셨음이니라. 네 의복을 항상 희게 하며 네 머리에 향기름을 그치지 아니하도록 할지니라. 네 헛된 평생의 모든 날 곧 하나님이 해 아래에서 네게 주신 모든 헛된 날에 네가 사랑하는 아내와 함께 즐겁게 살지어다. 그것이 네가 평생에 해 아래에서 수고하고 얻은 네 몫이니라.

〈전도서〉 9장 7~10절

사람이 여러 해를 살면 항상 즐거워할지로다. 그러나 캄캄한 날들이 많으리니 그날들을 생각할지로다. 다가올 일은 다 헛되도다.

〈전도서〉 11장 8절

적게 먹든 많이 먹든 노동자의 잠은 달콤하다. 그러나 부자의 배부름은 잠을 못 이루게 한다.

〈전도서〉 5장 12절

근심이 네 마음에서 떠나게 하며 악이 네 몸에서 물러가게 하라.

〈전도서〉 11장 10절

너는 네 떡을 물 위에 던져라. 여러 날 후에 도로 찾으리라.

〈전도서〉 11장 1절

사람들이 사는 동안에 기뻐하며 선을 행하는 것보다 더 나은 것이 없는 줄을 내가 알았고….

〈전도서〉 3장 12절

옛날이 오늘보다 나은 것이 어찜이냐 하지 말라 이렇게 묻는 것은 지혜가 아니니라.

〈전도서〉 7장 10절

지나치게 의인이 되지도 말며 지나치게 지혜자도 되지 말라. 어찌하여 스스로 패망하게 하겠느냐.

〈전도서〉 7장 16절

〈전도서〉는 《성경》에서 가장 비관적인 책 중 하나로 여겨지지만 실제로는 올바르고 보람 있는 삶을 원하는 사람에게 아주 훌륭한 고대의 지침서가 되어줄 수 있다.

세상에서 가장 심오한 문장

■

이 또한 지나가리라.

이 격언을 널리 퍼뜨린 사람은 다름 아닌 에이브러햄 링컨Abraham Lincoln이었다. 그는 1859년에 한 연설에서 다음과 같은 이야기를 했다. 한 동양의 군주가 현자들을 전부 모아놓고 모든 시대와 상황에 맞는 문장을 찾으라고 했다. 삶이 힘들 때는 희망을 주고 너무 행복할 때는 중심을 잡아줄 수 있는 말이어야만 했다. "이 또한 지나가리라"가 바로 그런 문장이었다.

페르시아의 신비주의 시인 파리드 알 딘Farid al-Din(니샤푸르의 아타르Attār of Nishapur)이 전하는 버전의 이야기도 있다. 왕이 슬플 때 격려해주고 행복할 때는 제지해줄 수 있는 격언을 부탁하는 과정에서 이 말이 나왔다는 것이다. 왕은 그의 반지에 이 글귀를 새기기까지 했다.

유대교에도 역시나 왕이 등장하는 비슷한 이야기가 전해진다. 솔로몬 왕이 그런 힘을 가진 반지를 찾으라고 명령했고 그 반지에는 바로 이 말이 새겨져 있었다.

원하는 바를 얻으면 행복해진다는 착각

■

만약 정확하게 원하는 것을 얻는다면 우리의 상태는 나아지지
않을 것이다.

헤라클레이토스

정말 흥미로운 관점이다! 이 고대 철학자의 주장에 동의하지
않을 사람도 많겠지만 잘못되거나 가치 없는 논의가 되지는 않
을 것이다. 오스카 와일드Oscar Wilde는 그의 희곡 〈윈더미어 부
인의 부채〉에서 세상에는 두 가지 비극이 있다고 했다. 하나는
자신이 원하는 것을 얻지 못하는 것이고 다른 하나는 그것을
얻는 것이다.[5]

그러고 보니 같은 작가가 쓴 다른 연극인 〈이상적인 남편〉의
대사가 떠오른다.

신은 우리를 벌하려 할 때 우리의 기도에 응답한다.

이 말에 대해 좀 더 살펴보자. 하버드대학교 심리학과 교수
인 대니얼 길버트Daniel Gilbert는 헤라클레이토스의 견해를 지지

한다. 적어도 부분적으로는 말이다. 길버트 교수에 따르면 우리는 원하는 것을 항상 얻지는 못한다. 살면서 생기는 욕구를 전부 다 충족할 수는 없다. 하지만 원하는 것을 얻어도 매우 실망스러울 수 있다. 그토록 간절히 원했던 것을 얻었는데도 오히려 큰 고통이 찾아오기도 한다.

길버트 교수의 테드TED 강연 "놀라운 행복의 과학the surprising science of happiness"은 조회수가 가장 많은 강연 중 하나다. 이 강연에서 그는 간절히 원하는 것을 얻어야만 행복하고 얻지 못하면 불행하다는 생각에 반론을 제기한다.

길버트의 책 《행복에 걸려 비틀거리다》는 2007년 영국왕립학회의 과학 도서상을 받았다. 제목의 "비틀거리다stumbling"는 그 의미를 신중하게 재서 선택된 단어였다. 길버트는 이렇게 설명한다. 우리는 인생에서 어떤 상황이 우리를 행복하게 해줄지 예측할 수 없으며 결국 행복을 우연히 또는 행운에 따라 마주칠 것이다. 어쩌면 집에서 그리 멀지 않은 곳에서 또는 전혀 상상조차 할 수 없었던 의외의 따분한 곳에서 말이다.

우리는 '심리적 면역력' 덕분에 일이 생각처럼 잘 풀리지 않을 때도 기분이 좋을 수 있다. 재앙이 닥쳤을 때도 적절한 때에 다시 우리의 기분을 끌어올려 준다. 복권에 당첨된 사람이 무조건 행복해졌으리라고 생각한다면 틀렸다. 거액의 당첨금도 당첨자의 돈 문제를 해결해주지 못하는 경우가 허다하다. 심지어는 그 돈을 다 써버리고 오히려 복권에 당첨되기 전보다도 상황이 나빠지는 사람들도 적지 않다.

참고로 연구에서는 복권 2등 당첨자가 1등 당첨자보다 일관되게 더 나은 삶을 사는 것으로 나타나고 있다. 그 이유는 각자 알아서 생각해보기 바란다.

일에서도 비슷한 원리가 적용된다. 직장에서 실패하거나 심지어 해고될 위험에 놓여 세상이 끝난 것처럼 느껴져도 꿋꿋하게 견디며 위험한 도약을 감행하는 사람도 축복과 응원 속에서 직장을 그만두고 꿈에 도전하는 이들 못지않게 행복할 수 있다.

그 어떤 일이 생겨도 세상이 끝나지는 않는다. 세상이 정말로 끝장나야만 끝난다. 물론 그런 일은 없기를 바란다! 하지만 세상이 끝나는 것보다도 끔찍한 일들도 분명히 존재한다.

보통 감정 조절 능력은 나이가 들면서 나아진다. 어린아이들은 극단적인 감정 변화가 자주 나타나지만 효율적으로 조절하지 못한다. 지극히 사소한 일에 세상이 무너진 듯 절망감을 느끼고 하늘을 날아갈 듯 행복해지기도 한다. "파란 풍선 말고 빨간 풍선!"이라고 외치며 울고불고하다가 원하는 풍선을 손에 넣으면 환한 미소와 함께 세상의 모든 행복을 손에 넣는다.

아이가 자랄수록 감정의 편차가 좁아져 극적인 감정 변화를 덜 겪는다. 어른이 되면 대부분의 일들이 걱정했던 것만큼 끔찍하지도 않고 기대했던 것만큼 만족스럽지도 않다는 것을 깨닫는다.

길버트 교수로 돌아가보자. 그에 따르면, 다리가 부러지거나 마음에 상처를 입은 것이 그보다 더 작지만 만성적인 문제보다 우리를 더 불행하게 만들 거라는 생각은 잘못되었다. 전문적인 정의는 아니지만 나는 만성질환을 이렇게 정의하겠다. 만성질환은 그 몸의 주인이 세상에서 사라져야만 없어지는 의학적 문제다. 살다 보면 오랜 시간에 걸쳐 만성질환만 쌓이는 것이 아니라 만성피로와 때로는 만성적 불만까지 쌓인다.

내 만성적 불만은 무엇인지 궁금한가? 가장 큰 불만은 이것이다. '**왜 만성적인 행복은 없는가?**' 특별하게 강력한 즐거움의 순간이 왜 우리에게 만성적 행복을 '전염'시키지 않는 것일까?

행복에 대해 좀 더 생각해보면 헤라클레이토스의 관점을 꽤 많은 심리학자가 지지한다는 것을 알 수 있다. 미국 심리학자 카너먼부터 유명한 행복 연구자이자 작가인 소냐 류보머스키 Sonja Lyubomirsky까지 모두가 이 고대 그리스인과 놀라울 정도로 비슷한 주장을 한다. 한마디로 "나는 ○○○ 할 때 행복하다"라는 말이 절대로 맞지 않는다는 것이다. '나는 행복할 때 행복하다'라는 말만큼은 예외겠지만 말이다.

류보머스키는 《행복의 신화》라는 책을 썼다. 절대 쉬운 일은 아니지만 이 책을 한 문장으로 요약해보겠다. '우리가 보통 행복을 준다고 생각하는 것들은 사실 보기와는 다르고 단기적인 보상만 주는 반면, 좀 더 평범하고 일상적인 것들이 우리의 기대를 충족하고 장기적인 평화와 평온함으로 이끈다.'

이 내용이 헤라클레이토스나 길버트의 관점과도 닮아 있다는 것을 알아차렸는가?

이 시점에서 생각을 정리해줄 체계가 필요하니 카너먼에게 도움을 청해보자. 2002년에 노벨 경제학상을 수상한 카너먼은 동료들(앨런 B. 크루거Alan B. Krueger, 데이비드 슈케이드David Schkade, 노버트 슈워츠Norbert Schwarz, 아서 A. 스톤Arthur A. Stone)과 함께 2006년 《사이언스》지에 실은 논문 〈돈이 더 많으면 더 행복할까? 주목 착각would you be happier if you were richer? a focusing Illusion〉에서 주목 착각focusing Illusion이라는 새로운 용어를 소개했다.

이 개념은 우리가 특정한 에피소드(건강, 관계, 소득 수준, 감사 등)를 살면서 일어난 에피소드들의 총합으로 판단하는 데 집중하면 전체를 이루는 다른 측면들보다 이 특정한 측면에 너무 큰 무게가 실린다는 뜻이다. 예를 들어 아픈 여성은 아픈 몸에 주목하므로 건강이 엄청나게 중요해진다('몸이 건강해지면 행복할 거야'). 마찬가지로 외로운 남성은 인간관계에 주목해서 '잘 맞는 파트너를 만나면 행복할 거야'라고 생각한다. 이처럼 사람들은 자신의 삶에 빠진 것을 얻으면 인생이 환상적으로 바뀌리라고 보는 경향이 있다. 하지만 아픈 여성은 건강을 되찾은 이후 인정받지 못하는 것, 가난, 말 안 듣는 아이들 등 다른 부족함을 알아차릴 것이다. 그리고 외로움 문제가 해결된 남자는 건강이 나빠지거나 다른 문제가 생길 수 있다. 돈이 많으면 행복하리라는 생각은 아주 흔한 착각이다. 지금쯤이면 왜 이것이 **착각**인지 충분히 알고 있으리라.

물론 건강이나 인간관계가 중요하지 않다는 것은 아니다, 아주 중요하다. 하지만 길버트나 류보머스키에 따르면 생각만큼 그렇게 중요한 것도 아니다.

17세기 프랑스의 모랄리스트이자 풍자작가인 프랑수아 드 라 로슈푸코François de La Rochefoucauld는 다음을 제안했다. 꿈을 좇는 여정을 시작하기 전에, 비슷한 꿈을 꾸다가 이루어낸 사람들을 만나 그들이 과연 지금 행복한지 신중하게 알아보라.

체호프는 경고한다. 아니, 격려라는 말이 더 맞는지도 모르겠다. 어떤 사건에 대해 좋은 일인지 나쁜 일인지 말할 수 있는 것은 오직 신뿐이다. 막심 고리키Maxom Gorky는 말했다.

행복 찾기는 버섯을 따는 것과 비슷하다. 괜찮아 보이는 버섯을 찾기란 쉽지 않다. 숲을 걸으며 이리저리 살피고 허리를 숙였다가 일어나고 다시 허리를 숙여야 하고 손도 더러워진다. 또 자세히 보면 독버섯일 수도 있다.

부분적 행복을 추구할 것

기독교 신학자이자 사상가인 히포의 아우구스티누스는 그의 저서 《신의 도시》에서 이 세상에서 행복을 찾으려고 하면 무조건 실패할 수밖에 없다고 했다. 행복은 다음 세상에서만 경험할 수 있기 때문이다. 죽음 이후의 세상에 대한 기독교적 낙관주의는 지금 여기에 대해 비관주의와 평형을 이룬다. 하지만 아퀴나스는 비록 '부분적인 행복이지만' 이 세상에서 행복을 얻을 수 있다고 했다. 자선을 베풀고 희망과 믿음을 잃지 않음으로써 말이다.

이 말을 들으니 왠지 안도의 한숨이 나온다.

행복이 곧 길이다

베트남의 불교 승려 틱낫한은 《삶의 지혜》에서 이렇게 말했다.

행복으로 가는 길은 없다. 행복이 곧 길이다.
평화로 가는 길은 없다. 평화가 곧 길이다.
깨달음으로 가는 길은 없다. 깨달음이 곧 길이다.
여정이 목적지다.[6]

거의 모든 웹사이트에서 위 인용문의 첫 줄이 붓다에게서 나왔다고 말하지만 붓다가 한 말이라는 증거는 없다. 보통 어렴풋이 불교의 가르침에 들어맞는 인용문들은 붓다가 한 말이라고 정확하지 않게 알려진 경우가 많다.

기적은 매일 우리 곁에 있다

■

틱낫한 스님은 살얼음판 위나 물 위를 걷는 것이 아니라 땅 위를 걷는 것이야말로 진정한 기적이라고 했다. 그에 따르면 우리는 매일 기적을 목격한다. 파란 하늘, 하얀 구름, 우뚝 솟은 산꼭대기, 초록 나뭇잎, 잔물결, 미소, 아이의 호기심 어린 눈, 자신의 눈 등 **모든 것**이 기적이다.

기적에 관한 이야기가 나왔으니 말인데, 내가 매일 밤, 매일 아침, 감탄하는 것이 있다. 바로 '잠'이다. 잠은 지극히 평범하면서도 너무나 특별하다. 왜냐고? 우리는 매일 해가 지고 몇 시간 후 자리에 누워서 잠깐 뒤척이다가 자신도 모르게 의식을 잃고 새로운 날이 밝으면 깨어난다. 이게 기적이 아니면 무엇이 기적인가? 독실한 유대인이 아침에 일어나 이렇게 기도하는 것도 어쩌면 당연한 일인지 모른다.

"살아 있는 영원한 왕이여, 크신 사랑으로 저의 영혼을 돌려주셔서 감사합니다. 당신은 정말 신실하신 분입니다!"

우리가 밤에 이 세상을 떠났다가 아침에 돌아와 부활한다는 사실은 매일 밤, 매일 아침마다 나에게 감동을 준다.

선불교에 이런 선문답이 있다.

'내 몸뚱이를 이리저리 옮기는 놈이 누구인가?'

나는 아직 답을 찾지 못했다. 아마 영원히 찾지 못할 것 같다.

행복의 반대

■

행복에 대한 아주 흥미로운 정의가 있다. 특정 감정이 없는 상태가 행복의 '확증'이라는 것이다. 그 감정은 다음과 같다. 슬픔, 초조, 화, 분노, 지루함, 수치심, 질투, 실망, 불안, 후회, 공포, 혐오, 절망, 걱정, 욕망, 공허함, 죄책감, 불만족, 혐오감, 괴로움, 외로움. 빠진 게 없길 바란다.

죽은 사람만 이런 감정에서 자유로울 수 있다는 것은 굳이 연구 결과를 들이밀지 않아도 알 수 있다. 이 행복의 정의대로라면, 이 세상을 떠났거나 아예 태어난 적 없는 사람들만 진정으로 행복할 수 있을 것이다. 참고로, 아리스토텔레스의 《니코마코스 윤리학》도 에우다이모니아가 **무엇인가**보다 무엇이 **아닌가**의 보기를 제공하는 것에 집중한다.

행복을 경험하는 사람과 기억하는 사람

■

완벽한 행복이란 기억 속에서조차 흔치 않다.

오스틴, 《엠마》

이 말이 믿어지지 않는다면 다음 실험을 해보자. 절대적으로 행복했던 때를 떠올려본다. 너무 많아서 뭐부터 말해야 할지 모르겠다면 정말로 축복받은 사람이다.

행복을 다루는 심리학자들은 행복을 '경험'하는 사람과 '기억'하는 사람으로 나눈다. 유쾌한 경험이 억압적인 기억이 될 수도 있고 가혹하거나 당혹스러운 경험이 즐거운 기억으로 남을 수도 있다. 내 전작인 《가장 아름다운 어린 시절의 기억The Most Beautiful Childhood Memory》에는 이 점을 잘 보여주는 이야기가 나온다. 대여섯 살 때쯤, 아버지와 함께 나무 썰매를 타러 갔다. 아버지는 미끄러운 언덕 비탈길에서 썰매를 타고 내려오는 내 옆에서 달렸다가 계속 넘어졌다가 일어났다가 넘어지기를 반복했다. 다른 아이들이 우리를 보고 웃으면서 놀렸다. 당시에는 너무 창피하고 불행한 경험이었다. 행복에 점수를 매긴다면 0점이라고 할 수 있을 정도로 말이다. 하지만 50년이 지난 지금의 나에게 그날은 너무도 아름다운 추억으로 남아 있다. 그렇게 우스꽝스러운 행동을 할 정도로 나를 사랑해준 사람이 있었다는 사실만으로 마음이 따뜻해진다. 행복 점수 10점 만점에 10점에다가 보너스 점수로 무한대를 줄 수 있다.

조건 없는 친절
■

그것 말고도 완벽한 행복이라고 부를 만한 순수하고 숭고한 기억이 몇 가지 더 있다. 아내도 완벽하게 행복했던 경험을 여러 개 떠올렸다. 그중에서 나의 부모, 아내에게는 시부모와 관련된 기억을 들려주겠다.

밤낮 칠 일 동안 그와 함께 땅에 앉았으나 욥의 고통이 심함을 **보므로** 그에게 한마디도 말하는 자가 없었더라

〈욥기〉 2장 13절

어머니가 돌아가시고 **시바**shiva(장례식 후 이레 동안 망자를 애도하는 유대교의 장례 문화) 기간에 우리는 어머니에 대한 기억을 나누면서 이루 말할 수 없는 슬픔을 조금이나마 이겨내려고 애썼다.

나의 부모는 아내를 무척 아꼈고 아내 또한 그들을 사랑했다. 아내가 가장 먼저 떠오르는 두 분에 대한 기억은 사실 아주 사소한 것이었다. 어느 날, 아내가 집으로 돌아오는 길에 폭우가 쏟아졌다. 비옷도 우산도 없어서 제대로 갖춰 입은 군복 차림의 그(아내는 이스라엘 공군 장교 제복을 입고 있었다)는 완전히 물에 빠진 생쥐 꼴이었다. 집으로 돌아왔을 때 초인종을 누르기도 전에 나의 부모가 문을 열고 따뜻한 집 안으로 아내를 맞이했다. 그들이 우리 집에 있었던 이유는 몇 년 동안이나 극진한 사랑으로 우리 딸들을 돌봐주셨기 때문이다. 아버지가 크고 푹신한 수건으로 빗물을 닦아주었다. 아내가 샤워하는 동안 두 분은 주방에서 바쁘게 움직였다. 아버지는 며느리

가 감기에 걸리지 않도록 비타민C가 풍부한 오렌지 주스를 컵에 가득 따랐고, 어머니는 버섯 수프를 데우고 채소를 썰어 샐러드를 만들고 점심에 친구들과 먹고 남은 매시드 포테이토를 손보았다(여기에서 '손보았다'는 말은 버터를 많이 넣고 데웠다는 뜻이다). 아내는 시부모가 즉석에서 준비한 간단한 식사가 마련된 식탁에 앉으며 크나큰 사랑과 보호를 받는 어린아이가 된 기분이었다고 말했다. 완벽한 행복의 순간이었다.

좋은 사람의 삶은 그가 베푼 사소하고 세상에 알려지지 않았거나 기억되지도 않는 친절과 사랑의 행동들로 대부분 채워진다.

윌리엄 워즈워스William Wordsworth, 〈틴턴 수도원 위쪽 몇 마일 떨어진 곳에서 쓴 시 Lines Written a Few Miles above Tintern Abbey〉

1915년에 노벨문학상을 수상한 프랑스 소설가 로맹 롤랑Romain Rolland의 흥미로운 말로 이야기를 마무리 짓겠다.

누구나 마음속 깊은 곳에는 사랑했던 사람들이 묻힌 묘지가 있다.

생각할 때마다 새로운 통찰력과 영감을 주는 심오한 말이다. 나는 내 부모가 묻힌 묘지를 거의 방문하지 않는다. 두 분이 있는 곳은 거기가 아니니까. 그들은 그들을 사랑했던 사람들의 가슴과 기억 속에 있다.

건강을 기원하는 인사

■

1세기 로마의 풍자시인 데치무스 유니우스 유베날리스Decimus Junius Juvenalis의 《풍자시집》에는 "건강한 육체에 건강한 정신까지 깃들기를 기도하라"는 말이 언급된다. "건강한 육체에 건강한 정신"이라는 말은 낡을 대로 낡은 가장 뻔한 클리셰 작품의 제목으로 안성맞춤일 것이다. 하지만 정확히 무슨 뜻인지는 확실하지 않다. 맥락을 벗어나면 별로 유용하지 않은 표현이기 때문이다. 여기에는 '기도'라는 말이 들어가는데, 이는 전적으로 타당해 보인다. 생각해보면 아침에 일어나 의술의 신 아스클레피오스와 그의 딸 건강의 여신 히기에이아(또는 히게이아. 위생을 뜻하는 영어 단어인 hygiene이 여기에서 유래되었다)에게 육체와 정신을 건강하게 해달라고 기도하는 것도 그리 나쁘지 않을 듯하다.

피타고라스파는 히기에이아를 숭배했다. 그들은 만나면 서로 건강을 축복하며 인사를 나누었고 이 여신의 다섯 글자(실제로는 그리스어로 다섯 글자이지만 피타고라스파는 다섯 글자 버전인 'Υγεία를 사용했다)를 새겨 넣은 오각형(그림 참조)을 사용하기도 했다.

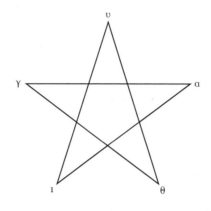

슬라브어를 사용하는 사람들도 헤어질 때 "건강하세요!6удь здоров"라는 인사말을 주고받는다. 쇼펜하우어도 만날 때나 헤어질 때 이 인사를 추천했다. 이렇게 서로의 건강을 기원하는 것은 우리 마음속 깊은 곳에 건강이 그 무엇보다 중요한 행복의 조건이라는 생각이 있음을 보여준다. 흥미롭게도 쇼펜하우어는 건강한 거지가 병든 왕보다 더 행복하다는 말도 했다.

행복의 집은 임시 거처다

행복의 집을 짓는다면 가장 큰 공간은 대기실일 것이다.

쥘 르나르Jules Renard, 《르나르 일기》

다시 말해서 행복은 시작과 기대에만 존재한다. 행복의 집에서 영원히 사는 것은 대다수에게 불가능한 일이다. 아리스토텔레스나 스토아 철학의 에우다이모니아적 행복이나 불교의 열반은 아주 짧게 존재한다. 보통 사람들은 행복의 집에 일시적으로만, 임대로만 머무를 수 있다. 아니, 빌리더라도 계속 머무를 수 없다. 떠났다가 돌아오고 또 돌아오는 불규칙한 머무름이 계속될 뿐이다.

1933년에 노벨문학상을 수상한 러시아 작가 이반 부닌Ivan Bunin은 일기에 "행복을 기다리는 능력을 완전히 잃어버리지 않은 사람이라면 이미 행복한 것"이라고 적었다. 한 가지 더 말하자면, 행복에 대한 기대감이 그토록 원하던 행복을 마침내 얻었을 때보다 더 큰 기쁨을 주기도 한다.

불행을 침묵시킬 권리를 지키는 것이 행복이다.
르나르, 《르나르 일기》

지난 수십 년 동안 셀 수도 없을 만큼 많은 행복 지침서와 자기계발서가 출판되었다. 대다수는 거창한 약속을 하고 더 나은 삶을 만들어주는 온갖 조언을 제공한다. 그들이 어떻게 그렇게 우리를 잘 알아서 다른 사람으로 바꿔주겠다고 큰소리치는지 모를 일이다. 요즘 사람들은 사방으로 조언을 마구 날린다. 이는 방아쇠를 당기는 것만큼 쉬운 일이다.

조언을 듣지 말라는 조언(이 조언도 포함한다).

조언(명사). 가장 작은 단위의 동전.

앰브로즈 비어스Ambrose Bierce, 《악마의 사전The Devil's Dictionary》

값진 행복 지침서가 없다는 말은 아니다. 분명히 있으며 이미 여기에서도 만나보았다. 그것들보다 가치는 덜할지라도 지혜롭고 유익한 조언을 해주는 책들도 많다.

하지만 지나치게 단순한 지침서들을 조심해야 한다. 가장 주의해야 할 위험신호는 제목에서부터 거창한 약속을 해대는 것이다. 예를 들면, "3분 연습으로 영원히 행복해지는 방법"이나 "사람들을 마음대로 움직이게 해주는 세 가지 문구" "부와 행복의 지름길" 같은 제목의 책은 절대 사지 말아야 한다. 하지만 어떤 책이 가치 있는지 판단하는 기준을 정할 수는 없다. 그런 기준을 만들려는 시도 자체가 어리석은 일이다. 나에게 깊이 없고 가식적으로 느껴지는 책이 다른 누군가에게는 인생을 바꿔줄 수도 있으니까 말이다.

그럼에도 예외는 분명 존재한다. 몇 주 전에 유튜브에서 이름만 대면 다 아는 유명 동기부여 전문가의 강연을 들어보았다. 그는 처음부터 이렇게 조언했다.

"괴로워만 하기에는 인생이 너무 짧지 않습니까? 자, 따라 하세요. 지금 이 순간부터 내 사전에 괴로움은 없다."

그가 다음에 뭐라고 했는지는 모르겠다. 여기까지 듣자마자 꺼버렸으니까. 괴로워하지 않기로 **결심하는** 순간 괴로움이 사라진다는 저 조언은 도무지 신뢰가 가지 않는다. 생각이 현실에 미치는 영향을 과소평가하는 것은 아니지만(많은 연구로도 증명되었다) 그 연관성은 반대로 작용하기도 한다. 즉 현실이 생각에 커다란 영향을 미칠 수도 있다. 예를 들어, (육체적이든 정신적이든) 큰 고통을 겪을 때 우리의 세상은 고통의 반경으로 쪼그라들어서 온통 이런 생각만 든다. '이 고통이 언제 끝날까? 과연 끝나기나 할까?'

물론 사람은 저마다 다르다. 어떤 사람들은 절박한 마음에서 행복에 관한 책이나 강의에 눈을 돌린다. 남들보다 좀 더 여유가 있는 사람들에게는 행복 추구 자체가 여가를 즐기는 한 방법일 수도 있다. 행복해지는 법을 찾으려 적극적으로 나서는데다 책이나 강연에 시간을 투자할 여유까지 있는 사람이라면 매우 유리할 수밖에 없을 것이다.

생각이 현실에 영향을 끼친다는 개념으로 돌아가보자. 나는 이 말에 너무 많은 무게를 두는 사람들을 자주 보았다. 이를 너무 멀리까지 밀어붙이기 쉽다. 앞에서 살펴본 것처럼 에픽테토스는 이렇게 말했다. **"힘든 사건 자체가 우리를 힘들게 하는 것이 아니라 그에 대한 우리의 인식과 생각이 힘들게 한다."** 이 말은 특히 머릿속에서 하는 말 때문에 고통받는 사람들에게 해당한다. 예를 들어, 강박장애CDD가 있는 사람들을 고통스럽게 하는 것은 병균이 아니라 머릿속의 생각이다. 하지만 고통의 근원이 외부에 있는 사람들에게는 이 말이 해당하지 않는다.

안타깝게도 물리적인 문제를 해결하는 생각의 힘은 동기부여 강연자들과 **무수히 많은** 자기계발서에서 지겹도록 강조되고 있다. 아들이나 딸을 지진이나 전쟁으로 잃었거나 테러 공격 때문에 고통받는 사람에게도 사건 자체가 아니라 그것에 대한 본인의 해석이 문제라고 말할 텐가? 물론 극단적인 예이지만 무슨 말인지 이해했을 것이다. 너무 극단적이지 않은 보기들도 넘쳐난다.

여러분이 동기부여 강연자이고 생각이 현실에 미치는 무한한 힘을 믿는다면, 왜 괴로워하지 말라고 해야 할까? 더 좋은 조언을 해줄 수 있는데? 행복해지라고 말이다. 괴로워하지 말라는 것보다 행복해지라는 게 더 낫다. 물론 그렇게 간단한 일은 아니다.

치통으로 괴로워하는 사람에게 고통에 대해서 생각하지 말라고 조언할 수 있다. 우울증으로 괴로워하는 사람에게 긍정적인 생각을 하라고 조언할 수 있다. 하지만 그것은 능력 밖의 영역이다. 비를 그치거나 파도의 방향을 바꾸거나 갑자기 키가 몇 센티미터 더 크는 것처럼 불가능한 일이다.

아까 내가 처음 몇 마디만 듣고 꺼버렸다던 그 강연 영상이 다른 사람들에게는 유익하고 인생을 더 나은 쪽으로 바꿔주었을 수도 있다. 감히 내가 뭐라고 할 부분이 아니다.

별로 믿지 않는 무언가에 마음을 열고 싶은 마음이 강하게 들 때가 있다. 내 생각 자체가 편견이 아닐까 싶어서다. 하지만 숫자와 사실도 반드시 존중해야 한다. 저명한 천문학자 칼 세이건Carl Sagan은 항상 마음을 열어두되 뇌가 혼란스러울 수 있으니 **너무 많이** 열지는 말라고 했다.

만약 수많은 책이나 강연, 워크숍에서 주장하는 것처럼 괴로움을 멈추고 행복해지기가 그렇게 쉽다면 이미 오래전에 인류는 넘치는 행복을 주체할 수 없게 되었을 것이다. 아마도 우리를 괴롭히는 유일한 정신 질환은 **행복 과잉**이었으리라. 하지만 알다시피 현실은 전혀 그렇지 않다.

비교의 위험성

■

시어도어 루스벨트Theodore Roosevelt 전 미국 대통령은 말했다. "비교는 기쁨을 훔치는 도둑이다." 다음은 매우 중요한 내용이기에 강조해보았다.

정말로 행복해지기를 원한다면 성공할 수 있을 것이다. 하지만 사람들이 정말로 원하는 것은 행복이 아니다. 정확히 말하면 남보다 행복해지는 것이다. 그러나 이는 불가능하다. 우리는 다른 사람들은 실제보다 훨씬 더 행복하다고 생각하는 반면, 자신의 행복은 깨닫지 못하기 때문이다.

프랑스 시인 자크 프레베르Jacques Prévert도 비슷한 생각을 내놓았다. 그는 자신이 행복한 줄 전혀 모르고 있다가 행복이 떠나가는 순간에야 행복이 얼마나 요란한 소리를 내는지 알아차렸다고 했다.

다른 사람과 비교하는 것은 행복해지는 데 조금도 도움이 되지 않는다. 소셜 네트워킹의 시대에는 비교의 위험성이 너무나 크다. 온라인에서는 전 세계 사람과 나를 비교하게 되니까 말이다. 특히 소셜 네트워크에 중독된 젊은 세대는 자신이 다른 이용자들에게 어떻게 보일지 걱정하고 초조해하기 쉽다. 자신을 남과 비교하면 기쁨이 줄어드는 것은 물론 실제로 엄청난 고통에 빠질 수도 있다.

사이드와 아미르라는 두 친구에 대한 고대 아랍 이야기가 있다. 이들은 모로코의 모가도르 해안을 거닐고 있었다. 사이드가 지팡이로 모래에 선을 긋더니 이를 건드리지 말고 더 짧게 만들어보라고 했다. 아미르는 곰곰이 생각에 잠겼다. 그러더니 사이드의 선 옆에 더 긴 선을 그렸다.

사회학 연구에 따르면 돈이 우리에게 행복을 주는 이유는 돈으로 산 물건이 아니라(이른바 '절대적 소득 효과') 다른 사람들과, 특히 동류 집단과 소득을 비교하는 데서 나온다('상대적 소득 효과'). 오늘날 선진국 국민들이 그들의 조부모 세대보다 더 건강하고 더 부유하고 보다 오래 사는데도 더 행복 지수가 낮은 이유도 그 때문이다. '타인을 따라잡느라' 끊임없는 압박감 속에서 살아간다.

피터슨의 《12가지 인생의 법칙》에 나오는 네 번째 법칙은 비교와 관련되어 있다. 당신을 다른 사람과 비교하지 말고, 오직 어제의 당신하고만 비교하라.

나만 뒤처지거나 소외되는 것 같은 두려움fear of missing out, FOMO
과 더 나은 선택지가 있을지도 모른다는 두려움fear of fear of better
option, FOBO도 비교에서 나온다.[7] 이 두 가지 현상은 '선진국' 시
민들의 불행에 절대적으로 일조하고 있다.

개인적으로 좋아하는 시인이자 소설가인 찰스 부코스키
Charles Bukowski는 "나는 저 사람처럼 되고 싶다는 생각이 드는 이
를 한 번도 만나본 적이 없다"라고 적었다. 그리고 이렇게 덧붙
였다. "설령 망상일지라도 운 좋은 망상 아닌가."

오랫동안 작가로 성공하지 못한 부코스키는 글을 쓰는 영적
인 자유를 얻기 위해 별로 정신적인 노력이 필요하지 않은 여러
잡다한 부업을 했다. 설거지, 트럭 운전사, 집배원, 경비원, 주유
소 직원, 주차장 직원, 엘리베이터 보이 등의 직업을 전전했고,
강아지 비스킷 공장에서 한동안 일하기도 했다. 결국 작가로서
성공을 거둔다. 그의 그의 묘비에는 "애쓰지 마라"고 적혀 있다.

그룹 너바나의 전설적인 리드싱어 커트 코베인Kurt Cobain은
"다른 사람이 되고 싶다는 욕망은 자신의 존재에 대한 수치스
러운 낭비"라고 말했다. 오스트리아 가톨릭 사제이자 신학자,
철학자인 이반 일리치Ivan Illich는 많은 이들이 타인의 질투심을
자극하기 위해 무엇이든지 할 것이라는 드 라 로슈푸코의 견해
에 답한다.

소비자 사회에는 필연적으로 두 종류의 노예가 있다. 중독의 노예와 질투의 노예가 그것이다.[8]

일리치, 《절제의 사회》

현실과 밀접하게 맞닿은 인터넷의 시대에 우리는 해외로 여행을 가고 최고의 레스토랑에서 식사하고 가족과 집밥을 즐기고 콘서트에 가고 바다에서 다이빙하거나 돌고래와 수영하고 아이들의 졸업식에 참석하고 자녀와 손주, 부모와 포옹한다. '평범한' 사람들은 풍요롭고 바쁘고 만족스러운 삶이 표준이라고 생각할지도 모른다.

핵심을 한 번 더 강조할 필요가 있다. 사람들이 소셜 미디어에 올리는 글이 타인의 부러움을 사기 위해서라는 사실을 알지 못하면 과도한 인터넷 서핑 같은 가벼운 중독에서 심각한 정도의 우울감까지 빠질 수 있다.

만약 우리 행복에 목격자가 없다면 우리는 행복해지기가 무척 어려울 것이다.

장 자크 루소 Jean-Jacques Rousseau 외의 견해

그런데, 아! 다른 사람의 눈으로 행복을 들여다보는 것은 얼마나 씁쓸한 일인가!"

셰익스피어, 〈뜻대로 하세요〉 5막 2장

인생이 전부 장밋빛이기만 한 사람은 세상에 한 명도 없다. 고민과 걱정거리가 없는 사람은 전무하다. 미국의 자기 계발 작가인 맨슨도 언급했듯이, 행복한 사람들은 살면서 생기는 문제들을 능숙하게 처리하는 법을 배운 이들이다. 행복이 마구 뿜어져 나오는 듯한 사람을 본 적이 있을 것이다. 그가 그렇게 보이는 이유는 안 지 그리 오래되지 않았거나 그의 진짜 상황을 알지 못해서일 수도 있다. 그러므로 질투는 허무할 정도로 무의미한 감정이다. 너무도 멋진 삶처럼 보여서 질투를 일으키는 사람이라도 사실은 심각한 위기를 겪고 있거나 심연의 가장자리에서 비틀거릴지 모를 일이다.

행복한 사람이 사는 곳이 있다더군요.
브라질이라던가.
블라디미르 마야코프스키 Vladimir Mayakovsky

요즘 시대에는 (음모나 첩보 행위는 제외하고) 모든 것이 눈에 보이고 누구나 접근 가능하다. 찾으려는 마음으로 노력을 기울인다면 말이다. 그렇다 보니 남들이 나보다 유용한 것을 더 많이 아는 듯이 보이기도 한다. 나 혼자 뒤처지거나 소외되지 않으려면 어떻게 해야 할까? 이 선택이 행복을 극대화해주는 가장 좋은 선택이라고 어떻게 확신하는가? 나만 뒤처지거나 소외되는 것 같은 두려움과 더 나은 선택지가 있을지도 모른다는 두려움이 언제나 우리를 따라온다. 이것들을 상자에 넣고 잠가서 열쇠를 바다로 던져버릴 수는 없을까?

쉬운 일은 아니다. 한 번 밖으로 나온 램프의 요정 지니는 다시 램프로 들어갈 생각이 없으니까. 중국에는 나만 뒤처지거나 소외되는 것 같은 두려움과 비슷한 의미로 키아수驚輸(한자가 참 아름답지 않은가?)라는 표현이 있다. 기회를 놓치는 것에 대한 두려움과 특히 이기적인 행동을 결합한 단어다.

우리의 질투는 질투 대상의 행복보다 더 오래 간다.

드 라 로슈푸코,《잠언집》

알다시피 혼자만의 사랑은 무척이나 골치 아픈 문제다. 그렇다면 혼자만의 질투는 어떨까? 끊임없이 혼자 다른 사람들을 질투하기만 하고 남의 질투를 받지는 못한다면? 짝사랑만큼이나 끔찍한 일이다!

다음은 '질투'와 관련 있는 간단한 용어를 한데 모아보았다.

부러움. 다른 사람이 가진 무언가를 갈망하는 것.

질투. 내가 원하는 것을 다른 사람이 가질까 봐 두려워하는 것. 사랑의 질투가 여기에 속한다.

원한. 실망·좌절·실패에 대해 외적인 요인을 탓하는 마음. 에고가 비난의 화살을 다른 데로 돌리기 위해 만들어낸 것이다.

샤덴프로이데schadenfreude. 다른 사람들에게 나쁜 일이 일어났을 때 쾌감이나 즐거움을 느끼는 것. 쇼펜하우어는 질투와 시기가 인간의 본성이고 우리가 통제할 수 없는 감정에서 나온다고 했다. 하지만 남의 고통을 즐거워하는 것은 악마 그 자체라고 할 수 있다.

"다른 사람의 고통은 바보에게 위안이 된다"는 말이 있다. 하지만 지혜로운 사람들 역시 타인의 고통에서 위안을 얻을 것이다. 여기에 동의할 수 없다면 한번 진지하게 생각해보라. 만약 전 세계 사람들이 영원한 젊음과 무한한 즐거움을 누리며 살아가는데 나 혼자만 질병과 노화로 고통받는다면 기분이 어떨 것 같은가? 언제나 그렇듯 솔직하게 답하길 바란다.

이제 앞에서 말한, 우리가 행복이 떠난 뒤에야 깨닫게 된다는 사실에 대해 살펴보자. 길게 이야기하지는 않을 것이다. 행복은 그 순간에 가장 강렬하게 음미할 수 있다. 올바른 사람들과 올바른 시간과 장소에서 평범한 일을 하면서 느끼는 감정은 가장 대표적인 행복이다. 그런 멋진 순간은 절대 화려하지 않다. 해외여행을 떠나는 것처럼 잔뜩 기대에 부풀 필요도 없다. 그저 지금 여기에서 느끼는 즐거움에 마음을 열면 된다. 그리고 너무 늦지 않게 감사하는 법을 연습한다. 그리스 작가 니코스 카잔차키스Nikos Kazantzakis는 《그리스인 조르바》의 주인공 알렉시스 조르바를 통해 행복해지기 위해 많은 것이 필요하지 않다는 메시지를 전달했다. 포도주 한 잔, 구운 밤, 작고 초라한 화롯불, 파도 소리. 하지만 대개 우리는 뒤늦게야 추억하고 향수를 느낄 때쯤 이런 일상의 즐거움이 행복이었음을 깨닫는다. 내 강의를 들은 한 여성이 이렇게 말했다.

"행복은 존재하지 않습니다. 그건 분명한 사실이에요. 하지만 어느 날 아침에 일어나 행복이 사라진 것을 알게 되죠."

잃어버린 시간을 찾아서

■

내가 가진 모든 것은 찰나였네.

엘리자베스 1세(세상을 떠나며 남긴 말)

시간이 도망친다Ruit Hora.

그로티우스

아주 간단하고 효과적인 연습법을 하나 제안하고 싶다. 꽤 오래되고 잘 알려진 방법이니 한 번 시도해봐도 괜찮을 듯하다. 종이와 펜이나 연필, 자처럼 반듯하게 대고 그릴 만한 도구를 준비한다. 안에 글자를 쓸 수 있을 정도 크기의 표 한 쌍을 그린다. 표를 두 칸으로 나눈다. 왼쪽 칸에는 여러분을 행복하게 해주는 좋아하는 것들을 적는다. 오른쪽 칸에는 그 반대,

즉 불편하게 만드는 것을 목록화한다.

목록을 다 작성한 후 자신에게 물어보자. 나는 오른쪽 칸에 적힌 일들을 왜 하는가? 앞으로 이 일들을 줄여나갈 수 있을까? 그리고 왼쪽 칸에 적힌 일들을 위한 시간을 더 늘릴 수 있을까? 좋아하지도 않고 할 필요도 없는 일에 시간과 에너지를 낭비하지 말자.

두 가지 목록을 대할 때 유용한 두 가지 사실이 있다. 첫째, 살다 보면 왼쪽 칸의 일들을 위해서 오른쪽 칸의 일들을 꼭 해야만 한다. 나는 가족을 부양하기 위해서 학생들에게 수학 시험을 준비시키고 2차 방정식을 쉼 없이 풀어야 한다. 선택의 여지가 없는 일들이다.

둘째, 습관과 의무, 외부 압력의 강력한 힘을 신중하게 따져봐야 한다. 만약 기쁨을 주지 않는 사이라면 과연 관계를 계속 이어가야 할까? 친척이라서, 상대의 기분을 상하게 하면 안 되니까, 몇 년 동안 계속해온 일이라서?

타인의 품성을 어찌할 수는 없다. 하지만 어떤 품성인 사람들과 함께할 것인지는 선택할 수 있다. 같이 있으면 즐겁고 본받을 점이 부족한 점보다 많고 우리의 삶을 더 낫게 이끌어줄 수 있는 사람들을 선택하는 것이다.

우리는 인생이 짧다고 불평하면서도 영원히 살 것처럼 행동한다. 시간은 결코 시간을 낭비하지 않는다. 시간은 휴일도 없고 병가도 내지 않는 등 단 한 순간도 쉬지 않고 성실하게 움직인다. 하루하루, 매분, 우리의 마지막 순간을 향해 시간은 단호하게 나아가고 있다. 우리는 시간을 어떻게 다루어야 하는지 모르지만 시간은 우리를 어떻게 다루어야 하는지 아주 잘 안다.

세네카는 매일 새로운 날을 인생의 축소판처럼 바라보라고 했다. 그 말은 아마도 이런 뜻이 아닐까. 삶의 황혼에 접어들었을 때 주어진 시간을 낭비해버렸다는 사실을 깨닫는다면 너무도 비통할 것이다. 그러니 오늘 하루가 지금까지 지나온 수많은 나날과 다를 바 없는, 반짝임 없는 '흔한' 하루가 되지 않도록 노력해야 한다.

오늘날 기술은 사람 간의 상호작용을 매우 수월하게 만들어주었지만 경제학자들은 잘 안다. 세상에 "공짜 식사"는 없으며 "공짜 치즈는 오직 쥐덫에만 있다"는 사실을 말이다. 우리는 소통의 편리함을 위해 큰 대가를 치른다. 때로는 이 대가가 지나치게 클 수도 있다. 온종일 스마트폰을 붙잡고 있고 심지어 잘 때까지 옆에 두는 사람들, 소셜 미디어 스트레스, 인터넷 중독은 너무도 흔한 풍경이다. 이는 가짜 소통이고 시간 낭비! 운전 중에 휴대전화로 문자를 보내거나 가족과 식사하면서 인스타그램을 확인하는 모습도 흔하다. 현대인에게는 스마트폰 분실이 죽음과 맞먹는 경험이라는 연구 결과까지 있다.

'노모포비아nomophobia'는 휴대전화가 없으면 불안해지는 증상이다. 현재 이 증상에 관한 집중적인 연구가 이루어지고 있다. 노모포비아는 아직 《정신 질환 진단 및 통계 편람》5판에 포함되는 정신 질환은 아니지만 가장 심각한 비약물 중독이다. 10대 청소년의 하루 평균 스마트폰 이용 시간은 열 시간 이상이다. 자존감이 낮은 사람들은 보통 사람들보다 더 오래 사용하고 불행한 사람들은 소셜 네트워크에서 벗어나지 못한다. 극도로 내향적이거나 외향적인 사람들도 모두 노모포비아에 빠질 위험이 특히 크다(원래 양극단은 비슷한 법이다). 연구자들은 청소년들의 스마트폰 강박증이 불안, 우울증, 공감 결핍 장애EDD, 극심한 자기도취증으로 이어질 수 있다고 말한다. 정말 안타깝지만 모두 전혀 놀라운 일은 아니다.

행운과 행복

■

행운은 인생이라는 카드 속의 조커와 같다.

익명

러시아어 스차스티에счастье는 '행복'이라고 해석되기도 '행운'이라고 해석되기도 한다. 독일어 글룩gluck도 마찬가지다. 한 단어에 두 가지 의미가 포함되는 것은 결코 우연이 아니다. 오늘날 보편적으로 알려지지는 않았지만, 모든 인도-유럽어권 언어에는 '행복'이 '행운'을 뜻하는 단어에서 유래된다. 영어를 예로 들어보자. '행복happiness'의 어원은 '행운' 또는 '우연'을 뜻하는 고대 아이슬란드어 happ에서 유래했다. 이는 우리 조상들이 행복이 행운이나 우연에 따른 것이라고 믿었다는 뜻일지도 모른다.

아리스토텔레스가 운이 없으면 에우다이모니아에 이를 수 없다고 한 말을 기억하는가?

나는 그리스 여신은 헤스티아(라틴어 이름은 베스타), 즉 화로의 여신을 좋아한다. 하지만 헤스티아를 위해 신전을 지으라면 하지 않을 것이다. 헤스티아를 위한 신전은 곧 나의 집이니까 말이다. 내게 신전을 짓는 기회가 주어진다면 천장이 엄청나게 높고 기도실이 넓고 웅장한 오르간 소리가 울려 퍼지도록 만들어 행운의 여신 티케다(라틴어 이름은 포르투나)를 초대하겠다.

그렇다고 왓츠앱 같은 메신저에서 사람들에게 구구절절 행운의 메시지를 보내는 타입은 아니다. 그런 메시지는 잊어버리면 안 되는 장보기 목록과 다를 바 없어 보인다(수많은 경험 끝에 목록을 꼭 적어가야 한다는 것을 깨달았다). 행운의 메시지는 "행운을 빌어!"라는 한마디로 충분하다. 행복한 결혼생활을 하라거나, 면접을 잘 보라거나, 건강하기를 바란다고 일일이 추가 설명할 필요가 없다. '행운'이라는 말에 이미 그 의미가 다 들어 있으니까.

이것은 알아야 한다. 행운은 건강을 뜻하지만 건강이 행운을 뜻하지는 않는다. 타이태닉호에 탄 사람들은 대개는 건강했을 것이다. 하지만 건강이 그들의 행운에 도움이 되었는가? 아니다. 안타깝게도 그들은 이미 행운을 다 써버렸다.

세네카는 행운의 여신 티케다가 사람들에게 선물을 절대 주지 않고 빌려줄 뿐이라는 사실을 기억하라고 가르쳤다. 개인이 가진 모든 것, 예컨대 젊음, 건강, 멋진 외모, 재산, 명성, 사랑, 심지어 삶 자체까지도 언젠가 돌려주어야 한다. 그러므로 세네카는 생각에도, 물건에도, 사람에도 어떤 것에도 너무 애착을 두지 말라고 했다.

'잃어버렸다'나 '뺏겼다'는 말은 절대 하지 마라. 대신 '내 것이 아니어서 돌려주었다'라고 말하라.

에픽테토스

스토아 철학은 "의로운 사람은 고통받고 악한 사람은 번영한다" 같은 역설에 불만을 제기하지 않았다. (하지만 이 잘 알려진 격언은 출처가 약간 의심스럽다. 《탈무드》〈브라코트〉 7장 1절에는 이렇게 적혀 있다. "모세가 하나님 앞에서 말했다. '우주의 주인이시여, 어찌하여 의로운 자들은 고통받고 사악한 자들은 번영하는 것입니까?'") 스토아 철학자들은 행운의 여신 티케다가 첫째, 상이나 보상에 관여하지 않으며 둘째, 감히 할 수 없는 일은 아무것도 없을 만큼 용감하고 셋째, 섬뜩한 유머 감각을 가졌다고 했다. (결혼식 날 생선 가시에 걸려 죽게 하는 것도 재미있잖아?)

지혜로운 자가 말한 적이 있다. 정말로 천국이 존재한다면 우리 중에 운이 좋은 사람만 그곳으로 갈 것이고, 이 세상에서 운이 나쁜 사람은 다음 세상에서도 연옥과 지옥을 모두 채울 것이라고 말이다.

기쁨 속에 퍼지는 한 방울의 고통

■

날 때부터 결점만 찾는 사람들이 있다. 그들은 아킬레스에게서 발뒤꿈치만 본다.

마리 폰 에브너에셴바흐 Marie von Ebner-Eschenbach

에브너에셴바흐는 체코-오스트리아의 백작 부인이자 작가다. 하얀 종이 중앙에 검은 점을 그려놓고 사람들에게 무엇이 보이는지 물어보자. 주로 심리학에서 활용하는 이 실험에서 대부분은 중앙의 검은색이 보인다고 대답한다. 페이지 전체를 이루는 흰색을 언급하는 사람은 소수에 불과하다. 심지어 검은색 점을 둘러싼 흰색 공간을 완전히 무시하고, 검은색 점이 완벽한 원이라는 사실까지 지적하는 이들도 있다.

나는 이 실험을 뒤집어보기로 했다. 가운데에 흰색 점이 있는 검은색 종이를 보여주고 사람들에게 무엇이 보이는지 물었다. 검은색 종이에 대한 언급 없이 흰색 점만 보인다고 말한 사람은 몇십 명 참가자 가운데 단 하나도 없었다. 검은색 배경이 검은색 점과 마찬가지로 사람들의 주의를 끌었다. 흰색은 특이한 점이 있을 때(점일 때)에만 언급될 뿐이었다. 이것은 삶에 대한 우리의 관점뿐 아니라 삶 자체에 대해서도 흥미로운 것을 말해준다.

가끔 무척 행복한 순간에 난데없이 슬픔의 감정이 슬금슬금 다가올 때가 있다. 분명 이 아름다운 순간이 영원하지 않다는 사실 때문이다. 시인 바이런은 이렇게 적었다. "기쁨의 기억은 더는 기쁨이 아니다. 하지만 고통의 기억은 여전히 고통이다." 다시 말해 행복한 기억은 우리에게 계속 행복을 주지 않을 수도 있지만 아픈 기억은 언제나 우리를 아프게 한다. 인생이라는 파란 하늘에 먹구름이 한 점만 몰려와도 전부 망가질 수 있다.

기쁨의 순간은 재앙과 경쟁할 수 없고 즐거움 역시 고통의 경쟁자가 못 된다. 워즈워스가 쓴 단 한 편의 희곡 〈국경의 사람들The Borderers〉에는 지금 우리가 논의하고 있는 주제와 관련 있는 대사가 나온다.

고통은 영원하고 모호하며 어둡다.
그리고 무한의 본질을 공유한다.

쇼펜하우어는 기쁨보다 고통이 더 중요하다면서 이런 이야기를 했다. '사자는 가젤을 잡아먹으며 만족감을 느끼겠지만 잡아먹히는 가젤이 느끼는 고통은 이루 말할 수 없다'고. 이 말을 장자가 들었다면 뭐라고 했을까? '쇼펜하우어는 사자도 가젤도 아니므로 그들이 무엇을 느끼는지 알 수 없다'고 했을 것이다. 그러면 쇼펜하우어는 화가 나서 목소리를 키우며 '세상에 확실한 것이 있다면 그것은 고통과 괴로움이라고, 인간과 동물 모두 그것을 느낀다'고 열변을 토했을지도 모른다.

피터슨의 유튜브 영상에서 너무도 안타까운 말을 들었다.

"부모는 결코 자녀의 불행보다 더 행복해질 수 없다."

흰색 종이 위의 검은색 점은 시선을 단번에 사로잡지만 검은색 종이 위의 흰색 점은 그렇지 않다는 것은 그리 놀라운 일이 아닐지도 모른다. 와인 한 잔에 독을 한 방울만 섞어도 치명적으로 변하지만 한 잔의 독에 와인을 한 방울 더한다고 해서 마실 만해지지 않는다.

하지만 어둠을 밝히기에는 작은 촛불 하나만 있다면 충분하다. 미국의 희극 배우 그루초 막스Groucho Marx에게 한 친구가 이런 말을 했다. "인생은 힘들어!" 막스가 되물었다. "무엇과 비교해서 말인가?"

슬픈 사랑은 없다

■

오늘날 더 많은 관심을 받아야 마땅한 루 안드레아스 살로

메Lou Andreas-Salomé의 책《에로티시즘Die Erotik》에서 발견한 말이다.

모든 사랑은 행복하다. 실망을 주는 사랑마저도.

아인슈타인의 조언

1922년에 아인슈타인은 아시아 순회강연에 초청받았다. 순회를 위해 일본으로 가던 1921년에 노벨물리학상 수상자로 선정되었다는 소식이 들려왔다. 하지만 그는 모든 일정을 취소하고 노벨상 시상식에 참석하는 대신 원래 계획대로 일본으로 향했다.

도쿄의 황궁에 도착한 그는 이 위대한 과학자와 황제와 황후의 만남을 지켜보기 위해 몰려든 수많은 인파를 마주했다. 도쿄에서 열린 첫 강연도 북새통을 이루었다. 그 강연은 세 시간 이상 계속되었다고 한다.

아인슈타인이 임페리얼호텔에 머무르는 동안 편지(또는 소포)를 전달받았다. 그다음에 일어난 일에 대해서는 두 가지 버전이 전해진다. 배달원이 아인슈타인의 팁을 거절했다는 버전과 아인슈타인의 수중에 팁으로 줄 돈이 없었다는 버전. 어느 쪽이 사실이든 아인슈타인은 어떻게든 배달원에게 보상해주려고 했다. 그래서 호텔에 비치된 종이에 독일어로 그의 행복 신조를 적어주었다고 한다.

"고요하고 겸손한 삶이 쉼 없이 성공을 추구하는 삶보다 더 행복하다."

방금 노벨상을 받은 사람이 야망보다 침착함과 겸손을 우선시하라고 조언하다니 얼마나 흥미로운가.

아인슈타인은 다른 종이에 또 이렇게 썼다(정확한 워딩은 확실하지 않다). "뜻이 있는 곳에 길이 있다."

그는 일본인 배달원에게 나중에 이 메모가 훨씬 더 가치를 발휘할 테니 잘 간직하라고 했고, 정말로 그렇게 되었다.

2017년 예루살렘에서 진행된 경매에서 이 쪽지는 무려 156만 달러(한화 약 20억 원)에 팔렸다! 두 번째 쪽지의 경매가는 '고작' 24만 달러(한화 약 3억 2000만 원)밖에 안 되었지만 말이다. 그 쪽지들은 도쿄 임페리얼호텔 배달원의 형제의 손자가 경매에 내놓았다고 한다.

이 이야기를 하다 보니 일본에 관한 이야기를 하고 싶어진다.

인생의 의미

■

이번에는 헤이안 시대의 일본으로 가보자. 이미 앞에서 이 시대에 교토에서 살았던 멋진 세 명의 여성, 황후인 후지와라노 데이시, 작가인 무라사키 시키부, 《베갯머리 서책》을 쓴 세

이 쇼나곤을 만났다. 이 시대에 **이키가이**生きがい라는 철학이 만들어지기 시작했다. 이키가이는 에우다이모니아의 일본 버전으로, '살아가는 이유' 또는 '존재하는 이유'를 뜻한다. 최근에는 서구 문화권에서 큰 인기를 끌고 있다. 삶의 의미를 찾게 해주고 그 과정에서 행복하게, 심지어 오래오래 살게 해주는 모든 것과 연결 지을 수 있다.

실제로 이키가이를 가장 활발하게 실천하는 오키나와섬에는 100세 이상 장수하는 사람들이 많다.《내셔널 지오그래픽 National Geographic》저널리스트 댄 뷰트너Dan Buettner는 삶의 이유를 아는 **이키가이**와 사회적·경제적 도움을 주고받는 것을 뜻하는 **모아이**もあい가 장수의 비밀이라고 확신한다(뷰트너의 테드 강연 "100세 이상 사는 방법how to live to be 100+"을 참조할 것).

이키가이의 가장 기본적인 원칙을 그림으로 한눈에 확인해 보자.

인생에서 의미를 찾고 싶은가? 어려울 것 없다. 원에 적힌 네 가지 질문을 스스로에게 던지고 정직하게 대답하면 된다.

내가 사랑하는 것은 무엇인가? 내가 정말로 잘하는 것은 무엇인가? 직업으로 바꿀 수 있는가? 세상에 무엇이 필요한가?

네 칸으로 나눈 종이에 답을 적어보자. 네 칸에 공통으로 등장하는 답이 있는지 살펴본다. 만약 있다면, 축하한다! 여러분은 행복과 장수를 가져다줄 인생의 의미를 찾았다. 네 개의 카테고리에 포함되는 것이 없다면 세 개는 있는지 살펴본다(돈을

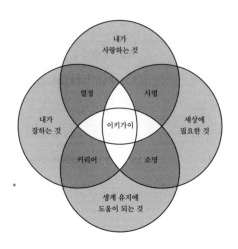

벌 수 있는 수단이어야 한다). 있다면 역시나 축하한다. 만약 공통되는 요소가 하나도 발견되지 않는다면 아쉽지만 어쩔 수 없다.

일본 속담에 관하여

이 과제를 수행하는 동안, 한 일본 속담을 소개하겠다. 장자의 '현자와 개구리' 이야기를 기억하는가? 이 속담에는 그 이야기의 핵심이 담겨 있다.

우물에 사는 개구리는 바다에 대해 알지 못한다.

다음은 의미가 비슷한 두 가지 일본 속담을 소개한다.

원숭이도 나무에서 떨어질 때가 있다.

갓파河童도 물에 빠져 죽을 수 있다.

갓파는 일본 신화 속의 요괴인데 사람과 비슷하게 생겼고 물에 살아 수영 실력이 뛰어나다. 두 속담 모두 능력이 탁월하더라도 실수할 수 있다는 뜻이다.

일본 소설가 아쿠타가와 류노스케芥川 龍之介의 이름 류노스케龍之介는 '용의 아들'이라는 뜻이다. 용의 해, 용의 달, 용의 날, 심지어 용의 시時에 태어나서 붙여진 이름이다. 그는 삶이 '미친 올림픽'과 같다고 생각했다. 어떤 종목에 나가야 하는지 모르고 경기장 안을 왔다 갔다 하는 선수처럼 다들 뚜렷한 목적도 없이 뛰어다니기 때문이다. 그는 1927년에 겨우 서른다섯 나이로 스스로 생을 마감했다.

아쿠타가와는 훌륭한 단편을 많이 썼다. 그의 가장 유명한 작품은 구로사와 아키라黒澤明 감독의 영화 〈라쇼몽〉의 원작인 〈덤불 속〉이지만, 아쿠타가와의 가장 재미있고 많은 생각을 하게 하는 작품은 〈갓파〉다. 나는 약 30년 전에 이 이야기를 처음 읽었는데, 그날 밤잠까지 설쳤다. 너무 흥미롭고 깊은 생각에 빠져들게 하는 이야기였다. 내 책《밤을 위한 생각Thoughts for the Night》에도 그 이야기가 나온다.

화자는 '23번'이라는 정신병원에 갇힌 환자인데, 그는 자신이 갓파의 세계에 다녀왔으며 그곳의 많은 갓파들과 친구가 되었다고 주장한다. 공상과학과 20세기 초 일본 부르주아 계급에 대한 패러디가 결합되었다.

아쿠타가와의 작품에서 가장 파격적인 아이디어는 '태아와의 대화'다. 앞에서 세상에 태어나는 게 과연 더 좋은가에 대해 논의했던 것과 비슷하다(59~60쪽 참조). 갓파의 세계에서 태아들은 그들을 기다리고 있는 삶을 들여다볼 기회가 주어진다. 일곱 살에 눈을 처음 보고 아홉 살에는 다리가 부러지는 등 인생의 크고 작은 굴곡을 한눈에 보여준다. 행복과 절망, 사랑, 증오, 시기심, 분노, 기쁨, 황홀감, 고통, 건강, 병, 지루함, 열정 등 생의 모든 순간이 아주 상세하게 지나간다.

아직 엄마의 배 속에 있지만 지성이 상당한 갓파 태아들은 이 엄청난 양의 정보를 소화한 후에 자신의 운명을 결정해야 한다. 세상에 태어나기 직전에 탄생 여부를 결정할 수 있는 마지막 기회다. 태어날 것인가, 태어나지 않을 것인가? 대부분 어떤 결정을 내릴까? 태어나지 않기로 한다!

23번 환자의 이야기에 따르면 해가 거듭될수록 태어나지 않기로 선택하는 태아들의 비율이 급증해서 갓파 사회의 높은 이들은 선택의 기회를 아예 없애버려야 할지 고민한다. 원하든 원하지 않든 태어날 수밖에 없도록 말이다. 하지만 너무 잔혹하고 갓파들의 권리를 침해한다는 이유로 반대에 부딪힌다.

여기에서 '도쿠'라는 매혹적인 갓파가 나온다. 시인인 도쿠는 독일의 시인이자 작가인 하인리히 폰 클라이스트Heinrich von Kleist를 존경한다. 단편 소설 《미하엘 콜하스》를 비롯해 여러 작품을 남긴 클라이스트는 고작 서른넷에 약혼녀 헨리에테 보겔Henriette Vogel과 함께 자살했다. 또한 도쿠는 오스트리아의 유대인 철학자 오토 바이닝거Otto Weininger도 존경한다. (참고로 젊은 시절의 비트겐슈타인은 바이닝거의 《성性과 성격》을 읽고 비록 그의 견해에는 대부분 동의하지 않았지만 그의 천재성에 감탄했다.) 바이닝거는 여성 혐오증이 심했다. 또한 그는 동성애를 혐오하는 동성애자였고 반유대주의적인 유대인이었다. 이러고 보면 지성과 지혜는 일치하지 않는 것이 분명하다. 지혜로운 사람의 마음에는 타인이나 자신에 대한 혐오가 들어갈 자리가 없으니까. 그는 1902년에 스물둘 나이에 기독교로 개종했고(이탈리아 유대인 범죄학자 체사레 롬브로소Cesare Lombroso에 따르면 정신 질환이 있는 유대인들에게 나타나는 가장 흔한 증상은 바로 기독교로 개종하려는 것이다) 1년 후에 자살했다.

도쿠는 폰 클라이스트와 바이닝거를 좋아하면서도 염세주의자인 쇼펜하우어는 혐오했다. 쇼펜하우어가 삶에 대해 불평하면서도 기꺼이 삶을 끝내기를 거부했기 때문이다. (작가 아쿠타가와의 묘사가 너무 훌륭해서 나는 도쿠가 상상 속의 요괴인 갓파라는 사실을 잊어버리지 않으려고 애써야만 했다.) 도쿠가 가장 존경하는 사람은 우리가 앞에서도 여러 번 만난 몽테뉴였다. 몽테뉴는 앞의 인물들과 달리 자살하지 않았다. 그는 고통 없이 죽기를 기도했고 마당에 콜리플라워를 심으면서 죽음을 맞이하기를 바랐다.

갓파에 대한 글을 쓰고 있자니 앞에서 소개한 두 가지와 이상할 정도로 연관이 있는 또 다른 일본 속담이 떠오른다.

침대에서 일어나지 않는 사람은 절대로 비틀거릴 일이 없다.

일본에는 '모두의 친구'라는 표현이 있다. 이 말은 누구에게나 칭찬을 건네고 모두에게 잘 보이려 노력하며 항상 미소를 짓지만 정작 그 누구에게도 충직하지 않은 사람을 가리키는 경멸적인 표현이다. 아리스토텔레스는 이런 사람을 '지나치게 호의적'이라고 표현했다. 나 역시 이런 사람들을 몹시 경계한다.

또 다른 속담을 들여다보자.

바보가 언쟁하는 것은 바보뿐이다.

노자는 《도덕경》에서 '아는 사람은 말하지 않고, 말하는 사람은 알지 못한다'고 했다. 이 속담에 담긴 의미를 설명하려면 출처가 확실하지 않은 전설과 우화, 민화를 살펴봐야 한다. 역시나 내 식대로 자유롭게 표현하겠다.

어느 날 당나귀가 여우에게 말했다.

"내가 그동안 곰곰이 생각해봤는데 2 곱하기 2가 5라는 사실을 알아냈어."

"틀렸어, 2 곱하기 2는 4야." 여우가 말했다.

"아니, 5야!" 당나귀가 고집을 부렸다.

"4라고!" 여우가 화를 냈다.

"5야!" 당나귀도 물러날 생각이 없었다.

"그럼 사자에게 가서 물어보자."

여우가 제안했고, 이들은 동물들의 대장인 사자의 집으로 갔다. 사자는 말했다.

"당나귀가 옳다. 여우를 내 숲에서 여섯 달 동안 추방하겠다."

당나귀는 사자가 지혜롭고 판결이 공정하다며 고마움의 인사를 한 뒤 신이 나서 달려갔다. 놀란 여우는 사자에게 다가가 어째서 당나귀가 맞는지 설명해달라고 했다. 그러자 사자가 말했다.

"당연히 2 곱하기 2는 4다! 내가 그것도 모르겠느냐? 너에게 큰 벌을 내린 이유는 당나귀와 언쟁했기 때문이다!"

이 이야기를 두 가지로 요약해보자. 첫 번째, 당나귀는 유쾌하고 똑똑한 동물인데 왜 그렇게 많은 우화가 당나귀 얼굴에 먹칠을 하는 건지 모르겠다. 두 번째, 이 이야기의 교훈을 담은 일본 속담이 하나 있다.

바보와 논쟁하는 사람은 바보보다 더 어리석다.

같은 내용을 《성경》에서는 이렇게 표현한다.

미련한 자의 어리석은 것을 따라 대답하지 말라. 두렵건대 너
도 그와 같을까 하노라.

〈잠언〉 26장 4절

마침내 일본에서 가장 인기 있는 속담을 살펴볼 차례가 되었
다. 단번에 그 의미를 알 수 있으니 굳이 해석이 필요하지 않다.

일곱 번 넘어지면 일곱 번 일어나라.

사실 일본 속담에 관한 이야기를 일부러 길게 늘어뜨렸다.
지금쯤이면 이키가이가 건네는 질문 과제를 끝냈으리라고 생
각한다. (나도 예전에 해보았는데 앞으로 계속 강의에 집중하라는
결과가 나왔다. 그러면 글쓰기는? 사실은 이렇다. 나는 글 쓰는 것
을 정말 좋아하지만 내 글이 얼마나 훌륭한지, 세상에 정말로 내 책
이 필요한지는 잘 모르겠다. 어쨌든 글로는 먹고살 수가 없다. 그러니
이키가이에 따르면 지금 당장 쓰던 글을 내려놓고 강의나 하러 가는
게 맞다. 하지만 이키가이가 뭐라고 하든 나는 앞으로 글을 계속 쓸
것이다. 여러분도 계속 읽어주었으면 좋겠다.)

덴마크의 휘게

이카가이를 통해 자기 자신과 운명을 찾지 못했다 해도 절망하지 마라! 다른 선택지가 있으니까. 덴마크로 건너가서 **휘게**Hygge라는 행복 법칙을 시도해보자. 휘게가 혹시 허그hug와 관련 있을까? 잘 모르겠다.

기본적으로 휘게는 '집에서의 아늑함'을 뜻한다. 헤스티아 여신의 영역이다. 휘게는 세계적인 열풍을 일으켰고 2016년에 옥스퍼드 사전은 휘게를 '브렉시트Brexit' '트럼피즘Trumpism'과 함께 올해의 단어로 선정했다.

그렇다면 덴마크 사람들은 휘게를 위해 무엇을 추천할까? 편안하고 아늑한 휘게 정신에 따라 내 식대로 편안하게 해석해보았다.

- 집 안의 모든 방을 아늑하고 따뜻하게 만들어라. 커피 향과 갓 구운 시나몬 쿠키 냄새는 언제나 부엌의 분위기를 살려준다. 침대에 베개를 여러 개 놓아두면 더 포근해진다.
- 집안에 촛불을 많이, 자주 켜라(외출할 때는 잊지 말고 꺼야 한다).
- 되도록 편안하고 포근한 옷을 입는다. 곰돌이 푸나 인어공주(덴마크의 영웅 안데르센을 위해)가 그려진 잠옷을 입고 방울 달린 털 슬리퍼를 신는다.
- 따뜻한 벽난로 앞에서 친구들과 함께 또는 책과 맛있는 핫

초코 한 잔을 곁들이며 휴식을 취하라.

- 질이 좋은 초콜릿을 자주 먹어라.
- 적어도 일주일에 두 번 양초를 켜놓고 낭만적인 저녁 식사를 즐긴다.
- 탄수화물이 충분한 따뜻하고 든든한 음식을 비롯해 항상 맛있는 식사를 준비하라.
- 눈 덮인 나무들 사이를 산책한다.
- 텔레비전은 따분한 사람들이나 보는 것이다.
- 친구들과의 우정을 지키고 싶다면 정치에 관한 이야기를 피하라.
- 가진 것에 감사하라. 작은 것에 만족하고 작은 기쁨을 음미하는 법을 배워라.
- 취미를 즐겨라. 그리고 개를 입양해라.

완벽한 공식 아닌가? 어떻게 초콜릿과 양초, 방울 달린 털 슬리퍼, 시나몬 쿠키에 행복해지지 않을 수 있을까?

하지만 행복해지는 방법이 정말로 이렇게 단순하다면 덴마크에는 숭고한 행복이 넘쳐나고 행복의 거센 파도가 전 세계를 덮쳤을 것이다. 일본이나 덴마크 사람들 혹은 그 누구에게든 행복에 대해 배울 점이 없다는 말은 아니다. 다만 모든 조언이 그러하듯 세심한 주의가 필요할 뿐이다.

여행작가 마이클 부스Michael Booth는 북유럽에서 여러 해를 보냈다. 그는 북유럽 탐방기 《거의 완벽에 가까운 사람들》에서 **휘게**에 대해 언급하는데, 덴마크 사람들의 행복도가 높은 이유는 양초와 털양말 덕분이 아니라 그들이 부유하고 성적이고 지나치게 일하지 않기 때문이라고 말한다. 덴마크가 세계적으로 항우울제 사용률이 높은 국가라는 점도 언급한다! 안에서 뭔가가 곪아 터지고 있는가 보다.

부스는 북유럽 **모든** 국가에 대한 비판도 서슴지 않는다. 노르웨이에서 부상하는 신나치 세력, 핀란드의 알코올 중독, 자살, 살인, 마약 중독의 심각성을 지적한다. 그가 가장 신랄하게 비판하는 나라는 스웨덴이다. 하지만 나는 바이킹 후손들과 싸우고 싶은 마음이 없으니 여기서 그만두겠다.

북유럽 국가들이 '세계에서 가장 행복한 나라'에서 항상 상위권을 차지하는 것은 사실이지만 과연 그들을 부러워하고 이민이라도 떠나야 할까? 서두를 필요는 없을 것 같다. 나는 잠시 그곳으로 여행을 떠났다가 내 삶이 있는 곳으로 돌아오는 것만으로 만족한다.

결국 행복은 찾아온다

■

그 어느 때보다 젊다고 느끼는 순간에 노년이 찾아온다.

르나르, 《르나르 일기》

마흔은 청춘의 노년이고, 쉰은 노년의 청춘이다.

빅토르 위고Victor Hugo

노년은 첫눈과 같다. 어느 날 아침잠에서 깨어나서 온 세상이 하얗게 변한 것을 보고 깜짝 놀란다.

르나르, 《르나르 일기》

학교에서 물리학 시간에 시간은 균일하게 흐른다고 배웠다. 하지만 살다 보니 시간이 고전 물리학 교과서에서는 그렇게 흐른다고 느끼게 되었다. 나이가 들수록 시간에 가속도가 붙는다. 여행을 가본 사람은 알겠지만 여행이 끝나갈 무렵이면 거리가 더 멀게만 느껴진다. 하지만 인생의 여정에서는 그렇지 않다. 해마다 올해가 지난해보다 짧아진다.

노년은 사람에게 일어날 수 있는 일 중에서 가장 예상치 못한 것이다.

레온 트로츠키Leon Trotsk, 《트로츠키의 망명 일기Trotsky's Diary in Exile》 1935

대개 사람들은 나이가 들면서 삶을 더 사랑하게 된다. 마치 삶과 정다운 오랜 친구라도 된 것처럼 말이다.

이 질문에 솔직하게 대답해보자. 몇 살 때 가장 행복했는가? 10년 전? 25년 전? 오늘? 나이가 들면 행복도가 줄어든다는 말을 직관적으로 믿는 사람들이 많다. 사실이 아니다. 최신 연구에 의하면 행복은 해마다 쌓이고 커진다.

나와 함께 늙어갑시다!
최고의 순간은 아직 오지 않았으니
인생의 끝, 그것을 위하여 인생의 처음이 만들어졌느니.[9]

로버트 브라우닝 Robert Browning, 〈랍비 벤 에즈라 Rabbi ben Ezra〉

실제로 많은 연구에서는 나이와 행복의 관계가 유U 자로 나타난다. 좀 더 정확하게 말하자면, 개인의 행복도는 나이가 들수록 점점 감소하다가 남성의 경우에는 마흔다섯 전후, 여성의 경우에는 쉰 살 전후부터 다시 증가하기 시작한다. (실제로 그래프를 보면 '과도한 행복이 흔한 사망 원인은 아닐까' 하는 생각마저 든다.)

내가 보기에는 세계경제포럼 웹사이트의 그래프가 좀 더 이치에 맞는 것 같다. 해당 그래프에 따르면 일흔 전후로 행복도가 감소하기 시작한다. 이 사실을 알고 나니 왠지 안심된다.

미국의 소설가 마크 트웨인 Mark Twain이라면 유 자 모양의 행복 그래프에 대해 좀 더 긍정적인 발언을 할까? 참고로 그는 정신이 똑바로 박힌 사람이라면 예순다섯에 새 인생을 살라는 말에 절대로 동의하지 않을 것이라고 했다.

행복이 나이가 들수록 증가하는 이유를 추측해보자. 손주들의 존재가 무한한 기쁨을 주고 잃어버린 삶의 활력을 되찾아주기 때문일까? 아니면 더는 출근하지 않아도 되고 꼴 보기 싫은 상사의 얼굴을 보지 않아도 되니까 기분이 고양되는 것일까? 아니면 나이가 들면 남들 눈치 볼 필요 없이 하고 싶은 말을 할 수 있어서 그런 것일까?

아이들이나 상대적으로 젊은 사람들의 경우, 아주 작고 사소한 일로 날아갈 듯 기분이 좋아지기도 하고 밑바닥으로 곤두박질치기도 한다. 노인들은 다르다. 세상에 대한 지혜가 생겼고 쉽게 열광하거나 흥분하지 않듯이 쉽사리 기분이 가라앉지도 않을 것이다. 그들은 삶의 작은 선물을 음미할 줄 알기 때문에 행복도가 올라가는 것이 아닐까? 노년에는 대부분 삶의 의미를 그만 찾게 된다. 깨달음을 주는 단서가 더는 없다는 사실을 알기 때문이다. 이것이 행복도를 올려줄지는 모르겠지만 확실히 위안은 될 것이다. 어쩌면 늙을수록 행복해지는 진짜 이유는 나이 든 사람이 감정을 더 잘 조절하기 때문일까?

나는 나이가 들수록 생각을 통제하는 개인의 능력에 거의 변화가 없지만 반응을 통제하는 능력에는 극적인 변화가 생긴다는 사실을 알아차렸다. 우리가 더 강해져서라기보다는 마주하는 감정이나 열정 자체가 시간이 지날수록 약해지기 때문일 것이다.

읽을거리를 하나 추천하려고 한다. 아서 A. 스톤Arthur A. Stone과 동료들이 2010년에 발표한 논문 〈미국인의 나이에 따른 심리적 행복의 배분〉을 읽어보길 바란다.[10] 이 연구는 정신적인 안녕감에 초점을 맞춘다. 이것은 전반적인 삶의 질(일반적 안녕감)과 정서적 안녕(쾌락적 안녕감)에 대한 개인의 주관적 평가를 가리키는 심리학적 개념이다. 안녕은 개인과 집단의 정신건강에 필수적인 요소다. 흥미롭게도 나중에 세 번째 지수가 추가되었다. 삶에 대한 의미다. 다시 말해서 에우다이모니아인 셈이다. 역시 아리스토텔레스다!

인생. 그것에 대한 이해는 점점 줄어들고 사랑은 점점 커진다.
르나르, 《르나르 일기》

나는 에우다이모니아적 행복을 이렇게 정의한다. 사람이 인생의 마지막 나날에 접어들어 지나간 시간을 돌아보았을 때, 운명의 여신이 준 카드를 가지고 썩 괜찮은 결과물을 만들어냈다고 생각하며 행복을 느끼는 것.

하지만 이것은 하나의 정의에 불과하다. 나는 지금까지 살아오는 동안 여러 버전의 행복의 정의를 만들었다. 그러니 분명 앞으로도 새로운 정의가 생길 것이다.

이쯤 하고 새로운 장으로 넘어가려고 했지만 (폐결핵을 앓고 있던) 프란츠 카프카Franz Kafka가 사랑하는 밀레나 예젠스카Milena Jesenská에게 쓴 편지의 내용이 생각났다.

만약 행복해서 죽을 수도 있다면 나는 조만간 죽을 것입니다. 하지만 행복이 죽어가던 사람을 살릴 수 있다면 나는 계속 살아 있을 것입니다.

이 편지에 대해 간단하게 설명하겠다. 1919년에 예젠스카는 카프카에게 그의 소설을 번역하고 싶다고 편지를 보냈다. 그 후 편지를 주고받게 된 두 사람의 관계는 매우 뜨거워졌다. 1년 후에 카프카는 비엔나에서 예젠스카와 만나 며칠을 함께 보냈는데, 그때가 그에게 '내 인생에서 가장 행복했던 날들'이었다고 한다. 예젠스카의 어깨를 베고 잔디밭에 누워 있던 시간은 '내 인생 최고의 순간'이라고 표현했다. '행복'과 전혀 친해 보이지 않는 카프카가 그렇게 말하다니 이게 바로 사랑의 힘인가 보다. 마지막 장에서 다룰 주제도 바로 이 사랑의 힘이다.

16장

사랑의 기술

셰익스피어, 단테, 스탕달, 괴테

볼 때마다 놀라운 것이 있다. 순진하고 혼란스러운 어린아이들에 불과한 연인의 이야기인 〈로미오와 줄리엣〉이 서양 문화에서 목숨보다 소중한 숭고한 사랑의 전형으로 자리 잡았다는 사실이 너무 이상하지 않은가? 그 이야기에서 무슨 일이 일어나는지 잘 살펴보자.

이야기는 이렇게 시작한다. 로미오가 홀린 듯이 로잘린을 사랑한다. 많은 사람들이 "로잘린이 대체 누구지?"하며 기억을 더듬을지도 모르겠다. 줄리엣을 만나기 직전까지만 해도 로미오의 마음을 사로잡은 사람은 줄리엣의 사촌언니인 로잘린이었다. 그는 로잘린 없이 살 수 없었고, 그의 사랑을 얻기 위해서라면 무엇이든지 버릴 준비가 되어 있었다.

모든 것을 보는 태양도

세상이 처음 시작된 이후부터 지금까지 그에게 필적할 만한

여자는 본 적이 없다.

셰익스피어, 〈로미오와 줄리엣〉 1막 2장

로미오는 줄리엣을 캐퓰릿 가문의 가장무도회에서 처음 만난다. 사실은 이 무도회에 로잘린이 참석하기 때문에 로미오의 친구들이 로미오를 몰래 끌고 간 것이었다. 친구들은 로미오가 로잘린을 향한 짝사랑으로 하염없이 한숨을 내쉬며 거리를 방황하는 것을 보았다. 그들은 상사병에 걸린 친구가 잘못될까 봐 걱정되어 나설 수밖에 없었다. 아무래도 친구들은 로미오의 성격에 문제가 있다는 사실을 눈치챘던 듯하다.

이렇듯 로미오가 줄리엣과 사랑에 빠지기 직전까지만 해도 그의 영혼 깊은 곳에는 로잘린이 있었다. 하지만 캐퓰릿 가문의 무도회에서 로잘린보다 예쁜 줄리엣을 보는 순간 그의 사랑은 줄리엣에게로 옮겨간다. 로미오가 줄리엣을 처음 봤을 때 하는 말을 들어보자.

내 마음이 지금까지 사랑을 했었던가? 내 눈을 걸고 맹세컨대 아니다. 오늘 밤에 이르기 전까지 진정한 아름다움을 보지 못했으니.

셰익스피어, 〈로미오와 줄리엣〉 1막 5장

로잘린은 어떻게 된 걸까? 로잘린을 향한 그의 열렬한 사랑은 어디로 사라졌는가?

우리는 이 질문을 해야 한다. 만약 이 작품이 로미오와 줄리엣의 순수하고 숭고한 사랑에 관한 연극이라면(당연히 그렇지만) 셰익스피어는 왜 이 안에 또 다른 사랑하는 존재를 심어놓았을까? 상당히 혼란스럽지 않은가?

베로나의 어린 연인들에 관한 이야기를 좀 더 계속해보자. 작품에는 분명히 줄리엣이 "아직 열네 살이 채 되지 않은 소녀"라고 적혀 있다. 이토록 어리고 미래가 창창한 소녀가 로미오와 단 몇 시간을 보내고 자신의 영혼이 그의 영혼과 착 달라붙어 있고 그 없이 살 수 없다고 느낀다. 와! 진짜 정신 나간 생각이다. 로미오의 나이는 명시되어 있지 않지만 그 역시 꽤 어리다고 추측할 수 있다.

줄리엣과 로미오는 전에 서로 사랑을 맹세하고 가능한 한 빨리, 내일 당장이라도 결혼하기로 약속하기 전에 짧게 두 번 만났을 뿐이다. 그들이 처음 만난 순간부터 최후를 맞이하기 전까지는 고작 일주일 정도밖에 걸리지 않았다(!). 그사이 로미오는 티볼트를 죽였고 나중에는 파리스 역시 죽음에 이르게 한다. 혹시 로미오는 사람들의 목숨을 빼앗지 않고는 못 견디는 성향인 것일까?

이 이야기가 어떻게 끝나는지 기억하는가? 줄리엣은 비약을 마시고 가사 상태에 빠진다. 로미오는 줄리엣이 죽은 줄 알고

(진짜) 독약을 마신다. 여기에서 또 질문이 생긴다. 로미오는 독약을 마시기 전에 잠깐 상황을 파악할 정신도 없을 정도로 충동적이었을까? 로미오가 '독약'을 마신 후 줄리엣이 깨어나 평생의(아니 일주일간의) 사랑인 로미오가 옆에 누워 죽은 모습을 발견한다. 슬픔에 빠진 줄리엣도 남은 독약을 마시려 하지만 독약은 남아 있지 않았다. 로미오가 다 마셔버린 것이다. 그래서 줄리엣은 (아, 로맨틱하기도 해라!) 그가 마신 독약이 조금이나마 자신에게로 옮겨지기를 바라며 로미오의 입술에 키스한다. 하지만 역시나 실망스럽게도 연인의 입술에는 독약이 한 방울도 남아 있지 않았다. 선택권을 잃은 줄리엣은 로미오의 칼로 자신을 찔러 자살한다. 이렇게 이야기는 막이 내린다.

이 비극적인 측면이 이 이야기의 매력일까? 모르겠다. 내가 보기에는 희극적인 측면이 더 강조된 희비극이다. 셰익스피어 전문가인 지인은 나에게 소리 높여 열변을 토했다. 같은 글을 읽었는데도 서로 경험한 바가 딴판이라면서 〈로미오와 줄리엣〉이 역사상 가장 아름답고 감동적인 사랑 이야기라고 했다. 나는 그에게 아름다운 이야기라는 점에는 찬성하지만 소크라테스는 아름다운 말은 진실이 아닌 경우가 많고 진실은 종종 아름다운 말 없이 전진한다는 것을 이미 알고 있었음을 상기시켰다.

적절한 마무리를 위해 내 생각을 말하겠다. 나는 이 작품의 진짜 여주인공이 로잘린이라고 생각한다. 로잘린은 작품에 거의 등장하지도 않는다는 반발이 들리는 듯하다. 1968년 프랑코 제피렐리Franco Zeffirelli 감독의 영화 〈로미오와 줄리엣〉에 아주 잠깐 등장하는 로잘린의 모습으로 다음과 같은 장면을 상상해본다.

로잘린이 줄리엣을 만나 로미오의 말을 듣지 말라고 설득한다. 로미오는 변덕도 심하고 진지한 관계를 맺기에 성숙하지 못한 어린애라고 충고한다. "잘 들어. 내가 로미오에게 평생 결혼할 생각이 없다고 말한 이유가 있어. 그를 떼놓으려고 거짓말한 거야." 로잘린은 줄리엣에게 로미오 못지않게 멋진 남자들은 세상에 널렸다고 말할 것이다.

만약 로잘린이 기적적으로 마지막 장면에 등장해 줄리엣에게 목숨을 끊지 말라고 간절하게 설득했다면 어떻게 되었을까? 나는 이렇게 말하는 로잘린을 상상한다. "남자 때문에 목숨을 버려서는 안 돼. 그 어떤 남자도 그럴 가치가 없어. 특히 로미오는 더더욱. 아마 네가 죽고 일주일 안에, 아니 이틀, 2분 만에 욜란다나 아드리아나, 코델리아, 비앙카에게 빠져서 달콤한 말을 속삭여댈 거야. 널 지옥에 던져두고 말이야."

줄리엣은 로미오의 '리바운드 사랑'이라는 사실을 잊으면 안 된다. 현대 심리학 연구에서 의심하는 사랑이다. 참고로 나는 셰익스피어의 열렬한 팬이다. 아주 오래전에 묵직한 자물쇠가 달린 두툼한 노트에 비싼 펜으로 그의 감동적인 글귀를 직접 필사하기까지 했다. 하지만 그런 나에게도 로미오와 줄리엣의 이야기는 첫눈에 반한 사랑의 **패러디**처럼 느껴진다. 왜냐하면 사랑은, 진정한 사랑은, 목숨을 바칠 가치가 있는 사랑은 더 깊이 들여다보아야 하기 때문이다.

연인의 사랑을 기적으로 승격화하는 것이 아무리 일반적인 관행이라도 내 생각에 진짜 기적은 고요하고 차분한 사랑이다. 이 성숙한 사랑은 낭만적인 사랑을 배제하지 않는다. 오히려 적극적으로 초대한다. 평온한 사랑에는 불꽃놀이가 필요하지 않다. 그 사랑의 선율에는 드럼과 심벌즈가 들어가지 않는다. 심장박동처럼 조용하고 필수적이다.

단테와 스탕달, 베르테르, 사랑을 사랑한 사람들

로미오와 줄리엣의 거주지인 베로나에서 그리 멀리 떨어지지 않은 토스카나주의 아름다운 피렌체로 가보자. 위대한 영국 작가가 쓴 허구의 사랑 이야기 대신 이번에는 위대한 이탈리아 시인의 실화를 살펴보자.

단테의 〈새로운 삶〉에 따르면, 단테는 베아트리체를 평생 단두 번밖에 만나지 못했다. 그것도 9년의 세월을 건너 마주했다. 당시에 베아트리체가 그랬듯이 단테도 결혼을 했다. 하지만 베아트리체가 겨우 스물여섯 나이에 세상을 떠난 후에도, 단테 자신이 죽는 날까지 베아트리체에 대한 사랑은 변하지 않았다. 두 번째 만남에서 단테는 베아트리체의 인사에 지극한 행복을 느꼈다고 말한다!

도대체 단테는 베아트리체의 무엇을 사랑한 것일까? 그는 로미오와 마찬가지로 사랑하는 이성의 아름다움만 보았을 뿐이다. 하지만 이 로미오와 단테 사이에는 중요한 차이가 있다. 로미오는 셰익스피어가 만들어낸 가상 인물이지만 단테는 실존 인물이라는 점이다. (물론 소설가 블라디미르 나보코프Vladimir Nabokov는 햄릿과 맥베스, 리어왕이 세상에 존재했던 그 어떤 인물보다도 더 설득력 있다고 말한 적이 있다.) 로미오와 달리 단테는 뭔가 중요한 것을 발견한 듯하다. 가장 낭만적인 사랑은 짝사랑이라는 것, 상상이 현실보다 낫다는 것 말이다. 그는 베아트리체를 통해 고통스러울 만큼 기쁜 자기애를 즐길 수 있다는 사실을 깨달았다.

일본에는 단테보다 한술 더 뜨는 남자들이 있다. 그들은 인형을 파트너 삼아 함께 산다. 인형과 외출도 하고(재킷 주머니에 들어간다) 대화도 하고 그와 진정한 사랑을 한다고 상상한다. 정식으로 결혼식도 올린다. 그들의 상상 속에서 인형은 그들을 사랑하고 이해하고 격려하고 위로하고 그들이 원하는 선물을 사주기도 한다.

(스탕달이라는 필명으로 더 잘 알려진) 프랑스 작가 마리 앙리 벨Marie-Henri Beyle은 1817년에 피렌체를 방문했을 때 이 도시의 아름다움에 큰 충격을 받았다. 미켈란젤로와 마키아벨리, 갈릴레오 갈릴레이Galileo Galilei가 묻힌 산타 크로체 성당에 들어갔

을 때 그 숭고함에 거의 의식을 잃을 뻔했다.[11]

스탕달의 에세이 《연애론》을 읽은 사람이라면 그가 '나는 당신을 사랑합니다'에서 '나'에 얼마나 몰입하는지 눈치챌 수밖에 없다. 어떤 사람들은 사랑을 '커플 이기주의' 또는 '짝지은 광기'라고 부르기도 한다. 하지만 스탕달에게는 커플도, 한 쌍의 짝도 없다. 그의 책은 심오한 사랑의 감정을 홀로 여행하는 여행자를 추적한다.

그렇게 볼 때 스탕달이 문학계에서 가장 좋아한 인물이 베르테르였다는 사실은 그리 놀랍지 않다. 괴테의 서간체 소설 《젊은 베르테르의 슬픔》의 주인공 말이다. 이 소설은 베르테르에 대해서는 모든 것을 솔직하게 보여주지만 그가 사랑하는, 이미 약혼자가 있고 나중에 결혼까지 하는 로테는 매우 피상적으로 다뤄진다. 내가 보기에 베르테르는 로테를 사랑하는 게 아니다. 그는 단테처럼 그가 상상 속에서 만들어낸 이상적인 사람과 사랑에 빠진 것이다. 어쩌면 베르테르는 로테를 사랑하는 것이 아니라 사랑을 사랑했다.

스탕달의 《연애론》에 영감을 준 마틸다 뎀보스키Matilda Dembowski 백작 부인은 결혼해서 두 자녀가 있었다. 그에 대한 스탕달의 사랑은 영원히 이루어질 수 없었지만 그래도 절대로 사라지지 않았다. 깊은 사랑이었다.

로미오와 단테, 스탕달, 베르테르는 제각각 허구와 현실에서 상대에게 첫눈에 반했다. 나는 첫눈에 반하는 사랑은 성적 욕구와 자기애의 결합이라고 생각한다. 전혀 모르는 사람의 무엇을 사랑한단 말인가? 다시 말하지만 천 번 하고도 한 번 더 보고 그 이후에도 계속 보고 난 '후에' 빠지는 사랑이 훨씬 더 감동적이다.

사랑할 때 물어야 할 질문

큰 여행사의 최고경영자 자리를 지낸 이가 이런 말을 한 적이 있다. 가이드와 함께하는 패키지여행을 이용한 고객들에게 피드백을 얻기 위해 이런저런 질문이 담긴 질문지를 건네지만 그가 가이드를 평가할 때 주의를 기울이는 질문은 딱 한 가지라고 했다. "만약 우리 회사를 다시 이용한다면 똑같은 가이드를 선택하시겠습니까?"

'사랑은 무엇인가?'라는 질문에도 이런 식으로 접근하면 좋겠다. 오랜 세월을 함께한 커플은 이렇게 물어야 한다. "만약 우리가 다시 만날 수 있다면 그때도 서로를 선택할 것인가?"

한 여성 기업가가 비즈니스의 세계에서는 한 자리에 계속 가만히 있을 수 없다고 한 적이 있다. 점점 성장하고 확장되지 않는 기업은 무너지고 실패한다. 이 말을 사랑에 적용한다면 놀라울 정도로 정확하다는 생각이 들었다. 오랫동안 꽤 많은 이들을 지켜본 결과, 사랑이 성장하지 않으면 이내 사라진다.

"나는 내 결혼생활에 만족하고 행복하다"라는 말은 좀 더 설명적이지만 정확한 말로 바뀌어야 한다. "지금 이 순간 나는 내 결혼생활에 만족하고 행복하고 앞으로도 그러기를 바란다."

사랑의 기술은 곧 인내의 기술이다. 다음은 사랑에 대해 내가 생각한 정의와 생각들이다.

- 사랑은 가장 신성한 것과 가장 무작위적인 것의 만남이다.
- 사랑은 모순의 바다와 안개로 둘러싸인 용기와 친절, 아름다움, 열정, 희망, 성스러움이라는 섬에서 위대한 신비로움으로 존재하는 역설이다.
- 진정한 사랑은 세상을 더 넓고 더 흥미진진한 곳으로 만든다. 그것은 선하고 아름답고 진정한 것을 향해서 함께 떠나는 순례길이다.
- 사랑의 신비는 영원히 미스터리일 것이다. 사랑에 빠지는 것은 신의 선물이다. 누구와 혹은 언제 사랑에 빠질지는 개인이 선택할 수 없다.
- 우리는 바람과 달리 계속 사랑하지 못할 수도 있다. 반대로 그만하고 싶어도 눈 깜빡할 사이에 사랑을 버릴 수도 없다.
- 우리는 평생 사랑의 불꽃이 넘실대게 하겠다고 맹세하지만 사랑이 죽으면 사랑을 계속 유지하려는 욕망도 시들 수 있다는 사실을 잊어버리기 쉽다. 인간이 사랑에 관한 문제를 직접 선택할 수 있는 자유는 거의 없다고 봐도 과언이 아니다.

- 오랜 세월을 함께한 커플의 친밀감이 쌓이는 모습은 놀랍다. 말다툼을 한 후에 서로 한마디 말도 없이 화해할 정도로 돈독해진다.

금지된 음

■

최근에는 피아노로 재즈를 연주하는 게 좋다. 집에 아무도 없을 때마다 피아노를 친다. 다른 사람들이 있을 때는 절대로 이를 내색하지 않는다. 그만한 실력이 못 되기 때문이기도 하지만 모두에게 내 속마음을 들켜버릴 것 같아서다. 내가 무슨 생각을 하는지 모두가 알게 될 테니까.

재즈의 화음과 진행, 음계 이면의 수학 법칙을 연구할 때 소크라테스의 사촌이던 그리스의 저명하고 박식한 의사 에릭시마쿠스Eryximachus가 떠올랐다. 에릭시마쿠스는 사랑으로 연결되는 음표는 확실히, 그리고 강하게 서로에게 끌린다고 믿었다. 만약 하나의 음과 다른 음 사이에 사랑이 존재하지 않는다면 그 음악에는 생명이 없다. 재즈 연주자들은 '금지된 음'에 대해 이야기하곤 한다. 이것은 서로에게 끌리지 않는, 그러므로 절대 조화롭지 않을 음들을 말한다. 만족스러운 리듬은 빠른 것과 느린 것의 이끌림에서 나온다. 에릭시마쿠스의 생각에 따르면, 작곡의 핵심 기술은 '사랑'이다.

음악은 마음을 매료시키는 힘이 있다. 그것은 아주 강력한 감정을 제압하고 오랫동안 잠들어 있던 감정을 깨울 수 있고 심지어 사랑을 포함해서 우리의 마음속에 아예 없던 감정을 심어주기까지 한다. 일상적인 언어에 사랑과 음악을 연관 짓는 은유가 많은 것은 결코 우연이 아니다.

"이 커플은 완벽한 화음을 이루며 살아간다." "그들의 관계는 큰 불협화음으로 삐걱거린다." "두 연인의 관계는 엇박자를 내며 비극으로 끝났다."

어떤 식으로든 재즈는 우리에게 사랑에 여러 가지 얼굴이 있다는 것을 가르쳐준다.

질투와 상상력

유대교 신비주의의 일종인 카발라의 고전 〈조하르〉에는 "질투 없는 사랑은 없다"고 쓰여 있다. 이 말에 절대적으로 동의하는 사람들도, 의심하는 사람들도 있을 것이다. 어쨌든 질투가 걷잡을 수 없이 커지기 전에 막아야 한다. 지나친 질투심은 그 어떤 사랑도, 심지어 난공불락의 요새로 둘러싸인 사랑마저도 폐허로 만들 수 있기 때문이다.

셰익스피어의 희곡 《오셀로》에서 오셀로는 많은 사람이 생각하는 것과 달리 원래 질투가 많은 성격이 아니었다. 이아고는 오셀로가 아내 데스데모나를 의심하고 질투에 사로잡히도록 계략을 짠다! 질투심에 사로잡힌 사람은 설득도 통하지 않고 증거 따위도 전혀 필요하지 않다. 상상력이 모든 것을 알아서 한다.

드 라 로슈푸코는 진정으로 질투에 미쳐버린 사람들은 사랑이 죽은 후에도 오랫동안 질투가 살아 있다고 말했다. 그 혼자만 그렇게 생각한 것은 아니었다. 톨스토이의 중편소설 《크로이처 소나타》는 바로 이 질문을 다룬다.

섹스와 사랑

할리우드 영화에서는 (그리고 다른 데에서도) 사랑과 섹스를 쉽게 혼동한다. 그 이유는 화면에서 사랑을 보여주기가 쉽지 않기 때문이다. 폴과 폴라가 서로를 무척 사랑한다고 가정해보자. 영화 화면에서는 이 사랑을 어떻게 보여줄 수 있을까?

내 경험상 사랑을 제대로 표현하려는 영화를 본 것은 딱 한 번뿐이었다. 1973년 방영된 〈봄의 열일곱 순간Seventeen Moments of Spring〉이라는 러시아 텔레비전 드라마였다. 주인공은 제2차 세계대전이 끝나갈 무렵 나치 독일의 러시아 스파이다. 크리스마스에 스파이의 아내는 다른 남자와 함께 남편이 있는 카페에 도착한다. 주인공은 보안상의 이유로 아내에게 다가가지 못하는 것이 분명해 보인다. 그래서 그는 카페의 한쪽 구석에, 아내는 다른 쪽 구석에 앉은 상태로 5분 정도 서로 시선만 교환한다. 그들이 서로를 얼마나 사랑하는지 시청자에게 보여주기 위한 장면이다.[12] 감독 타티아나 리오즈노바Tatyana Lioznova는 용기가 대단했다. 감독은 시청자들에게 크나큰 인내심이 필요한 이 장면을 끝까지 보게 도와줄 배경 음악이 필요하다는 사실을 알았다. 이 시리즈의 음악은 작곡가 미카엘 타리베르디프Mikael Tariverdiev가 맡았다. 나는 이 카페 장면에서 나오는 음악을 포함해 그의 작품을 연주해 내 유튜브 채널에 종종 올렸다.

할리우드가 사랑을 다루는 방법은 좀 다르다. 폴은 폴라에게 달려가고 폴라는 그의 품으로 뛰어든다. 두 사람은 서로의 옷을 찢듯이 다급하게 벗긴다. 폴은 폴라를 벽으로 밀치고⋯. 이것이 바로 할리우드가 두 사람의 사랑을 보여주는 방식이다.

가수 마돈나는 《섹스Sex》라는 책을 출판했다. 읽어보지는 못하고 첫 문장만 슬쩍 보았다. "사랑은 섹스가 아니고 섹스는 사랑이 아니다." 두말하면 잔소리이지만 사랑과 섹스가 만나면 그렇게 좋을 수가 없다. 둘의 만남은 매우 자주 이루어진다. 하지만 상대를 벽으로 밀치고 싶은 욕망이 들지 않아도 사랑할 수 있고 그 반대도 사실이다. 열정은 사랑이 아니다.

나는 젊을 때 체코 작가 밀란 쿤데라Milan Kundera가 쓴 《참을 수 없는 존재의 가벼움》을 정말 좋아했다. 그 책에는 사랑에 대한 많은 생각들이 담겨 있다. 이를테면 쿤데라(정확하게는 주인공 토머스)는 섹스와 사랑을 합치는 할리우드식 접근법에 반대하고 여자와 함께 **잠을 자고** 싶은 욕망과 여자와 섹스하고 싶은 욕망은 거의 정반대일 정도로 엄연히 다르다는 결론에 도달한다. 이 체코 작가가(적어도 그의 주인공이) 생각하기에 성적 욕망은 (아주) 많은 여자에게서 느낄 수 있다. 토머스는 만나는 거의 모든 여자에게 성적 욕망을 느낀다. 하지만 누군가와 같은 침대에 눕고 그 옆에서 아침에 눈 뜨고 싶은 바람은 사랑하는 단 한 사람만을 위한 욕망이다.

사랑하는 이의 존엄을 지켜주는 법

나의 아버지가 돌아가신 후 어머니가 치매에 걸렸다는 사실을 알게 되었다. 어머니를 진찰한 의사는 치매가 상당히 진행됐다고 진단했다. 의사는 왜 좀 더 일찍 데려오지 않았느냐고, 어떻게 눈치채지 못했느냐고, 최근에 어머니를 방문하지 않았느냐며 마치 제 일처럼 화를 내고 다그쳤다. 할 말이 없었다. 나는 내 형제와 내 딸들, 그러니까 어머니의 손주들과 내 아내, 어머니의 친구들과 이웃들처럼 어머니를 자주 찾아뵈었다. 주변에 물어봤지만 어머니의 치매 사실을 알아차린 사람은 아무도 없었다. 처음에는 속상하고 경황이 없어서 눈치채지 못했지만 이후 혼자 살고 계신 어머니를 방문할 때마다 증상이 확연하게 보였고 급격히 나빠져만 갔다.

　그러던 어느 날, 얼마 전까지 부모가 함께 살았지만 이제는 어머니 혼자 살고 있는 집의 낡은 안락의자에 앉아 있을 때, 어떻게 된 일인지 퍼뜩 이해되기 시작했다. 당시에는 전혀 대수롭지 않게 여겼지만 지금 와서 생각해보니 사랑의 이야기가 담겨 있었던 일들이 떠올랐다. 어머니에게 무언가를 물어보면 아버지가 대신 답할 때가 많았다. 부드럽고 때로는 잔뜩 즐거워하는 말투였다. 아버지의 대답은 굳이 답을 들으려는 것이 아닌 질문으로 끝날 때가 많았다. "그렇지, 탄카?"(우리 어머니의 이름은 타냐Tanya였지만 아버지는 n 발음을 아주 약하게 해서 '탄카'라고 부르는 걸 더 좋아했다.) 그러면 어머니는 "맞아"라고 응수하곤 했다.

　나는 이 대화가 아주 매끄러운 합의라고 생각했던 모양이다. 그도 그럴 것이 평소 어머니는 전혀 나무라는 말도 없이 항상 아버지의 의견에 동의하는 경향이 있었다. 이 생각도 났다. 아버지는 어머니와 이웃의 대화가 불필요하게 길어질 때마다 미소 짓는 얼굴로 끼어들곤 했다. "차 마실까, 탄카?" 물론 차를 준비하는 것쯤은 아버지 혼자서도 할 수 있는 일이었다. "차가 수다보다 좋은 법이지." 아버지가 이렇게 말하면 어머니는 주방으로 들어갔다. 그리고 아버지는 자기가 주도할 수 있는 주제로 이야깃거리를 바꾸었다. 비슷한 일들이 더 많이 떠오르는 동시에 나는 어머니에게 무슨 일이 있었는지 정확히 깨달았다.

큰딸이 해준 이야기도 있었다. 어느 날 아버지가 큰딸에게 어머니의 서랍장에 놓인 물건들에 이름표를 붙여달라고 부탁했다. "탄카가 자꾸 나더러 뭘 달라고 하는데 내가 모를 때가 많아서 말이야. 이름표를 붙여놓으면 쉽게 알 수 있을 것 같구나." 큰딸은 심리학자임에도 전혀 이상하다고 생각하지 못했다고 한다! 지금 생각해보면 그 이름표는 아버지가 아닌 어머니를 위한 것이었다.

어머니에 대한 아버지의 사랑은 너무나 커서 커다란 담요처럼 어머니의 치매마저 감싸 안았다. 아버지는 당신이 세상을 떠나는 날까지 그렇게 어머니의 존엄성을 지켜준 것이었다.

아버지는 돌아가시기 한 달 전쯤부터 회고록을 쓰기 시작했다. 이미 앞도 잘 보이지 않았지만 절대로 포기할 수 없는 중대한 일로 보였다. 회고록에서 아버지는 어머니에 대해 이렇게 적었다.

내 인생의 반쪽을 어떻게 만났는지 말해주마. 내가 거의 60년을 함께한 여성이지. 그는 지금도 여전히 내가 가장 힘들 때 온 마음과 영혼으로 나를 도와준다. 신에게 감사한 일이야. 지금 내 건강은 내가 상상도 못했던 깊은 심연 속으로 빠져들었지만 지금도 우리는 항상 함께이고 우리 앞에 다가오는 기쁨도 슬픔도 함께 나눌 테다.

이렇게 만난 거야. 어느 날 나는 자물쇠공으로 일하면서 일이 끝나고 즐겨 찾던 대학교 도서관의 큰 홀에서 긴 머리에 날씬한 몸매가 무척 인상적인 여성을 만났지. 문학을 공부하고 교육학을 전공하는 졸업반 학생이었어. 그때 나는 책을 정말로 좋아했거든. 물론 아직도 책을 정말 사랑하지. 글자를 읽기가 무척 힘들어졌지만 말이야. 우리는 집을 지을 때 집에 도서관을 만들기로 했어. 내가 이 여성에게 건넨 첫 선물은 톨스토이 전집이었지.

회고록에서조차 아버지는 어머니의 병을 암시하시지 않았다. 아버지가 돌아가신 후 나는 어머니가 아버지에 대한 그리움을 견디지 못해 머지않아 뒤따라갈 것임을 알 수 있었다. 그리고 정말로 그렇게 되었다.

유대교에는 신이 한 사람의 영혼을 가져갈 때 남은 배우자가 신에게 부디 자비를 베풀어 자신도 데려가달라고 간청하는 기도가 있다. 이 기도가 응답받는 것은 그렇게 드문 일이 아니다.

감사의 말

가장 먼저 내 책과 글을 사랑해주고 믿어주는 에탄 일펠트Etan Ilfeld에게 감사드린다. 이 책이 막연한 생각에서 출간으로 이어질 때까지 히브리어판에서 함께 작업해준 내 친구 아이젠버그에게도 무척 고맙다. 이 책은 우리가 아홉 번째로 함께한 책이다. 책 한 권이 보태질수록 우리는 더 손발이 척척 맞는다. 다른 편집자와 책을 쓰는 것은 상상도 할 수 없다.

스토아 철학에 대해 많은 대화를 나눠준 에레즈 알보Erez Albo에게도 진심으로 감사하다. 언젠가 함께 스토아 철학을 주제로 책을 쓸 날이 오기를 바라본다.

충실한 번역가 린다 예키엘Linda Yechiel에게도 감사하고 싶다. 원고를 읽고 값진 조언을 많이 해준 친구 오퍼 사모차Ofer Samocha에게도 고마움을 전한다. 모든 것에 대한 광범위하고 귀중한 정보를 쉽게 이용할 수 있게 해주는 위키피디아의 문서 작성자들에게도 큰 도움을 받았다.

왓킨스 출판사의 피오나 로버트슨Fiona Robertson, 프로젝트 편집자 브리트니 윌리스Brittany Willis, 그 밖에 로라 휘태커 존스Laura Whitaker-Jones, 비키 스콧Vikki Scott, 옥타비아 라벤더Octavia Lavender, 에밀리 자만Emily Jarman, 프란체스카 코르시니Francesca Corsini 등 이 책을 위해 애써주신 모든 분께 깊은 감사를 드린다.

애정을 가득 담아 이 책을 더 나은 모습으로 변신시켜준 밥 색스턴Bob Saxton에게 깊은 감사와 존경의 마음을 보낸다. 나의 친구이자 에이전트인 지브 루이스Ziv Lewis, 내 책이 수십 개국에서 출판될 수 있도록 도와주는 해외 담당 에이전트 비키 새틀로Vicki Satlow에게 진심으로 감사하는 마음을 전한다.

마지막으로, 내 첫 번째 책 원고를 읽은 순간부터 오늘날까지 변함없는 신뢰를 보여주는 키네렛 즈모라 디비르 출판사의 편집장 요람 로즈Yoram Rose와 에란 즈모라Eran Zmora에게 깊이 감사드린다.

의견이나 문의 사항은 아래 연락처로 연락해주기 바란다.

shapirapiano@gmail.com

주석

1부 죽기 전에 과연 살았는가

1   Nathan Zach, *I Always Want Eyes*, "Ani Rotzeh Tamid Eynayim (I Always Want Eyes)", Kibbutz MeUchad, in Hebrew, translation by Linda Yechiel, 2019.

2   Freeman J. Dyson, *Infinite in All Directions: Gifford Lectures Given at Aberdeen, Scotland April–November 1985*, HarperCollins, (2004) paperback edition. 저자의 새로운 서문이 수록되어 있는데, 허가를 받아 인용했다.

3   힐렐학파와 샴마이학파는 기원전 마지막 세기와 1세기 초에 이들 학파를 세운 현자들의 이름을 따서 명명되었다. 두 학파는 오늘날 구전 율법과 유대교에 중대한 영향을 미친 유대 사상에 관해 격렬한 논쟁을 벌였다. 보통 힐렐학파가 더 관대한 편이었다. 현대 유대인들은 거의 대부분 힐렐학파의 관점을 따른다.

4   《탈무드》(특히 《바빌로니아 탈무드》)는 유대인 종교법의 근원이며 과거에는 유대인 문화생활의 중심이었다. 《탈무드》는 〈미쉬나〉(구전 토라)와 〈게마라〉(〈미쉬나〉에 대한 수많은 랍비들의 해설과 히브리어 《성경》에 대해 자세히 설명하는 관련 글)가 합쳐진 것이다.

2부 그 무엇에도 휩쓸리지 말라

1   Bronnie Ware, *Top Five Regrets of the Dying: A Life Transformed by the Dearly Departing*, Hay House (2012). (브로니 웨어, 《내가 원하는 삶을 살았더라면》, 유윤한 옮김, 피플트리, 2013)

2   *The Wisdom of Solomon*, Watkins (2018).

3   샤하르의 행복에 관한 강의는 하버드대학교에서 가장 인기 많은 강의 중 하나였다.

4   T. Gilovich, V.H. Medvec, "The experience of regret: What, when, and why", *Psychological Review* 102, 379~395 (1995).

5   이 주제에 관심이 있다면 다른 기사도 추천한다. T. Gilovich, V.H. Medvec, D. Kahneman, "Varieties of Regret: A Debate and Partial Resolution", *Psychological Review* 105, 602~605 (1998).

6   Helm W. Bennett, "Friendship", *The Stanford Encyclopedia of Philosophy* (2008)를 참조할 것. 더 자세히 알고 싶은 사람을 위한 온라인 요약 버전은 다음 사이트를 참조할 것. plato.stanford.edu/archives/fall2021/entries/friendship.

7   내 연주는 유튜브에서 "Haim Shapira. Rameau"라고 간단히 검색하면 나온다.

8   내가 특히 좋아하는 라모의 곡들과 연주자들은 다음과 같다. Grigory Sokolov, Marcelle Meyer or Víkingur Ólafsson, *Les Tendres Plaintes*; Emil Gilels, *Le Rappel des Oiseaux*; Víkingur Ólafsson, *Pièces de Clavecin en Concerts: II, La Cupis*; Grigory Sokolov, *Les Sauvages*; Víkingur Ólafsson, *Les Boréades: The Arts and the Hours* (transcribed Ólafsson); Clément Lefebvre, *Les Trois Mains*; Marcelle Meyer or Víkingur Ólafsson, *L'Entretien des Muses*; Tharaud or György Cziffra, *L'Egyptienne, Alexandre*.

9   Haim Shapira, *Eight Lessons on Infinity: A Mathematical Adventure*, Duncan Baird Publishers (2019). 두 개 장에서 피타고라스의 저작을 소개한다.

3부 당신의 삶에는 철학이 있어야만 한다

1   List Number 31, in Yevgeny Zamyatin, We (Мы), translation by Gregor Zilboorg, New York: E.P. Dutton (1924). 러시아 원문은 1952년에 처음 출판되었다.

2   나는 아리스토텔레스의 이 말에 스피노자가 뭐라고 반응할지 궁금하다. 스피노자의 철학 저서 《에티카》는 유클리드의 기하학을 토대로 한다.

3   Mohsen Joshanloo, Dan Weijers, "Aversion to Happiness across Cultures: A Review of Where and Why People Are Averse to Happiness", *Journal of Happiness Studies* (June 2013).

4   노직의 목록은 다음과 같다. 루트비히 비트겐슈타인, 엘리자베스 테일러,

버트런드 러셀, 토머스 머튼, 요기 베라, 앨런 긴즈버그, 해리 울프슨, 헨리 데이비드 소로, 케이시 스텡겔, 랍비 루바비처, 파블로 피카소, 모세, 알베르트 아인슈타인, 휴 헤프너, 소크라테스, 헨리 포드, 레니 브루스, 바바 람 다스, 간디, 에드먼드 힐러리 경, 레이먼드 루비츠, 붓다, 프랭크 시나트라, 크리스토퍼 콜럼버스, 지그문트 프로이트, 노먼 메일러, 아인 랜드, 로스차일드 남작, 테드 윌리엄스, 토머스 에디슨, H.L. 멘켄, 토머스 제퍼슨, 랄프 엘리슨, 바비 피셔, 엠마 골드만, 피터 크로포트킨.

5   N.P. Li, S. Kanazava, "Country Roads, Take Me Home (…) to My Friends: How Intelligence, Population Density, and Friendship Affect Modern Happiness", *British Journal of Psychology*, 107(4), 675~697 (2016).

6   L. McGuirk, P. Kuppens, R. Kingston, R., B. Bastian, "Does a Culture of Happiness Increase Rumination over Failure?", *Emotion*, 18(5), 755~764 (2018).

7   프랑스 철학자 자크 데리다는 아포리아aporia라는 단어를 좋아했고 '비결정성' '해체성'의 맥락에서 사용했다.

8   웹에서 무료로 볼 수 있는 기사 중에서 "Understanding the Machine Experience Argument"를 추천한다.

9   Peter Singer, "Famine, Affluence, and Morality", *Philosophy and Public Affairs*, (Spring 1972) vol. 1, No. 3, 229~243.

10 Daniel Kahneman, Angus Deaton, "High income improves evaluation of life but not emotional well-being", *PNAS* (21 September 2010).

4부 지식만 갖출 것인가, 지혜로워질 것인가

1   Aleksandr Solzhenitsyn, *The Gulag Archipelago: An Experiment in Literary Investigation (Архипелаг ГУЛАГ)*, translation from Russian to Hebrew, translated into English by Linda Yechiel, Editions du Seuil (1973). (알렉산드르 솔제니친, 《수용소군도》 1~6, 김학수 옮김, 열린책들, 2020) 이 구절과 274, 282쪽의 내용은 허가를 받아 인용했다.

2   같은 책.

3   로마 역사가 카시우스 디오Cassius Dio는 로마의 역사에 관해 80권의 책을 썼
    는데 그중에 아우렐리우스에 관한 것도 있다. 이 기념비적인 작품은 온라
    인에서 킨들 버전으로 이용할 수 있다. penelope.uchicago.edu/Thayer/E/
    Roman/Texts/Cassius_Dio/home.html. 출력할 생각이라면 2000쪽이 넘는
    다는 사실을 참고하기 바란다.

4   Solzhenitsyn, 앞의 책.

5   조지 버나드 쇼는 오스카 와일드 사후 약 10년인 1903년에 그의 연극 〈인
    간과 초인〉에서 비슷한 말을 했다. "인생에는 두 가지 비극이 있다. 하나는
    가슴의 욕망을 잃는 것이고 다른 하나는 그것을 얻으려는 것이다."

6   Thich Nhat Hanh, *The Art of Mindful Living*, CD, Sounds True AE00499
    (2000). 허가를 받아 인용했다.

7   Haim Shapira, *The Most Beautiful Childhood Memory*, Kinneret Zmora-Bitan
    Dvir, in Hebrew (2017). FOMO와 FOBO를 다루는 장이 있다.

8   Ivan Illich, *Tools for Conviviality*, Harper & Row (1973); paperback edition
    Marion Boyars (2001). (이반 일리치, 《절제의 사회》, 박홍규, 생각의나무,
    2010) 허가를 받아 인용했다.

9   이것은 시의 첫 줄이다. 스페인 황금기의 성서학자, 시인, 철학자, 수학자
    (피보나치보다 먼저 십진법을 사용했다)였던 랍비 아브라함 벤 메이어 에
    벤 에즈라Avraham ben Meir Eben Ezra에 관한 내용이다.

10 Arthur A. Stone, Joseph E. Schwartz, Joan E. Broderick, Angus Deaton, "A
    snapshot of the age distribution of psychological well-being in the United
    States", *Proceedings of the National Academy of Sciences*, 107(22), 9985~9990,
    (1 June 2010).

11 스탕달 증후군은 뛰어난 예술작품을 보고 순간적으로 느끼는 정신적 충동
    이나 흥분을 이르는 말이다. 심장박동 가속, 기절, 혼란, 심지어 환각 증상
    등이 나타날 수 있다.

12 나의 히브리어 편집자이자 좋은 친구인 티르자 아이젠버그Tirza Eisenberg는
    1995년에 방영된 오스틴 원작의 BBC 시리즈 〈오만과 편견〉에도 비록 좀
    더 짧지만 주인공들이 시선을 교환하는 장면이 나온다고 알려주었다.

참고문헌

이는 일반적인 참고문헌이 아닌, 각 장을 집필하는 데 영향을 준 책들이다. 개인적으로 가장 좋아하는 책들이다.

1장   Richard Dawkins, *The Greatest Show on Earth*, Black Swan, paperback edition (2009). (리처드 도킨스, 《지상 최대의 쇼》, 김명남 옮김, 김영사, 2009)

2장   Sei Shōnagon, *The Pillow Book*, Penguin Classics (2007). (세이 쇼나곤, 《베갯머리 소책》, 정순분, 지식을만드는지식, 2015)

3장   Alan Watts, *Tao: The Watercourse Way*, Pantheon Books (1975).

4장   Fung Yu-Lan, *A Short History of Chinese Philosophy* Chapter 6, Free Press (1997). (평유란, 《중국철학사》 상~하, 박성규 옮김, 까치, 1999)

5장   "The Story of the Flood'", *The Epic of Gilgamesh* Tablet XI, www.ancienttexts. org/library/mesopotamian/gilgamesh/tab11.htm; also, trans. Maureen Gallery Kovacs, Stanford University Press (1989).

6장   Bronnie Ware, *The Top Five Regrets of the Dying: A Life Transported by the Dearly Departing*, Hay House (2012). (브로니 웨어, 《내가 원하는 삶을 살았더라

면》, 유윤한 옮김, 피플트리, 2013)

Leo Tolstoy, *The Death of Ivan Ilyich*, CreateSpace Independent Publishing Platform (2011). (레프 니콜라예비치 톨스토이, 《이반 일리치의 죽음》, 이강은 옮김, 창비, 2012)

7장 Arthur Schopenhauer, *The Wisdom of Life and Counsels and Maxims*, Digireads.com Publishing (2020). (아르투어 쇼펜하우어, 《쇼펜하우어의 행복론과 인생론》, 홍성광 옮김, 을유문화사, 2023)

8장 Lao Tzu, *Tao Te Ching: The Way of Life*, Orkos Press (2015). (노자, 《도덕경》, 오강남 옮김, 현암사, 1995)

9장 John Sellars, *Aristotle: Understanding the World's Greatest Philosopher*, Pelican (2023).

10장 Aristotle, *Nicomachean Ethics*, trans. Robert C. Bartlett, Susan D. Collins, University of Chicago Press (2011). (아리스토텔레스, 《니코마코스 윤리학》, 천병희 옮김, 숲, 2013)

11장 Robert Nozick, *The Examined Life: Philosophical Meditations*, Simon & Schuster (1990). (로버트 노직, 《무엇이 가치 있는 삶인가》, 김한영 옮김, 김영사, 2014)

12장 *The Philosophy of Epicurus*, ed. George K. Strodach, Dover Publications, reprint edition (2019).

13장 Douglas J. Soccio, *Archetypes of Wisdom: An Introduction to Philosophy*, Wadsworth Publishing, 9th edition (2015).

14장 Pierre Hadot, *The Inner Citadel: The Meditations of Marcus Aurelius*, Harvard

University Press, revised edition (2001).

15장 Jennifer Michael Hecht, *The Happiness Myth: The Historical Antidote to What Isn't Working Today*, HarperOne, reprint edition (2008). (제니퍼 마이클 헥트,《행복이란 무엇인가》, 김운한 옮김, 공존, 2012)

16장 André Gorz, *Letter to D: A Love Story*, trans. Julie Rose, Polity, 1st edition (2009). (앙드레 고르스,《D에게 보낸 편지》, 임희근 옮김, 학고재, 2007)

옮긴이 정지현

스무 살 때 남동생의 부탁으로 두툼한 신디사이저 사용설명서를 번역해준 것을 계기로 번역의 매력과 재미에 빠졌다. 대학 졸업 후 출판번역 에이전시 베네트랜스에서 전속 번역가로 활동 중이다. 현재 미국에 거주하면서 책을 번역한다. 옮긴 책으로는《5년 후 나에게》《사람은 생각하는 대로 된다》《창조적 행위: 존재의 방식》《닐 게이먼 베스트 컬렉션》《필립 짐바르도 자서전》《타이탄의 도구들》《우리는 모두 죽는다는 것을 기억하라》《행복이란 무엇인가》등이 있다.

철학이 있다면 무너지지 않는다

1판 1쇄 펴냄	2024년 5월 10일
1판 2쇄 펴냄	2024년 6월 10일
지은이	하임 샤피라
옮긴이	정지현
펴낸이	김정호
주간	김진형
책임편집	이지은
디자인	데일리루틴
펴낸곳	디플롯
출판등록	2021년 2월 19일(제2021-000020호)
주소	10881 경기도 파주시 회동길 445-3 2층
전화	031-955-9512(편집) · 031-955-9514(주문)
팩스	031-955-9519
이메일	dplot@acanet.co.kr
페이스북	facebook.com/dplotpress
인스타그램	instagram.com/dplotpress
ISBN	979-11-93591-10-9 03100

디플롯은 아카넷의 교양·에세이 브랜드입니다.